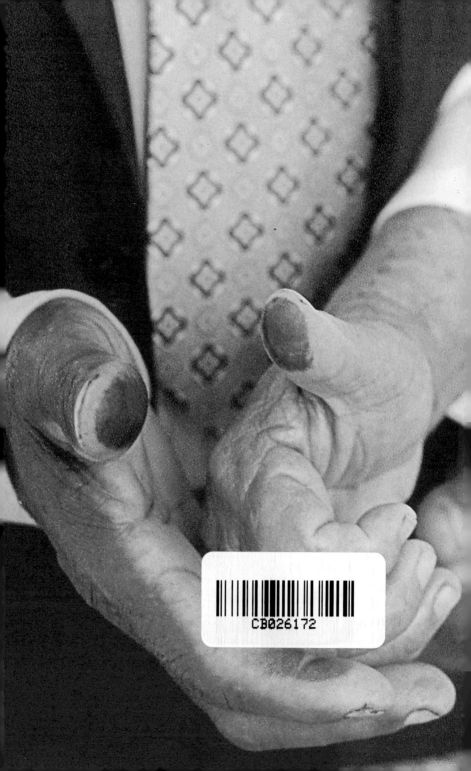

ME LEVA BRASIL

A fantástica gente de
todos os cantos do país por

Maurício Kubrusly

SUMÁRIO

APRESENTAÇÃO 6

O PREÇO DA CHAVE 11

OS IMENSA 19

TRANSANDO COM A CHULA 25

CIDADE SEM CANOS 45

CHICO DA LATA 53

BICHO VAI PEGAR 59

FALSO CLONE 77

PADRE GINECÔ 87

FUTUROS 93

SURRA NO MORTO 105

PREFEITO VINGADOR 119

O CIÚME DE LULA 127

MBUNDA 135

HOMEM COM SELA 145

PEQUENA BABEL 151

OS PROFISSIONAIS 163

SHAMPOO LEITINHO 187

MORADA DE REIS 195

PÓLOS OPOSTOS 203

PRIVADA COM VISTA 211

MEU TIXÉ 219

LABISOME 225

CARONA PRA DEUS 233

DONA ROMANA 239

A VOZ DA MUDINHA 247

MINEIRIM 257

DOIS REAL 265
UIRAMUTÃ 271
CHÃ DO RELÓGIO 279
SALA DOS PROFESSORES 287
PÉ DE GARRAFA 299

O GANHADOR 305
MUNDO ESTRANHO 313
DESAFIOS DA LÍNGUA 331
COBRA QUE MAMA 339
TESTE DE VIRGINDADE 347
JOÃO MINHOCA E CASIMIRO COCO 355
SEU LUNGA 361
TEMPOS MODERNOS 369
CAMA DE CASAL 379
CAPA MOTEL 395
MEU QUINTAL 405

APRESENTAÇÃO

"Naquele tempo, dia de domingo,
ajuntava à noite o pessoal.
O povo é que era televisão".

Dona Zefa

O costume de dar uma surra no morto, o caixão especial pra mulheres virgens, o homem que aprendeu japonês dormindo, o primeiro descobrimento do Brasil, o padre ginecologista, a casa com uma avenida dentro, o cineasta que anda com uma sela de cavalo nas costas, o motel Rapidinha e o hotel pra boi, viúvas de maridos vivos e uma conversa com Já Morreu, criadores de sacis, a santa que é uma cabeça, Miaí de Cima e Miaí de Baixo, quatro irmãos que se casaram com cinco irmãs...

Bem-vindo ao Brasil das mil e duas histórias. Todas as que estão aqui são reais. Dona Zefa, baiana que conhecemos em Aracuaí, Minas, é apenas uma. Ela é um potinho precioso. Tirou a tampa, o fiozinho da primeira história escorrega pra fora, minhoca sem pressa, se espalha e logo o chão é um tapete de personagens. Naquele tempo dela, era só memória, não tinha televisão. Formava roda pra ouvir e, pouco depois, aparecia um labisome na porta, com seus olhos de fogo. E quando você escuta Dona Zefa contar – ela não encara quem escuta, parece que ainda narra praquele pessoal lá –, e quando fala do barulho da fera chegando, a gente quase ouve o rosnado, dá medo. A noite, escurecendo tudo ao redor do casebre dela, ajuda no susto. Mas que ela encontrou o labisome, duvido, não.

Também todo domingo à noite, um pessoal se junta por todo o país e vê histórias na telinha, como os amigos de Dona Zefa ouviam os casos dela. Enquanto isso, Zé dos Montes contorna a torre mais alta do seu décimo terceiro castelo e o Ganhador divide um palito de fósforo ao meio. Cada um deles tem uma vida pra revelar, surpreendente. Tudo verdade, mesmo quando é num território imaginário. Como o fato de Juaracy ter um buraco na cabeça porque a mãe pulou a cerca com um cetáceo. Na rua onde mora, todos gostam dele, sabem por que ele usa chapéu, um vizinho como qualquer outro, isso acontece bastante, normal.

Quando você descobre uma história assim, revelada pelo herói, você fica encantado, como sapo ou príncipe de conto de fadas. Estar com pessoas assim é chegar mais perto do Brasil. E elas sempre estiveram lá, nós é que cometemos o pecado capital: falta de curiosidade. Ou preguiça de avançar Brasil adentro, lá onde não existem luxos. Só que, ali, qualquer um pode se revelar um contador de histórias.

Esse desejo – chegar mais perto – desembocou no Me Leva, quando ele ainda nem tinha nome. A vontade cabia numa frase: contar histórias de pessoas que vivem longe das grandes cidades. Essas 54 letras foram aprovadas de estalo pelo Luizinho, o Luiz Nascimento, diretor do *Fantástico*. Então, a série precisava ser batizada. E Zeca Camargo foi o padrinho no pingue-pongue que armamos em busca do nome, ele deu a cortada fatal: Me Leva Brasil.

Lance seguinte: aparece Karina Dorigo, a produtora. Foi ela, formiguinha, que descobriu a maioria das histórias, centenas de horas enganchada no telefone, sentada nos aviões ou carros, caminhando, perguntando, fuçando nos cantinhos. Só que, aqui também, dois é pouco. TV é sinônimo de equipe. O Me Leva existe por causa do trabalho de um time, puxado por cinegrafistas de São Paulo e de todos os estados, editores de imagens, a turma da arte, cada um melhor que outro. Eles são o recheio, a consistência, porque televisão é imagem.

A viagem é longa: depois de cinco anos, visitamos todos os estados, já passamos por mais de 150 cidades e percorremos mais

8 APRESENTAÇÃO

de 400 mil quilômetros – ou seja, mais de dez voltas ao redor da Terra. Ufa!... Mas como ainda não deu pra ficar tonto, adiante! Mar de histórias não tem fim. Continuamos com a sede da primeira viagem, atenção em cada lance, inclusive cuidado extra com o equipamento. Não, nada de assalto. É que em Teresina, no Piauí, por exemplo, durante a gravação na feira do troca-troca, fizeram uma oferta: trocar o microfone da Globo por uma bicicleta usada. Até que a magrela estava conservada... E em Maceió, Alagoas, na feira do rato – aquela que acontece em cima da linha do trem e o cabra tem de fugir feito arrastão quando ele apita –, quiseram trocar a câmera por um relógio paraguaio e um rádio usado. Não adianta explicar que vale bem mais.

– Aqui na feira a gente vai dar uns 700, 800 real. Não passa disso.

E, se você senta pra conversar, prova o cauim que os índios oferecem, nem liga pra coleira com cadeado que está no pescoço de um homem chamado Cachorrão, prova a sopa paraguaia com garfo e faca... Se você se aproxima sinceramente das pessoas, esses encontros desembocam em revelações emocionantes. Que às vezes engasgam o trabalho, difícil gravar com os olhos embaralhados, né? É aí que está o raro casulo da emoção.

Tantos Brasis diferentes formam um só.

Acredite em Dona Zefa:

– Ah, eu tenho história toda vida pra contar.

Maurício Kubrusly

Todas as histórias tomam como referência o momento em que a reportagem foi feita: local, data, pessoas envolvidas.

1

O PREÇO DA CHAVE

— OLHA, MÃE: SE APARECER UMA CAVEIRA só com dois dentes em baixo, garantido que sou eu.

Primeira vez que Zé Didor vai voar, despedida final, por telefone, interurbano. A família é de Campo Maior, que fica a 84 quilômetros de Teresina, capital do Piauí. Mas ele embarca em Parnaíba, a 580 quilômetros de Campo Maior, perto do litoral, já na divisa com o Maranhão. Quer dizer: antes de entrar no avião, ele já tinha percorrido, de carro, mais quilômetros do que uma viagem entre São Paulo e Rio.

— Naquele época, aos 50 anos, eu só tinha dois dentes mesmo. Um pra doer e o outro pra roer. Parecia o Pernalonga.

Ele dança tudo: valsa, tango, baião...

Tinha também medo de andar de avião, claro. Ia conhecer o Rio aos 50 anos. Presente de um amigo. Um vôo campeão de escalas, a partir de Parnaíba: Teresina, São Luís, Brasília e, finalmente, Rio. Quando decola, frio na espinha, nem olha pela janelinha. Até para o criador do maior museu particular do Brasil há muitas sensações novas pra colecionar.

O tal museu, uma preciosidade estonteante, fica mesmo em Campo Maior. Mais de 13 mil peças, todas doadas e anotadas no livrão. O museu dele está no Guia Oficial de Museus do Brasil. Principiou a coleção em 1953. Tem de tudo lá. Desde chicote pra açoitar escravo, com a ponta de prata, até cabeça de bode com quatro chifres.

— Um chifre já é problema, quatro não tem cabeça que agüente.

O museu tem até fotos das famosas gêmeas anãs, 50 cm de altura. Andavam em dois carrinhos de bebê, óculos escuros. O mais importante: os carrinhos, cor-de-rosa, também estão lá, junto com o liquidificador de manivela, a imagem de Cristo (tamanho natural) usada na cerimônia de primeira comunhão antigamente... e muuuuito mais.

Zé Didor é rápido no gatilho do comentário, sempre bem-humorado, apesar da cara séria. E assim está no vôo inaugural.

– Por favor, abaixe a mesinha.

Olha pra aeromoça, surpreso. Mas a bandeja com o lanche exige pressa.

– Mesinha? Onde?

– No banco da frente.

Zé Didor segura o encosto da poltrona da frente com as duas mãos e puxa firme. A freira – sim, a madre superiora está justo naquela poltrona da frente – dá um grito. E um pulo.

– Valei-me, meu Santo Agostinho!

O susto chama a atenção de muitos passageiros, gargalhadas.

– A senhorita que mandou...

Várias cervejas depois, a urgência. Não descobre como se abre a porta. Onde se já viu uma porta dividida ao meio, que dobra pra dentro?!. Mas entra, tranca, o alívio, lava as mãos e... e... Como será que abre pra sair? O jeito é gritar. Trancafiado naquele aperto, o avião balançando cada vez mais. A mesma aeromoça que destravou a mesinha dobra a porta e ele escapa.

Zé Didor recorda tudo com humor, fala bem, gesticula, ri de si mesmo. Animado, brilho no olho, a platéia não desgruda. Explica que viajou de óculos escuros, cinto com fivelona de lata – colocada do lado, nada de fivela centrada abaixo do umbigo. Paletó, é claro.

– Sou tremendão.

ZÉ DIDOR

Estilo tremendão, quando volta da balada, ele dorme de pé, pendurado num gancho, feito morcego.

Um tremendão que nunca tinha visto um travesti. Pudera... Adolescente, ia no Cabaré Zabelona, em Campo Maior. E a fila dos estudantes indicava qual a menina preferida. Garante que sempre conseguia ser o primeiro, disparava na frente dos colegas. A cama não tinha nem espuma nem lençol, era folha de bananeira e mais nada. Dependendo do preço, depois da função acelerada, a higiene oferecia o seguinte: serviço padrão, um litro d'água; categoria luxo: água e uma bacia. Mas ela é que lavava o freguês.

– Humm...

Do lado de fora, os colegas batiam na porta, mais por implicância do que pra apressar. Não poderia ser mais rápido.

– E ai de quem bancasse o espertinho: a gilete na mão da dona dava o castigo na hora.

Com uma iniciação assim, Zé Didor, estilo tremendão, desembarca numa boate em Copacabana. Já passara por outro sufoco depois de receber a chave do quarto, na portaria do hotel. O elevador, gigante... Pra quem vive em Campo Maior, qualquer elevador é descomunal. E tem uma quantidade exagerada de botões, que reagem ao toque mais leve.

– O elevador de Campo Maior tinha um botão grandão, duro. Naquele do Rio, bastava uma esbarradinha e já acendia tudo. Nunca que parava no andar do meu quarto. Felizmente, tinha um telefone e eu pedi socorro.

Em vez da aeromoça, um funcionário entra no elevador, aperta o andar correto e sai. Humilhação.

Na hora do banho, outro pedido de ajuda. Nem imaginou que poderia aparecer um funcionário. O problema: no boxe há três torneiras, cada uma com uma letra.

– No Paiuí é uma torneira só e sem letra. E só tem água fria. Quase me queimo todo naquela porcaria. E a água sai com uma força!

16 O PREÇO DA CHAVE

Claro que tinha de estranhar e muito. Em Campo Maior, mora dentro do museu. Ou melhor: as milhares de peças ocupam todo o espaço. Na hora de dormir, tem de empurrar um cabideiro (fardas) pra lá, puxar um baú (talheres) pra cá, pra inventar um lugar pra dormir. Quando sai pra noite (tremendão, lembra?), volta tarde ou quase de manhã, a mulher e os dois filhos já estão dormindo, não vai empurrar coisas, fazer barulho. Aí, recorre ao gancho. É um gancho grande de açougue, preso no teto, no inferno daquela confusão. Ele segura o gancho com a mão direita, solta o peso... e adormece, sem nem tirar a roupa, o sapato.

— Mas você dorme de verdade?

— Completamente.

— E quando adormece não solta a mão? Nunca caiu?

— Nunca! Tenho costume. Durmo pesado que nem morcego.

Do gancho pra um hotel com algumas estrelas em Copacabana... O melhor é o café da manhã. Sempre desce pro restaurante de paletó. E volta com os bolsos recheados. Comidinhas pra todas as fomes entre uma refeição e outra. De graça.

Na praia – Copacabana! –, quase teve de pedir ajuda de novo. Por causa da fila de gente que apareceu querendo vender coisas, oferecer programas. Ele exagerou no visual, sem perceber. Conhecer a praia de paletó, superóculos escuros, chapéu de rodeio, cinto com fivela do lado, grande e prateada, botas, pisando firme em direção ao mar... o que existia de tão especial em tudo isso? Pensaram que fosse turista americano, milionário, direto do Texas. Se tivessem perguntado sobre sua fama de tremendão de Campo Maior...

— Claro que uso óculos raiban. Eu já fui jovem, não nasci velho. Cinturão com a fivela do lado é a marca do tremendão. Boêmio fica velho. Tremendão tá todo o tempo na ativa.

Ativou o personagem na noite carioca. Como é da balada, incrementa o visual: no enorme V da camisa desabotoada, exibe quatro cordões de ouro e uma libra esterlina de 1777 – parte do acervo do Museu Zé Didor.

– Bota, chapéu, jaqueta... tremendão!

Na pista, se sente totalmente seguro. Onde vive, sai pra dançar e arrasa. Pode ser forró, samba, valsa, bolero, ele dança tudo. Jura que é virtuose em dezoito maneiras diferentes de bailar. Inventou vários passos exclusivos, que exibe com a mulher. Mas ali, ainda solteiro, logo percebe a morena que sorri pra ele no meio da pista. Pisca, acena. Ele vai. Começa a dançar, já naquele chamego, rosto colado, gostosura, pernas trançando. Mas percebe os amigos, que bebem no balcão – todos às gargalhadas. Até o amigo Zé Aldo da Água Limpa. Pede licença à... dama e vai até lá.

– Dançando com travesti, Zé?

Outra primeira vez na vida dele.

– Eu não sabia o que era isso. No Piauí só tinha veado.

Os amigos explicam tudo. E ele decide dar uma coça na... no moreno. Os amigos seguraram.

– Que vergonha, né? Sair do Piauí pra dançar com veado.

– Veado não, Zé. Travesti. Traveco.

Aparece uma loura na pista e se insinua, provoca.

– Eu fui até lá, passei o braço na cintura dela e apalpei direto!

A mulher nem estranhou, pois tinha visto a cena toda. Mas não entendeu a pergunta daquele homem de chapéu:

– Quanto é a chave?

Zé Didor ainda estava na adolescência, no Piauí, Campo Maior, Cabaré Zabelona. Lá, os garotos pagavam uma chave, pegavam a própria, abriam a porta e deitavam nas folhas de bananeira. De olho na gilete.

PS: Zé Didor nunca visitou um museu.

2

OS IMENSA

Rumo ao campo...
com o caixão

SÁBADO DE MUITO SOL e eles invadem a areia carregando um caixão. E veio de longe o caixão marrom, lá de Pará de Minas, pertinho de Belo Horizonte. Ou seja: até Guarapari, Espírito Santo, foram mais de 600 quilômetros amarrado no teto de uma Brasília. Na primeira vez, o caixão chega vazio, levezinho. Caixão chama mulher...

A idéia da isca fúnebre tinha sido de quem? Do Perereca, presidente de Os Imensa? (É assim mesmo: artigo no plural, adjetivo no singular.) E o apelido tem explicação:

– Herança de família, meus antepassados. Gostavam muito dela.

Também pode ter sido sugestão do Muxiba, do Tiziu ("o único tiziu branco que existe no planeta soy jo"), do M. Capeta, Buda Zetti, Kiñones, Leitão, Bráulio ou do Dunga. Ou seja: de qualquer dos craques do time Os Imensa. Ninguém espere um grande futebolzinho dessa turma, pois não é este o objetivo deles.

– O jogo é só pretexto pra beber cerveja.

A entrada do time no campinho do clube de Pará de Minas é um triunfo que principia no vestiário. Já uniformizados, fazem uma rodinha em torno do caixão – aquele mesmo que invadiu a praia de mineiro, lá no Espírito Santo. Depois do grito de guerra de Os Imensa, abrem o caixão, o presidente se deita, colocam a tampa, erguem o caixão e marcham pro gramado, prolongando o grito de guerra do time:

– Imeeeeeensa! Imeeeeeensa!

Os oito jogadores visíveis – tem um fechado lá dentro, o presidente – saúdam a torcida, volta olímpica e depositam o caixão no centro do campo. Abrem a tampa e o presidente se ergue. Delírio na miniarquibancada – onde... que estranho... não existem muitas imensas. Porque o nome do time tem uma razão, claro:

– Nós somos meninos que gostam de meninas gordas. Gordas, não: imensas! Mas preferirmos pegar uma de cada vez, imensa por imensa. Nada de sexo grupal.

Portanto, o nome do time é Os (meninos que gostam de mulher) Imensa. Em busca das gordinhas, ou melhor, das gordonas, no verão eles partiam pro litoral do Espírito Santo. Apesar do empenho, não pegavam nada, nem magrelinhas. Era preciso descobrir uma receita pra chamar a atenção de todas, principalmente daquelas acima do peso. Pensaram em ir fantasiados de índios, montar uma tenda árabe na praia, mergulhar pelado, supersom na parte de trás da Brasília, portas abertas, aquela barulheira...

— Coisa de cafajeste. Não vamos fazer uma zoada dessas.

Foi aí que algum deles (não lembram quem) sugeriu o caixão. Afinal, não é comum levar caixão pra se bronzear na praia. E lá foram na Brasília com o caixão no teto. A chegada movimentou um pouco a praia. Colocaram o caixão de pé, fincado na areia. Uma ou outra vinha perguntar o que era aquilo, mas pegar imensas que é bom, pegaram não. Porque as meninas perguntavam que idéia era aquela e iam embora. Não havia motivo pra ficar ao lado de um caixão e daqueles mineiros esquisitos. Na viagem de volta, amargurados pelo novo fracasso, surgiu a idéia do... caixão térmico. E foi ele que transformou Os Imensa em campeões — pelo menos na praia... porque no futebol tudo era mesmo apenas encenação.

O terceiro uso do caixão térmico

Forraram o caixão com isopor, inclusive a tampa. Depois, uma placa fina de alumínio isolando todo o interior. A seqüência é óbvia: caixão cheio de gelo e, no meio dele, cerveja, muuuita cerveja. Dessa vez, a entrada na praia foi mais lenta, nada escandalosa. Afinal, o caixão pesava bastante. Gelo e dezenas de latinhas de cerveja pesam bem mais do que um morto padrão. Já se fosse uma imensa...

Agora, a tática é mais precisa. Se algum homem se aproxima e quer saber o que fazem com um caixão na areia, nada revelam, desconversam. Se alguma curiosa se aproxima, revelam que tem cerveja gelada e convidam pra ficar... desde que traga alguma ou algumas amigas. E, pode acreditar: funciona! Imensas ou não, elas gostam bem de ficar na barraca do caixão térmico. E cada um do time jura que marcou mais gols (com as meninas) do que o outro. O placar (invertido) é quase igual ao das derrotas em campo. Mas quando a raridade de uma vitória acontece, eles convocam o caixão térmico pra atuar longe da praia. E nunca se viu, em Pará de Minas, um velório no bar tão alegre como aquele.

3

TRANSANDO COM A CHULA

JOÃO PIOLHO TEM TRÊS MULHERES, 22 filhos, dezenas de netos. Em Caicó, Rio Grande do Norte, ninguém se importa com o tamanho e os enlaces da família Piolho. Ele garante que é bem tratado em todos os lugares. Suas três mulheres, filhos e netos, mesma coisa. As duas esposas mais novas são irmãs – primeiro, óbvio, ele se juntou com a mais velha e, depois, com a cunhadinha. As duas e a filharada são vizinhas. Do outro lado da cidade, numa casa melhor, está a primeira, bem mais velha que as outras duas.

João Piolho anuncia que "tem o maior respeito por ela".

– Ela é a mulher legítima, as outras é que podem sentir alguma coisa.

Três esposas não é demais

João Piolho tem vários ônibus, transporte coletivo em Caicó, filhos e netos já trabalham na frota do pai – que sabe os nomes de todos os filhos. Dos nomes e datas de nascimento dos netos e bisnetos... a memória não dá conta.

A situação desse João e suas três esposas (só dois maridos, Dona Flor? Que modéstia...) é comum demais no Nordeste e no Norte também. A falta de recursos é que estabelece a moral de verdade, bem diferente daquela que está no Código Civil ou nos mandamentos das religiões. Casa e comida ou, melhor, comida e casa, difícil demais conseguir. Por isso, justificam quase todos os comportamentos. Então, nem adianta lembrar as leis e mandamentos criados pra uma situação ideal. A real é bem outra.

– Pela lei, tem de ser um marido e uma esposa apenas, né, João Piolho?

JOÃO PIOLHO

— Ué... mas se tem mais mulher que homem. E esse povo vai ficar com o quê? Vão ficar sozinhas?

– Ué... mas se tem mais mulher que homem. E esse povo vai ficar com o quê? Vão ficar sozinhas?

– E pela tal lei de Deus?

– A gente se defende, devagarinho. Só que não vamos pecar tanto, pecar só um pouquinho. Mas vamos pecar, sim, porque nós já nascemos pecador.

– NAQUELE TEMPO, SE O HOMEM QUERIA uma mulher, ele encomendava. Aí, o patrão trazia. Se ele tivesse 10 contos de sal, 10 contos de réis, até 15 contos de réis... ele tinha direito àquela mulher. Aquele que não tinha nada não tinha direito a mulher, não.

A maioria, portanto, não tinha mulher. E vida sem mulher é uma tristeza. Mais uma tristeza. Ali, nas matas do Acre, não tinha alegria não. Aqueles trabalhadores eram os Soldados da Borracha. Tinham sido recrutados no Nordeste, sem chance de dizer não. Década de 40, esforço de guerra, látex, borracha, pneus pras tropas americanas que lutavam na Europa. Seu Lupércio foi convocado no Ceará em 1943. Largou a família e foi levado pra um lugarejo chamado Rio de Janeiro.

– Ninguém queria família. Às vezes, o camarada comprava uma mulher, tinha uma filha, o coronel mandava buscar. E tinha de ir. Vinha a ordem: "Diga a ele que mande a menina". E ele mandava. Se não mandasse, os capangas iam lá e matavam.

Ele pára de lembrar e fica quieto um pouco. Olhos já meio embaçados, tantos anos no mato. Nenhuma possibilidade de mudar a vida.

– Houve muita barbaridade aqui no Acre.

Nos bailes, no fim de semana, dançava homem com homem.

Mas... afastados, só pra formar o par.

– Vida sem mulher é uma desgraça.

Hoje, aos 80 anos, ele é casado com uma mulher de 38. Tinha 59 quando conheceu a gatinha de 17, todo prosa quando confirma essas datas.

– Aqui, a cabeça é branca, mas o talo é verde.

NO PANTANAL, MATO GROSSO, também falta mulher. Pelo menos, pros peões das maiores fazendas. O trabalho é pesado e toma o dia inteiro, o isolamento, o ciclo das cheias, poucos se animam a cuidar de uma família por lá. E assim como no Norte e Nordeste, também aqui a realidade inventa uma outra moral, que ignora mandamentos e leis estabelecidos pra utopia de um Brasil justo.

Então... Rosa se une ao Bento e formam uma família na fazenda Maranã. Eles têm dois filhos. Um tempo depois, eles se estranham e Rosa se separa, leva os dois filhos e, logo, logo, recebe propostas de outros peões da mesma fazenda e de outras vizinhas. E ela e os dois filhos vão viver com o Gonçalves. Rosa tem um terceiro filho. Todos são respeitados, inclusive pelo Bento. Pode acontecer que o Gonçalves desista da união e a Rosa se entenda com o Paulo, que a recebe com os três filhos das duas uniões anteriores... E sempre haverá candidatos ao coração, aos filhos e ao corpo de Rosa.

Claro que acontecem tensões e desentendimentos na seqüência dessas uniões e separações. Mas o real nem sempre cabe na forma das leis. E a falta de mulher reinventa a sociedade.

A FALTA DE HOMEM TAMBÉM. Por isso, aquelas cinco mulheres, da mais novinha à veterana, que pode ser vovó, estão tão excitadas pelas ruas de Barbalha, no Ceará. A gente sabe o motivo, mas vale perguntar:
— Vocês todas vão pegar no pau?
— Vamos!
— Vieram aqui só pra pegar?
— Claro!
— Alguma vai pegar pela primeira vez?
Uma se apresenta. Logo a mais velha...
— Esperou até agora pra pegar?
Gargalhada geral. É uma farra, movida por intenção exclusiva: conseguir um homem. É a Festa do Pau de Santo Antônio, semelhante a qualquer Festa do Divino, quando se vai no mato, derruba uma árvore, tira todos os galhos e carrega o tronco que será erguido como mastro do Divino Espírito Santo na frente da igrejinha.

Só existe uma esperança: pegar no pau

Aqui o ritual é o mesmo, com algumas diferenças: ao contrário do que ocorre no Divino, onde as cordas ajudam, o Pau do Santo Antônio é erguido com as mãos e apoiado nos ombros dos homens. É mais selvagem, medieval mesmo. E a mulher que encostar no pau consegue um homem naquele ano. É o santo que garante.
— Filha mulher no Nordeste é criada pra casar, casar cedo. Então, se até os 16 anos não consegue...

– Cedo assim?

– Aqui no Nordeste é assim. Passou dos 16, não casando, te vira, procura o santo.

É uma festa religiosa movida a álcool. Durante todo o percurso do pau, uma pequena charrete segue atrás com o cartaz "Cachaça do Sr. Vigário". A cada parada, os carregadores se abastecem. À medida que o mastro se aproxima da igreja, a bebedeira determina um percurso bem hesitante. É o momento especial pra mulherada pegar no pau. Como os homens já estão meio bêbados, quatro deles erguem as mulheres pelos braços e pernas e balançam os corpos delas sobre o mastro, pra que uma parte específica do corpo feminino raspe no pau. Gritos, excitação explícita a céu aberto, quase uma orgia. Uma festa religiosa.

Algumas preferem conseguir uma lasca do pau do santo e preparar um chá. Há várias receitas, uma pra cada desejo. Dagmar, por exemplo, comparece todo ano, mas... teve um litígio com o divino. Quando mocinha, nas redondezas da tal idade, se apegou com o santo. Mas não pediu marido, não. Queria namorado.

– Como ele não me atendeu logo, submeti Santo Antônio a alguns castigos.

– Como se castiga um santo?

– Colocava ele de cabeça pra baixo, amarrava, roubava o menino do colo dele. Pouco depois, Santo Antônio começou a me dar namorado. Como quero mais, aqui tô eu pra pegar no pau de novo.

Mais que isso: todos os anos ela reúne em casa muitos dos namorados que teve ou tem. É mais que um time de futebol. Homem de todo tipo. A casa dela é uma confusão de risos e histórias, provocações, durante todo o tempo que dura a festa do casamenteiro.

– Santo Antônio me deu um vidão!

Longe das maiores cidades, ela é uma exceção. A regra é: falta homem, sobra mulher. A estatística do IBGE confirma: entre 1992 e 2003, aumentou em 57% o número de mulheres a mais na população. A estatística de 2003 revela que sobram 4,3 milhões de mulheres no país. Quem anda pelo Brasil adentro esbarra nessa queixa a todo momento. E ainda existe um complicador cruel: logo na adolescência os jovens das pequenas cidades partem pra capital ou cidade maior e próxima, em busca de emprego. E as jovens ficam pra cuidar da família. Mó maldade.

Mas existe uma exceção confirmadíssima: Fernando de Noronha. Além da estupenda beleza, lá existem muito mais homens do que mulheres. Claro que os turistas – setecentos por dia, em média – estão fora dessa conta. No Pantanal mato-grossense, mesma coisa: muito mais peão de fazenda do que mulher. No balanço geral, mais uma vez os homens levam vantagem, certo? Por isso, pra muitas, a esperança está no chá de Santo Antônio.

E aquela exagerada de Barbalha, exibidona, ainda deixa as janelas abertas, só pra provocar todas as outras que correm atrás do santo pau, em busca de um único. Ela esnoba, com aquele timão. Mas nunca pediu marido.

– Um vidão!

E MESMO SEM AJUDA DAS DIVINDADES, e até entre pessoas mais idosas, a vida revela surpresas encantadoras. Por exemplo: o tiozinho que dança o chamamé, animadíssimo com o seu par – uma lindinha de 20 anos. Chão de terra, sombra de árvore que parece galpão e o som mais animado entre todos: a cordeona de Dino Rocha. Em Campo Grande, Mato Grosso do Sul, segue animadíssima a moagem. Mais pra baixo e perto do mar, pode ser balada, reive. No Nordeste, forró e, no Sul, até festa farroupilha. Por aqui é moagem e eles tomam tereré: tem a cuia, a bomba, a erva, mas é frio. E você bebe até o fim quando recebe, ao contrário do chimarrão – aí, tchê!, é só um gole, bem quentinho, e passe adiante.

Ele dança com a mocinha numa animação que vale como atestado de competência pro geriatra dele – se ele tivesse. Depois da moagem, estão suados, alegres. E o tiozinho leva uma prenda na memória.

– Normalmente, estando ela assim, com a saia rodada, e se a calcinha for branca, amanhece marrom.

– É a poeira?

– Poeirinha, poeirinha.

Ri bonito. E repete o que a gente já sabia:

– Isso faz um bem que você nem imagina.

Remédio que chópim não vende.

– O SAMBA É BUNDA, não tem jeito. E o baiano tem a bunda solta.

Os olhos de Roberto Mendes cintilam. É assim toda vez que fala de sua paixão, o samba-chula. Já sua mulher não gosta nem um tico da tal chula, que é dançada apenas pelas mulheres. E sem tirar os pés do chão. Os homens só tocam a percussão e cantam. Uma das tradições de Santo Amaro da Purificação, Bahia.

– Na verdade, chula é um comportamento traduzido em canção.

Homem muito alto, fala suave, sotaque manso. Estudou chula durante mais de um ano. Só queria saber da chula. Coitadinha da mulher dele.

– Existe um equilíbrio, só a bunda mexe, nem os ombros nem o resto se movem, o queixo arrebitado, a bunda como pêndulo da

canção. O movimento é discretíssimo, e a bunda...
 A sensualidade do estudo engoliu o pesquisador, cobrou um preço.
 — Pra estudar a chula de cabaça eu... é... me vi obrigado a fazer um exílio sexual. Evitava.
 Fica um pouco envergonhado ao revelar tamanha intimidade, pessoa tão discreta, elegante, músico com uma série de ótimos discos.
 — Todo investimento libidinoso se destinava à chula. Passei quase seis meses assim.
 — Sua mulher gosta de chula?
 Vacila, sorri sem jeito.
 — Não, gosta não.
 — Ela lá quietinha, vendo você estudar, naquela saudade toda... e você só na chula.
 — Ela gosta muito de mim, mas de chula...
 — E você não sentia falta?
 — A chula acabou sustituinto bem.
 — Jura?
 Escancara um sorriso, seguro da escolha.
 — A chula cumpriu o seu papel.
 (*O CD duplo que lançou com a chula é magnífico. Pode ouvir sem receio, pois a simples audição não cobra qualquer abstinência.*)

A FAMÍLIA PINTO e a família Brochado viviam na mesma cidade. Tinha mesmo de acontecer um dia: uma Pinto casou com um Brochado. E surgiu a família Pinto Brochado.
 Escola Estadual Domingos Pinto Brochado, por exemplo. O nome está no alto da fachada do maior colégio de Unaí, cidade mi-

neira de cerca de 65 mil habitantes. E nas placas com os nomes das avenidas e ruas os Pintos e Brochados se alternam. Os moradores já se acostumaram com os Brochados e os Pintos, uma piadinha muito de vez em quando. Mas quando alguém das famílias se apresenta num hotel ou num hospital fora de Unaí, já sabe que pelo menos uma risadinha vai enfrentar. A esposa do Paulo Henrique Brochado, por exemplo, a...

– Como é seu nome?
– Marneide.
– De quê?
– Matos.
– Só?

Balança a cabeça afirmativamente e pára. Olha pro marido, ao lado, vacila.

– Marneide Matos Silva.

E acrescenta, apressadinha:

– Eu não tenho Brochado, não.

Os dois riem.

SE PRA POUCOS É SOBRENOME, pra muitos é problema. Pra esses, o mercado Ver-o-Peso, em Belém, promete solução. São dezenas de infusões e misturas, preparadas a partir de plantas e pedaços de animais. O boto e a bota são vítimas obrigatórias porque, por lá, se acredita que porções dos corpos deles trazem o desejo de volta. E arrancam logo as partes, digamos, mais íntimas de cada um, colocam dentro de garrafas com um líquido... Irk! Aquilo boiando lá dentro – tem gente muito corajosa por aí. Na barraca ao lado, a vendedora oferece outra garrafinha milagrosa.

– Antes de ter relações com o marido, vai lá, escondida, e pas-

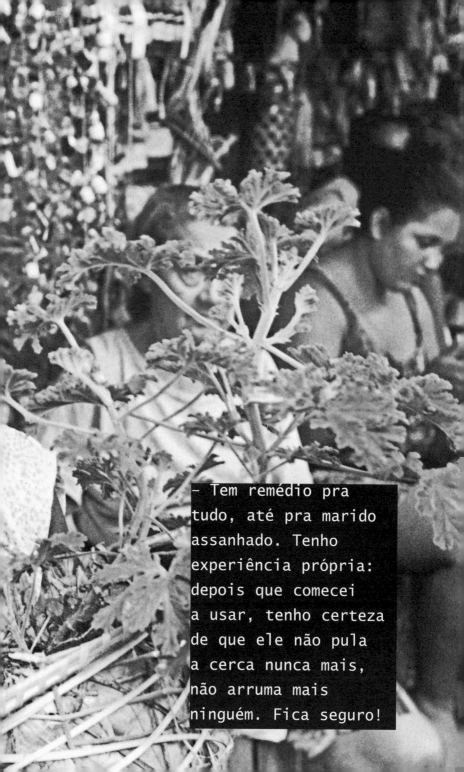

– Tem remédio pra tudo, até pra marido assanhado. Tenho experiência própria: depois que comecei a usar, tenho certeza de que ele não pula a cerca nunca mais, não arruma mais ninguém. Fica seguro!

sa no negocinho, que é pra ficar gostosa pro homem. Depois disso, ele não arruma mais ninguém, fica seguro. Agarra!
— E funciona?
— Claro, garanto. Tenho experiência própria. Depois que comecei a usar, tenho certeza de que cerca ele não pula nunca mais.
Outra mostra uma raiz que parece madeira bem dura.
— Na hora H, rala e passa o pó lá no... Aí, fica bem gostoso pra mulher e dá a maior canseira nela.
(Você se imagina passando uma espécie de serragem lá? E logo com a mulher esperando no quarto ao lado... Transa com farinha, à milanesa.)
Uma avozinha oferece o que parece ser um monte de penas amarradas, tamanho de um maço de cigarro. Na verdade, são dois passarinhos mortos.
— É o uirapuru. Coloca o amuleto no bolso e tudo que é mulher vai ficar a fim do senhor.
— Só as bonitas ou as feias também?
— Traz tudo. Periga enjoar de mulher.

ELE DÁ MAIS UM GOLE e quase sorri. Fala pouco e baixo. Mas olha no olho, seguro nas respostas. Homem simples, pedreiro, mais de 60 anos num mundo ainda desviagrado.
— Quantos filhos mesmo?
— Dezesseis.
— Com a mesma mulher?!
— Não.
— Com duas...?
— Com sete.
— E todas aqui, na mesma cidade?

– Todas aqui.

– Ao longo de quantos anos?

– Tudo ao mesmo tempo.

– Dá conta de sete mulheres?

Confirma com a cabeça.

– Só na base do caldinho?

Novamente, balança a cabeça e toma outro gole daquela mistura grossa, verde-amarronzada, de cheiro forte. A base é o carangondé, molusco que dá muito na região de Santo Amaro da Purificação, Bahia.

– Há quantos anos toma o caldinho?

– Mais de trinta.

– As mulheres sabem do caldinho?

– Não.

– E como é que a gente pode comprovar?

Estranha a pergunta, sorri.

– Tomando, ora.

Oferece a xícara, ainda sai fumaça.

– Vou viajar agora, daqui direto pro aeroporto.

– Quanto tempo de viagem?

– Uma hora e meia, mais ou menos.

– É o tempo certo. Toma agora e avisa à mulher lá que vai ter festa. Ela vai estranhar, com certeza. Vai querer sempre. Melhor levar um estoque do carangondé.

Só o senhor de sete mulheres pode aconselhar com tanta segurança. E o caldinho não é caro, não.

A PRIMEIRA INSOLAÇÃO a gente sempre lembra. Ainda mais quando acontece depois da descoberta de que os tatatatataravós promoviam orgias nas cavernas. Mas o sol de verão no Rio Grande do Norte, Carnaúba dos Dantas, certamente esturricou gerações e gerações que viveram por lá, inclusive as pioneiras, quando o sertão era mar. Areia branca, cacos de conchas e outras he-

ranças confirmam o passado aquático da região. E tornam evidente a razão que levou nossos tatatatatataravós a habitar cavernas no alto das montanhas. E foi lá que o Hélder Macedo, de apenas 19 anos, descobriu vários sítios arqueológicos. No retorno da caminhada até a base do morro, da subida, da descida, caminhada de volta, sol de mais de 40 graus no meio do dia, quase nenhuma água, a bobagem de correr pra primeira sombra, mudança mais que brusca da temperatura do corpo... bem-vindo ao frio da insolação. Naquele calor de forno... tremer de frio e sonhar com um cobertor.

Mas antes, lá no alto da montanha, na caverna, os desenhos alaranjados nas pedras.

– Aqui, uma dança de roda, casais ao redor de uma árvore.

Hélder, quase um menino, estuda história em Caicó e está fascinado com sua descoberta.

– Este, com um galho de árvore na mão, deve ser o chefe.

Segredos dos brasileiros que viveram aqui antes de o Brasil existir.

– E aqui o que parece ser uma cena de sexo grupal. Basta comparar com as outras, individuais. Aqui, claro, vários participam ao mesmo tempo.

Ele rasteja na pedra mais um pouco e aponta uma inscrição onde aparecem apenas duas pessoas.

– E aqui, mais sexo: um casal se amando em pleno sertão do Seridó, há dez mil anos.

Foi assim, prazerosamente, que os tatatatatataravós garantiram a descoberta do Helder. E até a primeira insolação.

JUBACY SIQUEIRA

– É, pulou. Ou melhor: não pulou nada, porque lá no interior não havia cerca. Havia beira de rio e ela ia muito lavar roupa lá. E o boto marinou com ela.

JURACY SIQUEIRA NASCEU num lugar que você não conhece: Cajari, município de Afuá, arquipélago de Marajó, Pará. Açougueiro por tantos anos, hoje é poeta popular em Belém. Ainda guarda balança e facas da outra profissão. Anda sempre de chapéu. Lança cordéis – os safados são os campeões de venda –, livros, promove manifestações poéticas nas praças de Belém, declama versos nas escolas, uma animação só. Como versejador, ganhou muitos diplomas, medalhas, troféus.

(*O Pará é a pátria da lenda do boto – animal que tem um buraco pra respirar no alto da cabeça, como as baleias. À noite, às vezes ele sai do rio, se transforma num homem bonito, vestido de branco, e conquista mulheres do lugar. Depois, corre de volta pro rio, pula e vira boto outra vez. É uma maneira até poética de explicar uma ou outra gravidez de mulher solteira, viúva ou casada com marido longe. Lenda salvadora dos tais... bons costumes. Qualquer coisa, culpa do boto.*)

Juracy, o mais animado dos poetas, está sempre de chapéu, mesmo dentro de casa. E não é pra disfarçar careca, não.

– É porque sou filho de boto. Uso chapéu o tempo todo pra cobrir o buraco que tenho na cabeça.

– Sua mãe pulou a cerca?

– É, pulou. Ou melhor: não pulou nada, porque lá no interior não havia cerca. Havia beira de rio e ela ia muito lavar roupa lá. E o boto marinou com ela. Meu pai era canoeiro, viajava muito.

– Tem algum problema ser filho de boto?

– Absolutamente. Problema nenhum.

(*A beleza da vida concreta que une o imaginário e o real: ele se reconhece filho de boto, mas diz "meu pai era canoeiro". Coisa de poeta mesmo.*)

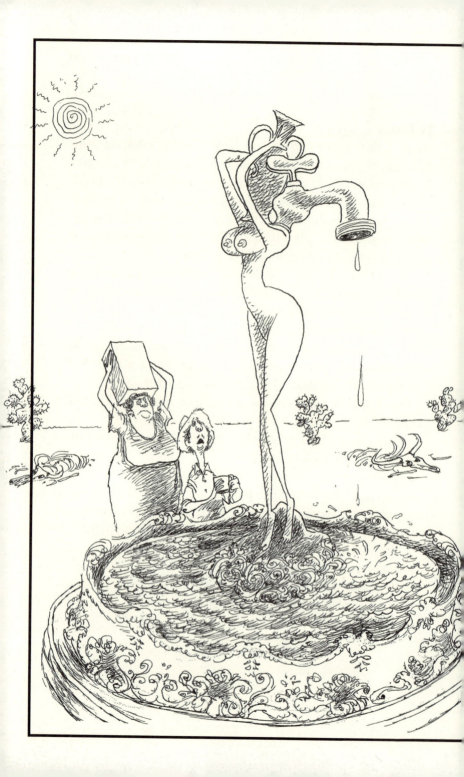

4

CIDADE SEM CANOS

A CIDADE TEM O NOME por causa deles, mas ninguém sabe quem eram, quando chegaram, o motivo da partida e nem onde estão agora. Aqueles que estão aqui há mais tempo contam que os avós diziam que os dois viviam no tal casebre, quase na beira da lagoa. Quando o povoado começou a se formar de verdade, os dois velhinhos já estavam lá. Não falavam com ninguém, também não incomodavam. Até que, numa tarde, as pessoas perceberam que o casebre permanecera fechado desde a manhã. No outro dia, mesma coisa. Umas semanas depois, foram verificar. Não havia ninguém, não havia nada. Os dois tinham partido, ninguém sabe por quê nem pra onde. Nunca voltaram. Mas a cidade ficou com o nome que indicava o local antes mesmo que o povoado existisse: Lagoa de Velhos, Rio Grande do Norte. Menos de 3 mil habitantes.

Vida sem torneira é dureza

Pertinho, 14 quilômetros adiante, está Sítio Novo, que não tem a sorte de ter uma lagoa. Na verdade, quem vive aqui integra um estranho coletivo: a confraria dos teimosos. Quem abre a torneira e lava a louça, abre o chuveiro e toma banho, não consegue imaginar a vida sem torneira nem chuveiro. Cozinha sem pia, casa sem banheiro. Sítio Novo é assim, uma cidade sem canos. Portanto, sem torneiras, sem chuveiro, vidas secas. A prefeitura providencia, uma vez por dia, o caminhão da água. Chega quando o dia amanhece e vai direto encher as duas caixas-d'água do município. Seis e pouco da manhã a fila já tá lá. Começa a se formar no meio da noite, pouco depois das 3 da madrugada. Cada casa tem direito a duas latas. São quase 5 mil moradores e todo mundo se conhece. Então, você pode chegar bem cedinho, deixar as duas latas na fila e voltar pra casa. Todo mundo conhece as latas de todo mundo. E não apenas as latas. Pelos quintais, galinhas e outros bichos pequenos perambulam fora de cercados, de uma casa pra outra.

– Estes bichos são todos da senhora?

– Não, são de todo mundo.

– E como é que sabe quem é o dono?

– Tem uma marca.

Ela se abaixa, pega um frangote e mostra a pata: falta um pedacinho.

– A gente corta um pedaço logo que nasce. Cada um corta de um jeito e a gente conhece o jeito de cada vizinho.

(*Ninguém pega a galinha nem a lata do outro. Aqui, a cultura do "todo mundo gosta de levar vantagem, certo?" é como água encanada: ainda não chegou.*)

Não importa quantas pessoas vivam em cada casa, pode ser apenas um casal, vô e vó, ou pode ser uma filharada e mais dois parentes. A quota será sempre a mesma: duas latas pra cada casa. Claro que não dá pra todo mundo.

– Aquele que não tem 1 real pra comprar um galão no armazém morre de sede aqui neste lugar.

Quem acorda mais tarde já sabe da secura: o dia inteirinho sem nem um copo d'água. E o calor por lá é zangado, covarde. É difícil imaginar como conseguem. Mas o povo de Sítio Novo não desanima por coisa pouca. No dia seguinte, manhãzinha, escutam o barulho do motor do caminhão. Quantas casas ficarão sem água hoje?

48 CIDADE SEM CANOS

Lagoa de Velhos sempre teve a vantagem que está no nome da cidade. Dá pra lavar roupa e louça na beira. E pras casas – que também não têm pias –, o carroceiro traz o barril cheinho da água da lagoa. Por 1 real cada viagem. Mas os carroceiros fazem, hoje, as últimas viagens. Logo mais, no fim da manhã, pela primeira vez vai correr água pelos canos que instalaram na cidade. Em muitos quintais, pequenas pias estão encostadas nas paredes. Foram compradas em outras cidades, claro. Tem muita gente que duvida de que tudo vá funcionar direitinho. Por isso, as pias ficam ali, do lado de fora, na cartilha de São Tomé. Torneira, mesma coisa. Muita gente já comprou, mas não instalou. Aqui, chuveiro é quase um objeto não identificado. Mas na casa do Seu Leandro, garantem, já tem até torneira. Fica na pracinha principal.

– Ó de casa... bom dia.

Ele abre a banda de cima da porta da frente e responde.

– Bom dia.

– É verdade que o senhor já tem torneira em casa?

– Verdade.

– Se não for incomodar, posso dar uma olhadinha?

– Claro, vamos entrando.

A parte de baixo da porta se abre. Antes do terceiro passo, Seu Leandro avisa:

– É aqui mesmo.

– Pensei que era na cozinha ou no banheiro.

(*As cozinhas de Lagoa de Velhos não têm pia. Dá pra imaginar como funciona uma cozinha sem pia?*)

– Mas onde está, Seu Leandro?

– Bem aí, atrás da porta que o senhor empurrou pra entrar aqui na sala.

Fecha a metade de baixo da porta da casa e lá está ela, a torneira, no cantinho da sala de jantar.

– Mas como é que faz pra levar água pra cozinha, lá no fundo do corredor?

– Com os baldes, ora.

Afinal, a rotina sempre foi essa. Em vez de pegar no carroceiro, na calçada, já pega na torneira que fica junto da porta de entrada, na sala de jantar. Mais conforto. E ainda tem a economia de não mais pagar ao carroceiro... desempregado pela chegada dos canos.

Agora, o chuveiro... Chuveiro?

Um morador decidiu inventar um, pra filharada. Comprou um pedaço de cano de plástico e prendeu em dois paus, tipo forquilha, ao lado de casa – como se fosse uma trave de futebol bem apertadinha. Fechou uma das extremidades e, na outra, prendeu uma mangueira. Pra completar, com martelo e prego, fez uma fileira de buraquinhos na parte do cano voltada pro chão. Quando a prefeitura abriu a água, vários filetes de água escorreram do cano. Agora, quatro crianças se molham aos poucos, de roupa e tudo, pulando, pulando... alegres demais com o tal chuveiro em linha reta.

Mas um outro, que costuma viajar, comprou um chuveiro de verdade. A cidade toda curiosa... E ele instalou de uma forma inédita: na parede da frente de sua casa. Isso mesmo: quando abre a torneira, a água do chuveiro cai na calçada. Afinal, é bom que todo mundo saiba que naquela casa (e na cidade) já tem um autêntico chuveiro. Todos os filhos e seus amiguinhos se esbaldam na inauguração da exclusividade. Como é a primeira vez, nem todos entram direto embaixo d'água. Tem um que se debruça, mãos em concha, enche de água e joga no rosto, na cabeça. Outro esquece de tirar o tênis. Do outro lado da calçada, uma porção de gente vendo chuveiro pela primeira vez.

Já em Lagoa de Velhos tudo ainda depende do lugar que se

50 Cidade sem canos

consegue na fila da madrugada. Mas nem tamanho sacrifício seca a generosidade das pessoas. Lá pelas 4 e pouco da madrugada, depois de gravar imagens da fila e entrevistar alguns moradores, melhor imitar quem vive aqui: sentar no chão e esperar o tal caminhão, que chega com o dia clareando. É quando surge, bem forte, o desconforto. A sensação chega com a lembrança do tanto que temos, nós, que moramos nas maiores cidades do Brasil, e todo o desperdício nosso de cada dia...

Alguém chama e pede que a equipe siga com ele. É um senhor com bem mais de 60. Caminha em direção à sua casa, luzes acesas, direto pra cozinha. A mulher está de costas e enxuga alguns copinhos. Quatro e pouco da madrugada.

– Passamos um cafezinho pra vocês.

– Mas... Gastando água? E ainda vão ter de lavar os copinhos depois.

– Não tem problema. Água pra isso sempre tem. Vocês estão aí direto, trabalhando, a noite sem dormir...

– Só que é nosso trabalho, uma vez na vida uma noite sem dormir.

– Pra nós é rotina. Vamos, sentem aí, vamos tomar um cafezinho.

Ele serve, enquanto procura alguma coisa com o olhos.

– Cadê a lata de biscoitos?

A mulher acha e coloca na mesa, junto do bule com o café.

– Pelo menos as suas latas estão bem colocadas na fila, né?

– Não se preocupe. Vamos ter água em casa hoje, sim, com certeza. Agora, o cafezinho, passado na hora.

Generosidade, delicadeza... Não, isso o caminhão da prefeitura não distribui junto com a água. Se fosse possível, pra chegar a viver assim, as cidades mais ricas teriam de convocar uma procissão de caminhões.

5

CHICO DA LATA

— Quem tem vizinho bom não passa fome.

E o Jardim Marialva, em Rondonópolis, Mato Grosso, deve reunir a melhor vizinhança da cidade. Porque Chico da Lata nunca viveu o aperto da fome. Na verdade, raramente ele enfia a mão no bolso. Primeiro, porque sempre está vazio. Depois, porque resolveu viver do lixo. Inclusive das notas que não valem mais – tantas mudanças de moeda no Brasil – e as pessoas jogam fora. Pro Chico, têm serventia. Por isso ele tem casa própria... inimitável. Não existe outra igual no Brasil inteirinho. Nem tão barata. Latinha de cerveja paga a despesa. Se perguntar por lá, informam:

— A casa do Chico fica no fundo do Mercado Real.

Deveria ser o avesso:

— O Mercado Real fica no fundo da casa do Chico da Lata.

Mercado é tudo igual, e a casa do Chico é anormal. A partir do plano da obra: em 1968, ele começou a catar coisas pelas ruas do Jardim Marialva. Todo dia, lá ia o Chico recolhendo o que deixavam pelas ruas, sobras de demolições ou obras. Fez isso num raio de menos de 1 quilômetro ao redor do terreno onde ia construir. Uma década recolhendo todo tipo de coisa enjeitada. Hoje, a escada verde cintilante que leva ao andar superior, onde está a hidromassagem e a varanda... a escada verde cintilante dá pena de pisar.

Casa custo zero, parede sem tijolo

— Feita só com garrafas pet de litro e meio.

A samambaia de plástico, mesma coisa – garrafas pet cortadas em fatias finas, planta ornamental do lixo reciclado. O sofá da sala, mesmo material. As tampinhas das garrafas se transformam em cortinas ou portas do armário da cozinha, enfiadas num cordão. Na varanda de entrada, mesas e cadeiras montadas com rodas de carro ou caminhão, aros de bicicleta, tiras da borracha de pneu e outras coisitas recolhidas pelas ruas. Na parte de trás, no alto, um mesmo tipo de lata cobre com segurança o telhado.

– Era o único óleo de cozinha que existia na época. Por isso, você encontrava no lixo de qualquer casa.

Mas algumas partes da mansão – sim, é bem mais do que uma casa – revelam a presença de cimento.

– Ah, esse tenho mesmo que comprar. Mas uso muito pouco. Então, basta vender um tanto das latinhas de cerveja e refrigerante que cato por aí e pronto.

A irritação bate forte quando fala do que encontra no lixo ou amontoado em terrenos no seu caminho. Sempre tem alguma coisa quase nova, mania que ele não compreende, a fissura de comprar o modelo mais recente de tudo, mesmo que o anterior ainda opere com perfeição.

– Lixo tem que virar luxo!

Filho de uma das milhões de famílias que vivem no subsolo da linha da pobreza, Chico da Lata nunca estudou. Com sua capacidade de inventar e planejar, seria um arquiteto internacional... caso a educação também fosse largada nos terrenos cobertos de entulho. Só que artigo de luxo para poucos, como educação no Brasil, não se joga fora.

– Joãozinho Trinta avisou, eu vi na televisão: quem gosta de miséria é intelectual. Pobre gosta de luxo.

A casa de graça que ele inventou é isso: luxo de reciclagem. Na mesa que fica no andar de cima, um vidro cobre dezenas de notas de muitas épocas das impressoras da Casa da Moeda.

– Tá vendo? Até o dinheiro do Brasil vira sucata.

A imaginação dele criou um forno de microondas. É assim

CHICO DA LATA

— Joãozinho Trinta avisou, eu vi na televisão: quem gosta de miséria é intelectual. Pobre gosta de luxo.

que ele o apresenta. Mas se trata apenas de uma caixa de metal sobre uma espécie de forninho de tijolos. O calor vem da lenha queimada ali.

— É microonda supernatural, tipo caipira.

Funciona, claro. A fantasia faz parte do calendário do Chico da Lata. Perto do microondas natural existe um objeto estranho, montado com os componentes de sempre: eixos e rodas de carros, motos, bicicletas, pneus, latas, qualquer objeto de plástico. Ele senta numa espécie de poltrona e tudo gira 360 graus, dependendo do tipo de impulso.

— É minha gangorra pra musculação.

Se ele vê ali um aparelho de musculação, a gangorra dele é exatamente o que ele anuncia. E faz efeito: ele é magrinho, forte, elétrico todo o tempo, parece muito saudável. Ah!... e a comida? A do lixo não serve.

— Você trabalha?

— Trabalho.

— Tem um emprego fixo?

— Eu não tenho nada, trabalho só na minha obra.

— E como é que compra o feijão nosso de todo dia? Feijão gostoso não se acha no entulho.

— A gente tem uns amigos. Uma dá comida, outro dá uma roupa, a gente vai se virando. Quem tem vizinho bom não passa fome.

Ele volta pra sua cadeira de musculação. E gira feito menino.

— É gostoso, né?, gostar de viver!

6

BICHO VAI PEGAR

ROLIFILDI É UM VIRA-LATA NOBRE, educadíssimo. A dona confirma:

— Quando ele quer fazer a precisão dele, ele vai pra terra.

É que o cachorro mora num flutuante, ou seja, uma casa de madeira montada em cima de grandes troncos de árvores. Todo mundo vive assim no lago de Janoacá, que se alcança pelo rio Solimões, a partir de Manaus. Um outro Brasil, que não pisa na solidez do chão. E toda aquela água estabelece uma placidez incomum – só quem vive lá sabe. Mansidão assim não se conta. Cada casa é uma ilhazinha. Como o lago é gigantesco, o vizinho está a quilômetros. Uma cidade que bóia, sem ruas, esquinas nem praças. Até tem umas terrinhas por perto – onde se planta mandioca, base de todo o dinheiro que navega ali. Mas esses pedacinhos de verde mergulham e somem quando é temporada de cheia. Então, só se constrói sobre troncos, casas que sobem e descem com a cheia ou a vazante.

— Nunca ensinei, não. O Rolifildi sempre foi assim.

Se tem a terrinha por perto, ele mergulha, nada até a margem, faz tudo lá e volta – bem mais limpinho, né? Banho na ida, banho na volta.

(*Ah, claro que o filho da dona, que escolheu o nome do cachorrinho, adora boxe. Assiste às lutas pela TV, ligada numa bateria de carro. No planeta flutuante não existe rede elétrica. Água não segura poste.*)

No vizinho, casa do Iran – mulher e quatro filhas –, a estrela é uma papagaia. Exigente, gosta mesmo é de comer bolacha salgada. E tem de estar trincando; se amolecer, recusa.

— E ela só aceita se tiver manteiga. Seca, ela vira o bico.

(*Um Brasil no qual cachorro nada até o banheiro e papagaia só come com manteiga. Suave rotina.*)

Iran mantém uma rede armada bem em cima da cama do casal. Quando chega o momento de dormir, pula pra cima. A mulher permanece na cama.

— Na rede é muito mais fresco.

Ele fala baixo, suave. A cidade de água afogou o estresse. Garante que ali é o melhor lugar, inclusive pra educar quatro filhas.

— Qual o Brasil melhor? O que você vê na TV, das grandes cidades, ou este aqui, que quase nunca aparece na TV?
— Este aqui.
— Por quê?
— Mais sossegado, né? Se a filha sai prum canto, você sabe que ela vai voltar pra casa. Na cidade grande, não. Ela pode sair e a gente nunca mais ver ela.

Aqui, até papagaia tá no sossego: biscoito, só salgado e no ponto – al bico.

SE QUER SABER SE MORREU ALGUÉM, se vai ter enterro, preste atenção no Bode. É fácil: ele é enorme, com a cabeça erguida encosta a boca no peito de um homem alto. E mantém rotinas precisas: de manhã e no começo da tarde, passa na padaria pra receber um pão quentinho. Vive solto pela cidade. Não se interessa por capim e menos ainda por outros bodes. Que podem ficar com todas as cabras, divirtam-se. Ele gosta de estar no meio de pessoas. Na hora de dormir, sempre na mesma rua, e de manhãzinha pára na porta da casa que todos os dias lhe oferece um prato de leite morno. A rotina do Bode, e da pequena Riachão dos Dantas, em Sergipe, só é um pouco alterada pela morte de alguém. O

Enterro, programa de bode

Bode logo percebe – e nem gaste tempo indagando aos moradores, pois ninguém consegue explicar como o bicho descobre que vai ter caminhada até o cemitério. Quando o caixão sai, seja de onde for, o Bode já está de plantão na esquina seguinte. Nunca falha. Se coloca na frente do caixão, sempre. Às vezes, a família faz questão de entrar com o corpo na matriz, pra uma missa ou apenas uma oração. O Bode, respeitoso, espera embaixo, no pé da escadaria. Se demora muito, ele boceja. Mas não arreda os cascos. Sai o corpo e ele segue na frente do cortejo, no caminho preciso pro cemitério. E lá, sempre descobre onde a cova espera o caixão. Vai até o local e pára, compenetradíssimo. Afinal, é uma cerimônia fúnebre, sempre alguém soluçando. O Bode respeita, solidário. Quando começam a baixar o corpo, o barbicha, discreto, caminha em direção à saída e retorna à praça central. Logo que escurece, segue pra tal rua onde sempre dorme. Segundo a moral bodiana, quando anoitece, lugar de moça é dentro de casa. Se passa homem, ele nem liga. Mas se vem mulher... Uma vítima, que mora na rua, confirma:

– De noite, não pode nenhuma mulher passar sozinha aqui que ele enraba atrás.

Ela conta olhando no olho, nem sorri. Afinal, corrida de bode é coisa pra lá de perigosa. O bicho dá a carreira de cabeça baixa, os chifres chegam na frente.

– Agora, homem ele não enraba não.

O Bode sabe.

O CEMITÉRIO DO GATOS fica escondidinho nos jardins da mansão da família alemã que deu nome à cidade de Blumenau, em Santa Cantarina. Edith Gardner, mulher que saiu da sofisticada Alemanha pra um povoado que nem cidade era, chocou demais aqueles colonos que apenas plantavam e construíam. Era amiga dos Blumenau, morava no casarão deles, mas se tornou um escândalo – roupas ousadas, decotes e transparências, manias estranhas, culta numa terra ainda sem sofisticações. Solteira, solteirona. Se apaixonou pelos gatos. Muitos. E cada um que morria ganhava enterro de gente, que incluía túmulo com lápide, nome gravado, datas de nascimento e morte e tudo o mais. O cemitério dos bichanos da Fraulein Gardner ainda está lá. Às vezes, com uma flor nova neste ou naquele tumulozinho. Talvez um neto, bisneto...

Mas os bichanos que mereciam mesmo homenagens são aqueles que sofreram nas farras de Miaí de Cima e Miaí de Baixo, em Alagoas. Nem adianta perguntar aos moradores das duas cidades miudinhas o porquê dos nomes. Cada um apresenta uma razão diferente. Por exemplo:

– Uma dona vivia irritada com a gritaria dos gatos perto da casa dela, lá embaixo. Aí, pegou uma porção de gatos, colocou num saco e trouxe aqui pra cima. Soltou todos no meio do mato fechado, e ficava provocando:

– Agora quero ver... Mia aí, gato! Vai! Mia aí!

Já outro diz que existia uma disputa entre os moradores das duas partes da cidade, a de cima e a de baixo – ganhava aquela que matasse mais gatos. No meio do torneio sinistro, os moradores se provocavam, gritando:

– Mia aí, ô de cima!

– Mia aí, ô de baixo!

Se ouvissem um miado, era sinal de que ainda existiam gatos vivos. Portanto, sinal de derrota. Foi então que surgiu a maldição dos gatos de Miaí: agora, quem maltrata um gato sempre sofre um castigo. Pode não ser no dia seguinte à maldade ou semanas depois, mas não falha.

— Tinha um que maltratava muito os bichinhos. Um dia, foi tirar um ninho na igreja e caiu lá de cima. Outro, rei da maldade, sofreu mais ainda: tava assando castanhas, derramou álcool nas brasas e se queimou todinho. E o menino que esfolou um gato dias depois estava num bar, saiu uma briga, e um tiro pegou nele. Não tem perdão: maltratou gato, sete anos de atraso.

A FESTA COMEÇA com uma grande toalha de linho branca estendida... no chão. A cachorrada chega aos poucos. Na cozinha, que fica perto da enorme gameleira, plantada há mais de cinqüenta anos pelo Pai Euclides, segue o preparo das carnes. Sempre fogo no chão de terra, panelas de barro apoiadas nas pedras, como na África de onde foram trazidos, escravos, os avós. A latição começa do lado de fora. Hoje é o dia de cão na Casa Fanty Ashanty, em São Luís do Maranhão, onde se pratica candomblé e tambor-de-mina.

Em altares de muitas igrejas católicas pelo mundo existem imagens de São Lázaro, com sua feridas. E ao lado, muitas vezes lambendo as chagas, um cachorro. A lambida aliviava a dor, quase curava. E uma pequena imagem assim está na cabeceira da mesa, isto é, da toalha branquinha estendida no chão. Só que aqui, São Lázaro é Omulu Olubaluaiê — de novo, a democracia do sincretismo afro-brasileiro. Sete pratos de cada lado — sempre número ímpar. Ali será servido o banquete pros cachorros, ao som dos abatazeiros — ou seja, os músicos que tocam os tambores chamados abatás.

É um dia de ação de graças. As pessoas trazem os cachorros que foram curados por uma intervenção de Omolu. Quando a doença apareceu, vieram pedir ajuda ao babalorixá Pai Euclides. Que reconhece o grande encolhimento da festa:

– Hoje, todo mundo cuida bem dos animas, tem até lojas só pra isso. Aparecem muito menos por aqui.

Na hora de servir o banquete, cada cachorro diante de um prato, uma surpresa pra eles: comida de gente, arroz, macarrão, farofa, generosos pedaços de carne, tudo servido em pratos de gente. Mais tarde, o pessoal da casa vai comer a comida de obrigação. Em vez de pratos, são servidos em folhas.

Festa assim só existe no Brasil.

Bênção, África.

ELE NÃO CHEGA A COLOCAR o boi na sala, mas dorme com o bicho dentro de casa. Só que não é um bicho qualquer, trata-se de raridade: gado franqueiro. Agora, em todo o país, talvez existam apenas uns quinhentos exemplares do primeiro gado que entrou no Brasil. Na verdade, o primeiro que entrou nas Américas. Quem garante é mestre Sebastião Oliveira, no alto da serra gaúcha, São Francisco de Paula – ou São Chico, como dizem por lá. Mas ele não mora na cidade, é bicho do mato.

– Posso dizer que eu não gosto de povo, eu não gosto de gente.

A casa onde vive, toda de madeira, reproduz um jeito de morar bem antigo. Um telhado enorme, muito alto, cobre as duas partes: na frente, um cômodo apenas, onde estão quarto de dormir, sala e cozinha, sem paredes; na outra parte, sob o mesmo teto, lugar pro boi e churrasqueira, fogo o dia inteiro. E chão de terra – afinal, o boi freqüenta esta parte da casa –, frio que mói quem não é daqui. Nenhuma outra casa surge nos 360 graus que

a vista percorre, no alto do morro em frente à única janela da casa. E ele fica muito tempo sentado, quieto, diante dessa janela.

— É minha televisão.
— Sempre no mesmo canal?

Ele é imune a provocações urbanas.

— Sim, no mesmo canal. Mas nunca repete o mesmo programa. A paisagem muda a cada segundo.

Atenção gigante e sem pressa pra perceber tais mudanças. Afinal, aqui impera o lento tempo do boi. E o belo gado franqueiro... fácil de identificar: o tamanho e a forma dos chifres assombram. Na verdade, o tamanho e a forma das aspas, ou guampas, como se diz aqui. Ao contrário das aspas da maioria, as do franqueiro crescem na horizontal, retas, e só dobram uma vírgula pra cima nas extremidades.

— Já medi uma guampa que tinha 2 metros e 60 centímetros de uma ponta até a outra.

Animal magnífico... Veio da Europa e de Cabo Verde trazido pelos espanhóis e portugueses. Alguns passam a noite dentro da casa do Sebastião – homem de grande barba negra, vestido de preto, botas, chimarrão, sério, parece sempre zangado. Mas fala docemente, com a tranqüilidade de quem só tem certezas.

— Não preciso nem de energia elétrica. Carne, usamos o charque. Leite, tiro todo dia. A água, da vertente, é como se fosse gelada. A verdura, pego na horta.

— O senhor vive em outro tempo.
— Costumo dizer que eu já nasci velho.
— Não sente falta das coisas da cidade?

SEBASTIÃO OLIVEIRA

— Não sente falta das coisas da cidade?
— Não, eu prefiro conversar com os meus animais. Eles me entendem muito melhor do que as pessoas.

— Não, eu prefiro conversar com os meus animais. Eles me entendem muito melhor do que as pessoas.

Logo que acorda, pode sair da cama, dar três passos, abrir a janela dos fundos e dar bom-dia pros bois que estão dentro de sua casa. Aqueles chifres enormes, retos como uma régua...

BASTA COLOCAR UMA ÚNICA IRAXIM na entrada de qualquer colméia e logo o pânico se instala. Dezenas de defensoras saem imediatamente pra matar ou afugentar a inimiga solitária. Coitadinhas das iraxins, miudinhas, totalmente pretas, nem parecem abelhas.

— Numa mutação, a espécie perdeu a pata transportadora de pólen. Pra sobreviver, elas têm de roubar mel das outras colméias. Mas, se atacam, nunca comem todo o mel. Sempre deixam um pouco, pra que a colméia sobreviva e elas possam roubar de novo.

Quem explica é Carlos Chociai, com o sotaque forte do interior do Paraná, Prudentópolis. Um campeão... Quem olha aquele homem pela primeira vez — fala devagar, sotaque forte, e se ilumina quando o assunto é bicho ou planta — quem olha não supõe que ele rapa tudo nas feiras internacionais de apicultura. Muito produtor famoso desiste de concorrer quando sabe que o Carlos do Brasil vai colocar seus potinhos na passarela do mel. Bem feito!: quem manda ter medo da preguiça...

Carlos faz o que ninguém quer: só trabalha com abelhas brasileiras, aquelas que já estavam por aqui quando Cabral chegou com sua gangue de predadores. A maioria que industrializa o mel prefere abelha européia ou uma mistura da européia com a africana. Produzem mais rápido, é verdade. Mas a qualidade do mel que as brasileiras fazem, devagarinho, é superior, bem superior. Outra vantagem: as abelhas brasileiras não picam. As européias picam ardido, e as africanas até matam.

Carlos conhece a florada preferida de cada família das abelhas brasileirinhas. Então, percorre as matas de Prudentópolis com suas caixas-colméias, colocando uma ali e outra aqui. A rainha de cada colônia agradece o cuidado, certamente, no idioma zumbido.

Os japoneses se encantaram tanto com o mel brasileiro do Carlos que montaram um pequeno laboratório perto da casa dele, só pra confirmar a mensagem que o paladar deles enviava pro cérebro a cada colherada: aquele é o mel dos meles. Parece centro cirúrgico, todos de branco, luvas, máscaras e toucas, microscópios e outros aparelhos só checando o que vem dos favos. E lá vai outro carregamento pros japoneses não comerem de pauzinho.

(Carlos do Mel mantém colméias de iraxins, as coitadinhas.)

Que tal um churrasco de cabeça de boi?

A receita é simples demais... Coloque a cabeça inteira, com pele e chifres, dentro de um forno a lenha – como se faz com a pizza, na pedra, do ladinho do fogo. No mesmo forno, deixe uma lata com a mistura de água com sal grosso: 24 horas depois, prontinho pra saborear.

Não é nada bonito, porque o fogo esturrica o couro do boi. Fica tudo escuro, carvãozinho. Aí, remove-se a pele toda. Depois, é hora de separar a mandíbula de cima. Aparece a língua, com os dentes bem brancos brincando de roda ao redor. Na parte superior, além de uma carninha grudada nas faces do boi, existe o miolo. O mesmo acontece com a parte de baixo, ao redor dos dentes, carninha disputada. Um cheiro forte, muito forte.

Santelmo, Felipe Santelmo, pescador e churrasqueiro, cuida do forninho com as cabeças decepadas. Mas não come. Ele prefere outras especiarias de Mato Grosso. Sempre viveu por aqui, Passagem da Conceição, nem mil habitantes, do ladinho da capital. Sempre viveu da pesca... de olho no minhocão. Um perigo do rio Cuiabá.

– É igualzinho uma minhoca, dessas do seco. Assim papai contava pra gente. Ele dizia que era grande, muito grande.

– Quanto, mais ou menos?

– Uns 5, 6 metros.

– Chegou a ver o minhocão?

– Cheguei a ver ele ferver assim no poço. Derruba barranco, vai revirando tudo. Quando chegava pessoa que o minhocão não gostava do sangue, ele ficava nervoso, virava tudo, todo mundo embicava no barranco e não saía mais pro meio do rio, não.

Santelmo pára um instante, olho no movimento da água.

– Minhocão era bicho bravo de verdade.

Será que era mesmo mais assustador do que uma cabeça de boi carvãozinho?

– **TEVE UM AMIGO MEU** que a cobra pegou.

Seu Lupércio não precisa inventar nada. Ele viveu quase toda a sua existência nas florestas do Acre, convocado (sem escolha) para trabalhar como seringueiro, esforço de guerra. E isso a partir da década de 40 do século passado. A mata era muito mais fechada, bonita e mais feroz do que hoje – agora, já toda esquartejada por madeireiros, pecuaristas, plantadores de soja e tudo o mais, exploração ilegal de todo tipo de riqueza nativa.

Ele mora no Rio de Janeiro, um povoadozinho que não tem nada de carioca. E bicho é o que não falta por lá. Antigamente então...

— Nós tava mariscando, uma canoazinha fraquinha, né? Só com remo. Era no rio. Eu tinha avisado pra ele: cumpadre, nesse poço tem uma cobra muito grande.

E o outro:

— Mas, cumpadre, uma hora dessas ela tá na cama dela.

Seu Lupércio insistiu, mas o amigo nem respondeu mais.

— Quase no meio do lago, a água estremeceu. Quando eu vi, foi o peitão dela já fervendo na água. No que a gente foi passando, ela jogou o laço bem no meio da canoa. Ela se joga inteira por cima da canoa, chega a quebrar, a estralar a madeira.

— A cobra quebra a canoa?

— Quebra a canoa, claro! Uma cobra de mais de 12 metros. Da grossura de uma castanheira, a monstra! Eu saí nadando e só ouvi ele gemer... hannnn!...

Os olhos dele estão arregalados, estáticos: revê a cena.

— Ela enrolou nele, levou pro fundo e pronto. Foi só aquele gemido e ela foi embora.

Pára de novo, respirando mais forte, aflito.

— Poderia ter sido eu, né?

Ele carrega o túmulo do Trovoada pra todo lugar que vai. Afinal, viveram juntinhos por onze anos direto. A separação durou pouco tempo e, depois do reencontro, mais um ano juntos. E o Trovoada morreu. Dor maior não vai acontecer na vida dele. Enterrou o bichinho num vaso grande, branco, com uma planta bonita. Uma corrente prateada ao redor do vaso segura uma placa que informa que ali está o corpo do Curió do Século.

Você já viu um curió?

Mais ou menos do tamanho da mão fechada de um adulto. Só

que o tamanho não interessa, principalmente quando ele abre o bico. Um canto que não tem palavra que explique – principalmente pros fanáticos, a turma do braço duro. São 128 cantos diferentes catalogados em todo o Brasil. A capital brasileira dos fanáticos é Florianópolis, Santa Catarina. E lá que está o maior curiódromo do mundo. Na verdade, o único – um espaço onde, todo fim de semana, eles se encontram, penduram suas gaiolas, exibem seus bichinhos, contam suas histórias e... negociam. Quem não sabe nada sobre o curió se espanta.

– O senhor recebeu uma oferta de 20 mil reais pelo seu curió e não quis nem conversar?

– Não quero vender.

– Mas o senhor não tá precisando de 20 mil reais?

– Claro que estou. Só que ele faz parte da minha vida. A emoção que ele me dá vale mais que 20 mil reais. Ele faz parte de minha família.

No caso do Trovoada, o negócio foi em dólares. Milhares. Com campeão é sempre assim. E um vencedor começa a ser forjado ainda dentro do ovo: aos sete dias, se coloca um mestre (um passarinho bom de canto) na gaiola e ele canta na borda do ninho, canta pro ovo. E este é apenas um dos truques pra formar um vencedor. Os juízes que comandam as disputas têm ouvido absoluto, conhecem de cor os 128 cantos. Por isso, quem tem um curió vencedor gosta de exibir. E, no fim da tarde, passeia com o bichinho pelo centro, perto do mercado. Leva a gaiola como o garçom segura uma bandeja, sobre a palma da mão voltada pra cima. É a turma do braço duro.

Trovoada, eleito o Curió do Século 20, viveu seus primeiros onze anos com o Marlon. Mas ele tropeçou num aperto brabo e teve de vender o passarinho. O negócio foi acertado com um amigo, o Vadinho, por 28 mil dólares. Pouco tempo depois, com as finanças já

no prumo, Marlon comprou o Trovoada de volta por... 50 mil dólares. Vadinho era amigo quando comprou e continuou amigo quando vendeu, mesmo com os 22 mil dólares de diferença entre a compra e a venda. Afinal, ambos reconheciam o valor do bichinho. Depois que voltou pro seu dono, Trovoada viveu apenas mais um ano.

— Não me arrependo nada de ter pago 50 mil dólares por um ano apenas. Não tem dinheiro que valha a emoção de um único dia com o Trovoada.

Seu Deodato, profissão: caçador de onça.

Calma. Ele não faz parte da legião covarde que considera o assassinato de animais um... esporte. Seu Deodato trabalhava numa grande fazenda em Aquidauana, Mato Grosso. Sua função era proteger o rebanho, constantemente atacado pelas onças. Enfrentava a pintada com a zagaia — uma lâmina afiadíssima amarrada na ponta de uma vara bem longa. Entrava no mato junto com a cachorrada. Uma vez, uma onça levou a melhor, arrancou o couro cabeludo do Seu Deodato com uma patada só. Uma sangueira... Ele chegou a ver, com o canto do olho, a tampa de sua cabeça, com todo o cabelo, balançando do lado esquerdo do seu rosto. As garras e os dentes fizeram estragos definitivos em quase todo o corpo.

— Fiquei acreditando que eu gozo de um conceito muito alto com o patrão velho lá em cima. Ele me ajudou com as duas mãos.

— E era bom caçar onça?

Ele escancara o maior dos sorrisos, olhinho brilhando.

— Era! Era a melhor coisa do mundo, num tinha nada melhor.

Pausa. Desarma o sorriso. E surge uma cara safada, moleque contando arte. Se aproxima e sussurra:

— Melhor que isso, só mulher.

7

FALSO CLONE

— AGORA, A GENTE VAI PRA BOATE de istripitise!
As outras duas mulheres aplaudem. Os três maridos nem se mexem. Difícil escapar da arapuca. Antes de começar o trabalho – a gravação de um baile de chamamé, em Mato Grosso do Sul –, Naldinha já tinha avisado que iria. Os dois casais, convidados por ela, apenas acompanham a equipe. Nada resolvido sobre a esticada. Gê, marido dela, é guia e motorista.

— Sempre quis ir, mas ele nunca me levou.

Além do trabalho, o bailão serviria como aquecimento. Inclusive por ser o chamamé mais modernoso, com guitarras, bateria, gelo seco, tudo o que arrepia o coração e a pele dos tradicionalistas. Eles só admitem o chamamé correntino, original, direto da Argentina. Ou no máximo o outro, aquele de Dino Rocha, já temperado em Mato Grosso do Sul, muito menos barulhento, nada de instrumento ligado na tomada. Bailam no chão de terra mesmo, alternando a dança com goles de tereré – que tem a mesma aparência do chimarrão gaúcho, mas é bebido frio.

O bailão é num clube, salão enorme, lotado.

— Enfim, vou conhecer o famoso Xamego.

Naldinha, só boniteza, saia rodada de dançar, sorriso farol de alegria, assume o comando. Espertíssima, contou a vontade pro repórter. E ele, cúmplice instantâneo, decretou: depois do trabalho, iriam, todos.

— Só pra conhecer. Não tira pedaço, né?

Uma das amigas ainda completou:

— Todos eles conhecem muito bem, ficam comentando, até na nossa frente, com risinhos. Por que nós, mulheres, nunca podemos ir?

Gê, excelente parceiro de trabalho – jornada que incluiu vários dias no Pantanal –, queria pagar a promessa à mulher. Já tinha mencionado a dívida num fim de tarde, na piscina do hotel-fazenda. Pouco depois, ao sair da água... Tinha de conferir as horas, pois o hotel tinha horário pra tudo – pro café, pro almoço, pro jantar e até pra acordar. O relógio confirmou: todos deviam sair logo da piscina, pois o sino do jantar já ia tocar.

E foi então que Gê foi possuído por algum remoto antepassado. Começou a rodar em torno da piscina, erguendo e baixando os braços, com urros e gritos ritmados, às vezes pulando numa perna só. Os hóspedes foram atraídos, alguns começaram a acompanhar, o sino do jantar tocou e tocou e tocou... pra ninguém. E naquela noite, pra revolta do cozinheiro, o jantar atrasou um pouco, obra do xamã Gê. Mais tarde, ainda sob a energia do transe da piscina, ele anunciou:

– Queria levar a Naldinha no Xamego quando a gente voltar. Você topa?

Pra ele, a presença de um repórter representaria uma... garantia. (Qualquer dúvida sobre esta lógica, favor perguntar direto ao Gê.) Ninguém diria não pra ele, menos ainda depois do surto na piscina. Vai que desperta a ira do xamã. E logo ali, em pleno Pantanal, um jacaré em cada poça.

Hora de guardar o equipamento, nada mais pra gravar. Agora, dever cumprido, é possível atender à convocação de Naldinha e promover um esquentamento da turma. Afinal, o Gê não dança e os outros dois casais permanecem numa rotação bem mais baixa. E o melhor, parece, será entrar no Xamego com a pilha com carga total.

Enfim, chega de bailão. Será bem bom sair desse barulho, calorão, empurra-empurra. Naldinha suada, feliz.

– Simbora?

Quase duas da madrugada e ela está aflita, elétrica. Os dois casais, ao contrário, algo embaraçados.

– Bem... nós três vamos. Quem quiser, vem atrás.

80 FALSO CLONE

E seguimos no jipão verde do Gê. Logo percebemos que as mulheres tinham mando de jogo naquela madrugada: os outros dois carros entram na mesma garagem. Pra garantir a privacidade dos clientes, o Xamego oferece estacionamento coberto e portão que esconde os carros. Está quase vazio, apenas outros três carros. O segurança avisa:

– Estamos fechando.

– A gente não vai demorar. Vou falar com a madame, só mais um showzinho pros meus amigos aqui.

Era o fiador daquele programa. Portanto, nada de fim de festa precoce.

– Boa noite... queria pedir um favorzinho à senhora.

Em vez de responder, a todo-poderosa se volta e grita lá pra dentro:

– Olha só quem está aqui!

As meninas aparecem, umas oito, aflitinhas.

– Noooossa!

– Que honra!

– Nunca pensei que ia conhecer você pessoalmente.

– Eu quero um autógrafo já. Vou buscar minha agenda.

– Podemos fazer uma foto?

A cara na telinha tem muitas conseqüências, além do fim definitivo da privacidade. Mas a recepção é entusiasmada demais. A madame honra a regra: o show tem de continuar.

Os três casais entram – ufa! Sentamos grudados na passarela onde acontecem os shows. Ou seja: uma a uma, as meninas entram e, muito rapidamente, tiram a pouca roupa de marinheira, odalisca, oncinha pintada, escrava... e descem pro nível das mesas, só de calcinhas. Os três homens quase esquecem que não estão sozinhos. Naldinha é a primeira a ligar o alarme:

– Se encostar nesta vagabunda, nunca mais põe a mão em mim!

E lá vem a soldadinha, de shortinho camuflado e capacete, marchando na passarela. Outras três, nuas, estão ao redor das três mesas. Os banquinhos onde estamos não têm encosto. Portanto, a todo momento, uma peladona se aproxima das costas de um dos quatro homens. Portanto, o risco de ataque suicida cresce a cada movimento fora da passarela. A não ser, claro, nas redondezas do único desacompanhado. Mas a simples vantagem do número ímpar sobre os pares não explica a dimensão do entusiasmo das meninas.

– Dá um autógrafo?

– Deixa acabar o show, né?

Uma mulher só de calcinha está em cima da mesa, diante do casal mais querido. É preciso aquietar o Gê. Ele bebeu bem no bailão e Naldinha reage rapidíssimo.

– Posso ir buscar a câmera, pra gente tirar fotos?

E aparece a ex-onça, atual peladinha:

– Vídeo!... Ah, vamos gravar, acho que eu trouxe a minha câmera.

Ela corre pro outro lado do palco e a calcinha da mulher que está em cima da mesa cai no colo do Gê. Naldinha dá um pulo. E um grito. Tiro a pecinha do colo do amigo. A mulher nua ri alto. O melhor do show do Xamego não acontece na passarela. Principalmente quando os homens vão acompanhados... por suas legítimas esposas. Um dos maridos, o mais embaraçado, se levanta.

– Melhor a gente ir andando, né?

Ao lado, a esposa decreta:

– Nada disso. Quero assistir a todos os shows.

O que fazer com a calcinha no meu colo? Uma calcinha diferenciada: trata-se de um uniforme de trabalho. A dona da pecinha já contornou os banquinhos e entra na zona de perigo, pela retaguarda. Se aproxima precisamente daquele que queria ir embora. Coloca as mãos sobre os ombros dele, se debruça... e sussurra:

— Anda sumido, hein?

As três mulheres pulam, como se tivessem sido ejetadas dos seus banquinhos. As meninas riem alto. A esposa do Sumido pula pra cima da mesinha.

— Já que você gosta dessas vagabundas, vou fazer igualzinho a elas!

E tira a blusa rapidinho. O Sumido abraça as coxas da mulher, na tentativa de baixar a temperatura... e a mulher propriamente. Mas ela já tira o sutiã. As meninas riem alto. Todos se levantam. E a tal calcinha cai no chão.

— Quero ficar pelada que nem elas, aqui, em cima da mesa... Quem sabe aí você se anima, seu cafajeste! Agora tô entendendo por que nunca comparece em casa!

O Sumido consegue puxar a mulher, que se dobra sobre seu ombro, já sem sutiã. Naldinha e Gê se afastam um pouco de marcha a ré, pra não perderem nada da confusão. Melhor que os amigos não percebam que estão rindo tanto. O Sumido, com a mulher no ombro, batendo as pernas sem parar, recolhe o sutiã e a blusinha e caminha pra saída. O outro casal faz o mesmo. Naldinha, lágrimas de tanto rir, decreta:

— Melhor a gente ir embora logo.

— Mas o Pedro Bial fica.

Silêncio... rapidíssimo. Gê e Naldinha entendem a confusão e desabam na gargalhada. Agora, não riem da aflição do Sumido, portanto, podem escancarar a risada. Uma noite pra não esquecer e contar pra todos os amigos. Quer dizer, menos pro Sumido e sua esposa.

O único sério acredita que pode corrigir o equívoco.

— Peraí: eu não sou o...

— Você ainda tem de fazer as fotos, dar os autógrafos.

— Se a Debie achar a câmera de vídeo, vai gravar com todas.

A porção Judas do Gê acorda rápido:
— Ô... Pedrão, deixa de onda: atende aí as moças. Vai ficar fazendo doce?
— Isso mesmo!
— Mas eu não sou o Pedro Bial.
— Ah! Acha mesmo que vai enganar a gente?
— Fotos!
— Mas eu não sou ele. O Pedro Bial é alto, bonito, olhos claros, elegante...
— Pára com isso, Bial, vamos logo fazer as fotos.
Vale trocar a verdade por uma gotinha de elegância.
— Tá bom, tá bom. Não sou o Pedro Bial. Mas, pra fazer as fotos, todo mundo tem de se vestir.
A ex-oncinha ainda insiste:
— Ah... mas assim perde a graça.

SERÁ QUE AUTÓGRAFO INVENTADO é o mesmo que falsificar assinatura? De qualquer maneira, não foi uma estréia. Em Campos do Jordão, São Paulo, Festival de Inverno, trabalho em temperatura que esbarrava no zero grau na madrugada... O carro da reportagem manobra pra sair da pracinha de Capivari e uma senhora corre naquela direção.
— Espera aí, espera aí!
Tem um livro nas mãos. Esperamos, claro.
— Nossa! Que sorte! Sempre quis conhecer você.
— Obrigado, muito prazer.
— Quero um autógrafo.
E estende o livro.
— Aqui, assina aqui.

– Mas é um livro do Machado de Assis, ele é que teria de dar um autógrafo.

– Nada disso, o seu é muito mais importante.

Inútil argumentar, resistir.

– Como é o nome da senhora?

– Carmem. Carmem Carvalhaes.

Apóio o livro e começo a escrever: "Para Carmem..."

– Tinha certeza que um dia ainda ia encontrar você, Cid.

Recolho a caneta.

– Cid?

– Sou sua fã número um.

– Mas... que Cid?

– Só tem um, ora. Cid Moreira, claro.

– Mas eu não sou o Cid Moreira.

– Ah, não?!

– Claro que não. O Cid tem aquela voz maravilhosa, grave, inconfundível...

– Tá achando que vai me enganar?

– Mas a senhora é que tá enganada.

– Tá pensando que eu não conheço a sua voz direitinho?

Dois segundos de reflexão e...

"Para a querida Carmem Carvalhaes, com um beijo do... Cid Moreira".

E foram felizes para sempre.

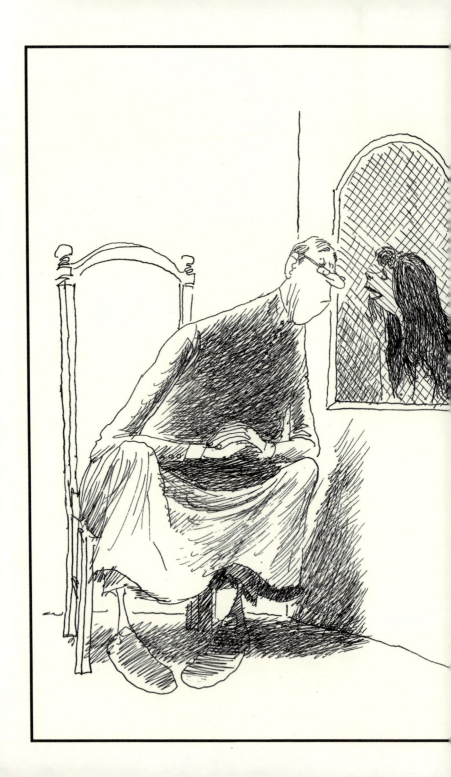

8

PADRE GINECÔ

Problemas para alcançar ou manter a ereção?
Problemas para controlar a ejaculação precoce?
A publicidade se repete na TV, nas páginas dos jornais e revistas, e lembra: SEXO é vida! Assim, com maiúsculas e exclamação. E com a promessa de que ninguém vai saber: "salas de espera individuais garantem a sua total privacidade".

> Hoje passei lá pra praça
> Em frente de uma farmácia
> E peguei ele no flagra
> Ele tentou se esconder
> Mas deu muito bem pra ver
> O cara com o viagra.
>
> *(Sucesso da dupla SS, no Pará)*

E precisa do segredinho mesmo, pois parece que a culpa é sempre do homem. Caso não fosse, haveria, nas mesmas páginas, serviço semelhante desfilando suas panacéias pras mulheres. Mas foi preciso os viagras para que os homens aceitassem que precisam de ajuda, sim. Afinal, todo Adão sabe que, às vezes, não rola, pra desencanto da Eva ao lado. Até Pelé fala disso em rede nacional. E como sexo acontece (quase sempre) a dois, algumas mulheres devem até recortar esses anúncios e colocar, por exemplo, na gaveta de cuecas dele.

O padre sabe: sem prazer não vale a pena

Olha só a confusão que vai dar
Quando a pílula de farinha falhar.
Mas eu pagava pra ver
Quando a mulher descobrir a mancada
A sua cara de otário
Quando ela abrir o armário
E der de cara com o viagra.

(Dupla SS)

No Acre, claro, não existe nada parecido com salas individuais pra homem que não consegue. Isso é privilégio da minoria rica. Mas a congregação das mulheres insatisfeitas também tem milhares de sócias por lá. Como padre Paulino só tem um...

Ele resolveu viver em Sena Madureira, a 144 quilômetros de Rio Branco, a capital. Os próprios maridos sabem onde está a varinha mágica:

– Por que você não vai falar com o padre?

Paulino veio de Bolonha, Itália, há mais de cinqüenta anos. Decidiu dedicar sua vida a um lugar muito pobre. Elegeu o Acre, do outro lado do Atlântico.

Algumas mulheres chegam aqui chorando. "Padre, eu não me entendo com o meu marido, ele reclama muito, me chama de fria. Diz que eu não sirvo pra nada, nem pra dar um filho pra ele. Mas eu não queria desmanchar meu casamento."

Sobre sexo, padre Paulino aprendeu nos livros. E de ouvir contar, claro. Como quase tudo o que faz pra ajudar aquela população que olha pra cima e ainda nem enxerga a tal linha de pobreza.

– A primeira coisa que eu faço é examinar, pra ver se tem alguma doença. Se tem, então, primeiro vamos tratar.

Padre ginecologista?

90 PADRE GINECÔ

Aconteceu assim: numa madrugada, um homem desesperado invade a igrejinha.

– O senhor tem que me ajudar! Minha mulher não consegue dar à luz, a gente não acha a parteira, minha mulher tá passando muito mal...

– Mas eu não entendo nada de parto, meu filho.

– Então o senhor vai deixar minha mulher morrer, padre?

A pergunta muda a vida do italiano Paulino. Ele pega um livro de medicina, abre numa página que mostra as posições mais comuns do feto no final da gravidez e segue com o quase pai. Chega à cabana, coloca o livro aberto em cima da barrigona da mulher, toma posição e pede:

– Um gole de cachaça pra ela, pra relaxar, dar coragem.

A mulher bebe. Mais de um.

– Agora, a senhora tem que me ajudar.

A partir dessa madrugada, virou parteiro também. Clínico geral, ele já era. Atende a mais de cinqüenta pessoas todas as manhãs. Inclusive as mulheres que não se entendem com os maridos, quando se juntam, de noite, na mesma rede.

– Depois que a mulher está curada, faço a pergunta principal: "Você sente prazer, minha filha?"

A resposta é sempre a mesma. E a sabedoria do solteirão Paulino faz o resto, explicando tudo de um jeito feitinho pra mulher.

– O sexo só é bom quando acontece um relacionamento harmonioso entre o clitóris e o pênis. Os homens aqui são muito rudes, claro que não se preocupam com a mulher. Nunca receberam informação alguma a respeito de como a coisa acontece de verdade.

Então, o padre ensina vários truques pra mulher. Por exemplo: antes de ir pra rede, ela deve sair da casinha e se acariciar com cuidado, sem pressa, para que fique um pouco excitada e não chegue na rede seca. E tem mais, muito mais. Só que isso é conversa de padre com mulher, e a porta da salinha dele está encostada. Ele nunca tranca.

— Depois de um tempo, algumas vêm me agradecer, todas felizes, às vezes, até grávidas. "Meu homem mudou, padre. Ficou carinhoso, chega em casa mais cedo, parou de ficar por aí bebendo quando larga o serviço."

Mas será que o homem não estranha a alteração do comportamento e até do corpo da mulher? Será que não desconfia que ela... aprendeu fora de casa? Será que não vai agradecer ou reclamar com o padre?

— Eu não recebo. Nesses casos, eu só converso com a mulher.

Quando ele chegou a Sena Madureira, umas mulheres foram reclamar com o bispo. Nada a ver com a orientação sexual, que ainda nem tinha começado. Mas o padre ia ajudar na construção de casebres ou escolas... sem batina. De tijolo e cimento ele entendia, pois era pedreiro na Itália.

— O bispo me repreendeu, disse que padre tinha de usar batina sempre. Acho que ele nunca tinha subido num andaime, né?

Mas a Igreja ainda é contra a camisinha... ô!: desculpe: contra o preservativo. E talvez nem imagine os milagres que faz a generosidade de um padre Paulino, transformando o dia-a-dia das pessoas desassistidas durante a única vida que elas têm, que passa tão depressinha e exige, portanto, a pergunta certa:

— Você sente prazer?

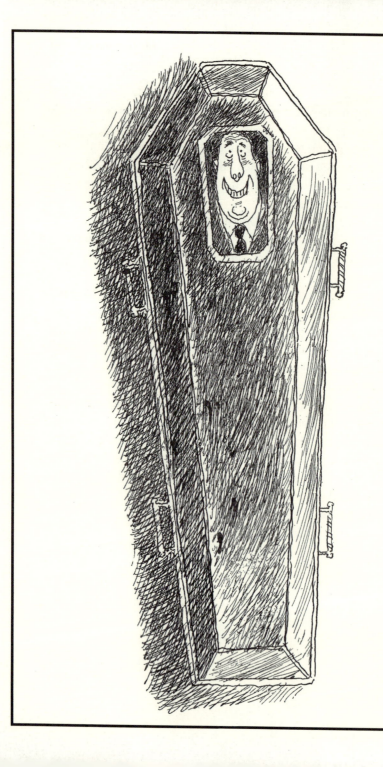

9

FUTUROS

O FUTURO NÃO EXISTE, é apenas uma hipótese. Basta um tsunamizinho e babau. Mas muita gente prefere fazer de conta que é imortal, até acredita que pode se esconder do tempo atrás de meio litro de botox. Alberto e Hermínio não querem saber de plástica nem de outros disfarces. Alberto acredita no sonho, e Hermínio, no estoque. E, assim, olham pra frente sem qualquer dúvida ou receio.

– O segundo andar ali é um cenário.

Apenas esta explicação – como se fosse a coisa mais comum a pessoa morar num cenário – já revela que ele e a mãe flutuam numa dimensão paralela à realidade. É embarcar no parque de diversões dos dois ou, educadamente, se despedir e reingressar no planeta real.

Pra eles, viver é sinônimo de viajar

– As pessoas passam por aqui à noite, vêem as janelas acesas e pensam que a gente está jantando lá em cima.

Numa rua de bairro em Petrolina, Pernambuco, uma casa como dezenas de outras por ali, um sobradinho de dois andares. Só que a parede e as janelas da parte de cima são apenas cenário. Até as pequenas flores nos vasos das janelas com cortininhas. Uma iluminação por trás das janelas é acesa todas as noites e sugere que existe alguém ali, no andar de cima. No falso telhado, bandeiras de vários países.

– Lá em cima não tem nada, além dessa fachada. A gente sempre janta embaixo, mas é engraçado fazer de conta. É uma homenagem às coisas de Los Angeles.

Fazer de conta deveria ser o lema de quem pisa na calçada da fama toda vez que chega ou sai da casa. No chão cinza, dezenas de pequenas estrelas com nomes de artistas de televisão, cinema, celebridades do esporte, segundo um critério que só o próprio Alberto conhece. E ele não pára de acrescentar mais estrelas diante de sua casa – dele e da mamãe Alzira, tão arrumada como o filho, roupa de receber visita, maquiagem forte, pulseiras, anéis.

– Espero completar 365 estrelas. Assim, poderei prestar uma homenagem por dia.

Alberto fala depressa, entusiasmado. E, como mamãe, veste esporte fino, perfeito pro coquetel no convés superior do navio, antes do jantar. Lenço de seda no bolsinho do blazer azul-marinho, rosto maquiado.

– E aqui uma homenagem à Suíça. Gostamos muito de lá.

Mais uma vez, cenário: duas janelinhas, logo na entrada, com vasos, flores de plástico, cortinas xadrez e... um papagaio de madeira pendurado por ali. Talvez uma viagem pelo Pantanal. Não, não: alguma ilha no Caribe, eles nunca mencionam viagens pelo Brasil. Viagem pra eles é sinônimo de passaporte.

– Aqui é a praça Alzira Araújo Melo, uma homenagem à minha mãe.

O espaço entre a grade do jardim e a casa é a tal praça, como confirma a placa na parede. Mais que isso: dentro de uma caixa de vidro, sobre um solene pedestal preto, um enorme busto douradíssimo de mamãe.

– É uma homenagem que fiz aos 90 anos de minha mãe.

Dona Alzira, a colecionadora de passaportes, sorri, vaidosa. Deve se ouvir dizendo: "Ah, esse menino não toma jeito mesmo..."

– Quantos países vocês já visitaram?

– Vinte e três.

– E de qual a senhora mais gostou?

– De todos.

ALZIRA

— Pra viver, eu só preciso de 20 por cento de realidade. Pra mim, 80 por cento é totalmente sonho.

O filho sorri, mais do que orgulhoso. Enxuga o suor com outro lenço, claro que não vai mexer no bolsinho do blazer, onde aponta o que combina com a gravata.

— Mas deve ter algum que senhora preferiu.

— Todo lugar que eu andava era mais bonito do que o outro que eu tinha andado antes. Até no cemitério... Dava vontade de levar uma cadeira e ficar um mês lá, sentada.

— No cemitério?

— É, mas era um cemitério muito bonito.

(Aos 90 anos, ela gostaria de ter passado uma tarde rodeada pela paisagem de um belo cemitério... E tanta gente não gosta sequer de ouvir a palavra "morte", única certeza do futuro de cada um.)

As duas salas da casa parecem não ter paredes. Estão totalmente cobertas com fotos, cartazes, lembranças de todos os tipos. E, num canto, outro busto dourado de Dona Alzira, bem mais moça do que no outro.

— É mais uma homenagem à minha mãe. Achei uma foto dela mais jovem e mandei fazer os dois ao mesmo tempo. Ficou bonito, não?

Uma foto enorme ocupa quase toda a parede do outro lado. Mostra dezenas de potes de barro e um bebê dentro de cada um. Você já sabe o que é, né?

— É uma homenagem à minha mãe. Inaugurei no dia em que ela completou 88 anos.

— Mas... qual a relação?

— São 106 crianças de 10 meses. Portanto, temos ali 1.060 meses. Cada ano tem 12 meses. Então, dividindo 1060 por 12, temos 88 anos.

Certamente, o bilhetinho de feliz aniversário é a carta enigmática mais cifrada que alguma aniversariante já recebeu.

– E todos esses enfeites de Natal pela casa? Estamos bem longe de dezembro.

– A gente mantém o ano inteiro. Se a gente for guardar, dá mais trabalho. Então, já deixa permanente.

Luzes de néon pela sala e fotos deles em Paris, Roma, Londres, Lisboa, Los Angeles, num navio... Ah, eles adoram transatlânticos, todos aqueles rituais, o jantar do capitão, o baile de gala, o champanha no convés. Tem até um quadro grande, a pintura de um navio no qual eles viajaram. Logo ao lado, uma porta com uma placa: Sala Alzira Araújo Melo. Vamos visitar, então... Alberto impede, aflito.

– É só a porta.

– Não tem nada atrás?

– Não, só a porta.

– Cenário?

– Cenário.

Uma vida de ficção... A viagem dos dois é permanente, não precisa nem atravessar a calçada da fama e seguir pro aeroporto. E a maioria acredita que a vida deve entrar nos trilhos dessa ou daquela cartilha, monóóóótona...

– Eu acredito demais no sonho!

Pra chegar à sala onde está uma mesa grande, existe um pequeno corredor com uma placa: Avenida Alzira Araújo Melo.

– É a menor avenida do mundo, apenas seis metros. Foi uma forma de homenagear minha mãe. Primeiro, inaugurei aquela praça na entrada e depois a avenida.

... que desemboca no Salão Nobre Alzira Araújo Melo. Nobre, sim, mas pequenininho.

– Pra viver, eu só preciso de 20 por cento de realidade. Pra mim, 80 por cento é totalmente sonho.

Não são ricos, tudo é simples nas praças, bustos e salões nobres e avenida da casa... ou melhor, da instalação onde vivem. Dedicam-se apaixonadamente à busca da resposta pra única pergunta que fazem: quando faremos as malas mais uma vez?

– Eu acredito demais em viagem!

Só existe um futuro pra Dona Alzira, 90 anos, e seu filho: viajar.

– Eu sou capaz de vender uma casa ou um carro pra viajar.

Enquanto o futuro não chega, ele é presente nesta casa extraordinária... a única no mundo com uma avenida dentro. Pena, perdemos a inauguração.

JÁ PRA SEU HERMÍNIO – mais moço que Dona Alzira, ele tem 80 anos –, o futuro está plenamente garantido. E o futuro terá de ser longo, muuito longo, e espaçoso, pra que ele consiga usar pelo menos um décimo do que já estocou.

Agora, ele não mente mais sobre a idade. Quando era jovem, mentiu, aumentou, porque queria se alistar como voluntário da Força Expedicionária Brasileira. Até hoje, mistura sua identidade presente com a do passado e se apresenta assim, perfilado:

– Hermínio Antônio da Silva, ex-combatente da Segunda Guerra Mundial.

Coleção de carros pra revender

Só falta a continência.

– O senhor se feriu, sofreu alguma coisa?

– Não, nada.

– Feriu alguém?

– Não, senhor.

– Matou alemão?

– Também não.

Ele mora num terreno bem grande, em Oeiras, Piauí... um calorão de assustar. Na casa, apenas ele e uma empregada. E milhares de objetos. Por exemplo: dezenas de canecas diferentes numa prateleira.

– Aqui na sua casa são só duas pessoas, né?

– Sim, senhor.

– Recebe muitas visitas.

– Não, senhor.

– Então... pra que tantas canecas?

– Ah, eu fui comprando. Pode precisar um dia.

– Aqueles rádios todos, naquela prateleira, funcionam?

– Alguns. Mas a maioria necessita de conserto.

– E pra que tantos?

– Pode precisar, fui comprando. Posso vender também, se for o caso. Mas não gosto de vender nada, não senhor.

Aos 80 anos, guardando pro futuro. Lá fora, um caminhão cheio de sacos de carvão, bem no meio do terreno.

– Comprei em 77.

– Em 1977?

– Isso. É pra revender algum dia, se precisar de dinheiro. Carvão não estraga, né?

– E o caminhão, funciona?

– No momento, não senhor. Precisa de um ajuste no motor. Muito tempo parado, né?

Vive com duas pensões que recebe do Exército. Com elas, comprou quatro carros, inclusive um Galaxie e um Gordini.

— Preciso arranjar umas peças, pra restaurar.

— Algum deles anda?

— No momento, não.

Cria porcos e ovelhas. Mas avisa que não é pra matar e comer. Por enquanto, só cria... se um dia precisar.

Dentro de casa, tem dois quartinhos fechados com cadeado. Puxa o chaveiro, mais de setenta chaves. Não usa óculos. Procura que procura e... a chave que ele pega é a que vale, aquela que abre o quarto. Onde existem duas geladeiras de bar, velhas... fechadas com cadeados. E com o fio na tomada.

— Tem alguma coisa aí dentro?

— Peixe.

— Muito?

— Lotado.

— Comprou há muito tempo?

— Dois anos.

— Não estraga?

— Tá congelado. Estraga não. Se precisar, já tá aí.

Herança de guerra, esse receio de que falte alguma coisa. Então, aquele monte enorme de toras de madeira do outro lado do quintal...

— Comprei pra reformar o telhado.

Mas, aparentemente, o telhado da casa está perfeito.

— Ah, mas a madeira envelhece. Já tem muitos anos esse telhado. Um dia, vai dar problema. Aí, já estou preparado.

— E essa coisa enorme de arame aqui?

— Armadilha pra peixe.

— Tem onde pescar aqui?

— Não. Mas um dia...

O estrategista do futuro estoca também carrinhos de mão, potes de barro, muitos modelos bem antigos de aparelhos de tevê, móveis, tijolos, telhas... a reforma do telhado! Guarda tudo pro futuro. Talvez apareça uma precisão mais pra frente.

— Arrisquei minha vida na Europa, tenho que me garantir agora.

— Mas será que o senhor já não tem o suficiente pra toda a vida?

— Tenho de segurar o que eu ganho, o futuro nunca se sabe. Num bebo, num fumo, num jogo, num danço... Então, estou muito bem. Num gosto de vender nada. Gosto de comprar. Vender, não. Nunca se sabe o dia de amanhã.

Pra ele, o futuro existe. Admirável certeza.

10

SURRA NO MORTO

ENTRAR PELO PORTÃO PRINCIPAL do cemitério, assim, caminhando ao lado do Já Morreu, é um pouco estranho. No alto do portão, à direita, uma pombinha azul pousa sobre o nome: Cemitério Pio XII, em Arapiraca, Alagoas. O esquisito é que o Já Morreu já passou por este mesmo portão deitado, dentro de um caixão. Morto.

Aqui, na passagem pelo portão, ele viveu o momento mais importante de sua morte. E principalmente de sua vida. Na véspera – um sábado de 1979 – ele teve um colapso. Apagou. A família chamou um médico. E a família lembra o horror que foi a conclusão do... especialista:

– O rapaz tá morto, pode comprar o caixão.

Já Morreu foi enterrado aqui

Gente pobre, o caixão foi o mais barato – uma armação de madeira e todo o resto de lona, até a tampa. O enterro foi marcado pras 11 horas do dia seguinte. A noite e madrugada de tristeza dentro da casinha, moço tão jovem...

Aí, chegou o recado de que a avó, que morava longe, decidira viajar pra acompanhar o enterro do afilhado. Viagem demorada, enterro transferido pro final da tarde. Todo o tempo, o morto imóvel no caixão.

No fim da tarde, lá passou o Já Morreu, deitado no caixão de lona, pela portão do cemitério. O funcionário avisou:

– A cova já tá aberta lá no fundo, à direita.

Aquela frase ecoou dentro da cabeça do morto.

Mas ele permanece teso, silêncio mortal dentro do caixão. Na hora de descer o corpo, a mãe pede que seja aberto, o adeus derradeiro. Mas o pai se aproxima do coveiro:

— Nada de abrir o caixão. Aí, ela se desespera outra vez, se agarra com o filho e atrasa tudo. Pode enterrar.

O caixão é colocado no fundo da cova. Lá dentro, Já Morreu enrolado apenas numa espécie de bata. Ou seja: praticamente nu. Nem sempre há condições de abrir mão de uma roupa pra enterrar. Faz falta pros vivos.

Quando jogam a segunda pá de terra, um pé fura a lateral da lona. Gritaria!

E logo as duas mãos rasgam a parte de cima e Já Morreu levanta. Correria, pânico no cemitério. Na seqüência, Já Morreu acelera também, no rumo do portão. E é um homem nu que passa pelo portão, aos berros.

— A primeira coisa que eu me recordo, depois que morri na véspera, foi daquela frase: a cova tá aberta lá no fundo, à direita. Mas em seguida apaguei de novo, totalmente. Só abri os olhos quando ouvi o barulho da terra caindo no meu caixão. Na hora que eu levantei, com aquele vestidão, só vi o povo correndo e o coveiro cai não cai, ali na borda da cova, com aquela pá na mão. Pulei pra fora e corri pelado atrás do coveiro, que fugia de mim com a pá nas costas.

Se não fosse o coração da vó madrinha, que fez questão de acompanhar o enterro; se não fosse o caixão de lona... ele teria sido enterrado vivo. Já Morreu nem teria este apelido.

E ele nem lembrou de cancelar a certidão de óbito. Mas, na verdade, quem morreu foi o Luiz Fernando de Brito. Já Morreu nunca morreu. E nem sequer nasceu. Mas todo mundo conhece o Já Morreu em Arapiraca.

O COVEIRO APOSENTADO sabe que elas chegarão com os recados. Basta esperar mais um pouquinho, ali, quieto, sentado num túmulo. O problema está nos padres da Basílica de São Francisco, famosa no Canindé, Ceará – aquele mundaréu de romeiros o ano inteiro. Na época da festa do santo, então, até os alojamentos só de redes ficam lotados – apenas postes com ganchos, em várias alturas: a pessoa aluga o gancho, pendura sua rede e dorme. É o mais em conta.

Mas... e as duas crianças? Cadê que não aparecem com os recados, no cemitério? Durante quase trinta anos, foi coveiro aqui. Já trabalhava como sineiro na basílica. Estranho que ainda ouça bem, pois nunca usou qualquer proteção contra a barulheira estridente dos sinos lá no alto da torre. E é lá que ele ainda puxa as cordas, todos os dias, do ladinho dos sinos enormes.

Os encontros com as duas crianças começaram há algum tempo. Ele traz perguntas e recados dos vivos pros parentes que já morreram. Passa tudo pras crianças e, dias depois, elas reaparecem com as respostas. Os padres souberam e já avisaram que ele não poderá mais visitar o cemitério, encontrar as crianças, recados, respostas – tudo proibido.

– Durante os 27 anos e 8 meses que trabalhei aqui, foram enterrados 8.387 adultos e 4.284 crianças.

Será que as duas meninas que o visitavam até a proibição dos padres foram enterradas por ele também?

O CAIXÃO ESTÁ NO CHÃO da sala, aberto. O mecânico se deita no caixão novinho – acabou de trocar – e a irmã coloca a tampa. A mãe e a irmã pegam as alças de um lado e dois amigos do outro.

Erguem o caixão e caminham para a porta.

— Seu filho tá muito pesado?

— Não, tá levinho.

— A cor até que combina com ele, né? Ele é bem moreno, quase no tom da madeira.

— É, combina, sim.

E sorri. Já não estranha a mania no filho. Há dez anos, quando comprou o primeiro, foi aquele susto. Porque ele guardou o objeto bem na sala de entrada. Qualquer visita que entra... tá lá o caixão. E, dentro, o terno que ele escolheu pra ser enterrado.

Um ano depois, ao passar pela mesma funerária, em Itabuna, Bahia, viu um outro, modelo novo, bem mais atraente. Foi negociar e... deu o primeiro como entrada e apenas completou o pagamento. Desde então, o mecânico troca de caixão todos os anos. Cada vez, um modelo mais sofisticado. E a família já nem se incomoda. A irmã, mais prática, até gosta.

— No começo, achei meio estranho. Mas hoje em dia tá tudo muito difícil. A pessoa se preparando, as despesas pra gente ficam menores.

O dono do caixão, sempre sorrindo – mesmo quando está dentro da urna fechada –, ainda quer mais.

— Deveria ser obrigação de todo indivíduo. Depois morre, a família não tem dinheiro pro enterro, complica tudo.

Na hora do ensaio, a mesma pergunta pra irmã, que segura numa das alças:

— E o mano... pesadinho?

— Tá pesado demais! Deve ser os pecados...

E todos riem, inclusive quem tá dentro.

110 SURRA NO MORTO

MARIA JOSÉ MOSTRA uma caixinha de música com tampa transparente. Abre, ergue um anjinho dourado e o coloca sobre uma das metades da caixa. Do outro lado, um pó cinza, bem fininho. Aperta um botão e o anjo começa a girar ao som de uma típica canção de caixinha de música. Ela passa o dedo no pó, esfrega o polegar no indicador.

— Isto aqui é mamãe.

Concentra-se na textura do pó entre seus dedos.

— Ou melhor, o que restou dela. E tem o anjinho aqui, tomando conta dela.

Ela é tarada por morto. Ex-funcionária do Banco Central, em Brasília, hoje aposentada, comanda a Funerária Morte & Vida. Que é diferente de todas as outras que existem. Começa que é pintada de rosa-bebê e azul-clarinho. Quando o velório acontece lá, parentes e amigos são recebidos com frutas, numa mesa alegremente decorada com fitas douradas, champanha.

— Parece uma festa, Maria José.

— Mas, de certa maneira, é uma festa. Só que de despedida.

Ela faz tudo na firma... principalmente, a preparação do cadáver.

— Eu adoro mexer em morto. Foi por isso que abri a funerária.

Quem entrega parente ou amigo a ela já sabe: o cadáver vai estar com roupas coloridas, dentes escovados, maquiado, cheirosinho. Se for criança, ela capricha mais ainda. O estoque de roupinhas lembra uma loja de maternidade.

— A sua família não acha que você é assim meio...

— Doida? Claro que acha. Já me internaram vááárias vezes. Mas não adianta, eu gosto muito de mexer em morto.

Até há pouco, a publicidade mais desconcertante de uma funerária talvez fosse aquela feita por uma firma carioca que espalhou cartazes pelo Rio, garantindo: "Nossos clientes nunca voltaram para reclamar". Mas o márquetin de Maria José superou toda a concorrência. Ela lançou a promoção Vontade Póstuma: o cliente vai na funerária, escolhe o caixão em que deseja ser enterrado e determina como quer toda a cerimônia, grava tudo num vídeo – mostrando o caixão, as roupas, etc. E deixa o vídeo com Maria José. Quando morre, ela vai à casa da família e mostra a fita. Para especialistas em comércio, isso se chama "fidelizar o cliente". No caso, uma fidelidade até depois da morte.

O MAIS IMPORTANTE, pro bom andamento do cortejo, vai lá na frente: o golo.
– O que é isso?
– Pinga. Sem pinga, largavam pra trás.
Seu Geraldo lembra dos enterros de antigamente, quando o golo era mais importante do que o morto. Não tinha estrada por aqui – Milho Verde, vale do Jequitinhonha, pertinho de Diamantina, Minas. Caixão, então, ninguém nunca tinha visto. E, se existisse, cadê dinheiro pra comprar? Também não tinha estrada.
– O único jeito de transportar o corpo era assim, bem amarrado numa vara comprida. Enrolava num pano e grudava na vara, apertadinho, como se fosse um pavio. Um segurava na frente e outro atrás.
E sobe morro, desce morro.
– Lá na frente o arrieiro, com o garrafão, como a tal cenoura na frente do burro. Se quem estava com o peso no ombro cansava, dava um grito e outro vinha pegar.
Seu Geraldo acompanhou muito enterro assim.
– Era quaaase uma farra... por causa do golo.
Sorri bonito. E lembra do pedaço mais engraçado.
– Aí, o defunto ia ficando muito pesado. Colocava no chão,

cortava alguns galhos no mato, tirava as folhas, e dava uma surra no falecido. De leve, não batia com muita força. Porque o peso era dele mesmo, que tava com dó de largar as coisas daqui. Mas tinha de esquecer, tinha que largar desse mundo. Tem morto que, se não apanhar, já viu, né? Se bater, fica leve. Se deixar, vai carregar chumbo.

(Sábio costume... Qual a melhor maneira de tentar aprumar um pouco quem exagerou no golo? Dar um sacode na figura, claro. Então, a surra no morto acorda o vivo. E o enterro avança... em busca do garrafão que o arrieiro leva lá na frente.)

Uma vez Flamengo

Flamengo até morrer

Pelo menos em Arapiraca, Alagoas, o fanático pode vivenciar, literalmente, o hino do clube mais popular do Brasil. Porque a Funerária Futebol Clube – claro que o nome não é esse, mas deveria ser – oferece caixões pintados com emblemas e cores dos principais times brasileiros. Virou quase ponto turístico na cidade, as pessoas tiram fotos ao lado do caixão do time querido. Às vezes, aquele constrangimento: uma família encomendando um caixão pro falecido, tristeza, choro... e os turistas naquela gritaria, de um caixão pra outro, fazendo as fotos.

E eles, os caixões, são escandalosos, cores fortes, brilhantes. Parece que, em vez de velório, será festa da torcida. O dono avisa que o caixão é apenas uma parte da festa, isto é, do sepultamento.

– O funeral completo inclui, além do caixão ou urna, certas pessoas preferem chamar de urna... Então, inclui uma camisa do time, pro morto ser enterrado com ela, bandeira, pra colocar so-

bre o caixão, velas com as cores do time, e podemos tocar o hino do clube durante o velório ou até no cortejo final, no cemitério.

Uma vez Flamengo
Flamengo até morrer...

DA SUCUPIRA DE ODORICO PARAGUAÇU, o bem-amado Paulo Gracindo, muita gente não esquece, mesmo tendo sido apresentada no século passado. Mas a ficção pode encontrar a realidade, embora pouquinhos brasileiros saibam que existe uma outra Sucupira, real. Fica em Tocantins, junto da Belém–Brasília, antes de Vila Quixaba, do lado de Cariri do Tocantins – a mais conhecida, Sertão do Cariri, fica no sul do Ceará, pras bandas de Juazeiro do Norte... O Brasil real e o da ficção se embaralham mesmo de vez em quando.

No verão, até a prefeitura sucupirense dá férias pra todos os funcionários. É tempo de aproveitar a praia.

– Praia no Tocantins?

Sim, fica logo ali, no lugar chamado Peixe, com areia e tudo, às margens do rio Tocantins. Vem gente de bem longe pra temporada de praia no Peixe. Calorão, água limpa, até palquinho pra shows aparece junto do rio. E as mulheres que lavam roupa na beira o ano inteiro na temporada aparecem de maiô ou biquíni. Até ali a moda exige pegar um bronze.

Uma cidade jovem, 10 aninhos só, nem existia quando a novela *O Bem-Amado* foi apresentada, em 1973. Nasceu ao redor de uma sucupira, árvore bem alta, que dá um fruto que cura.

–– Cura qualquer enfermidade que tiver na garganta. Um santo remédio, mas se usar demais causa impotência.

– Como você sabe que causa impotência se usar demais?

Ele vacila, todos riem, à sombra da sucupira em Sucupira.
– Vários amigos meus.
– Coitados... E tudo por causa de uma dorzinha de garganta.

Menos de 2 mil habitantes, nada de asfalto, muita poeira. Cidade nova, tudo por fazer. Vem muita gente de fora, apesar de certa... característica.

– Aqui, quando morre uma pessoa, não fica só em uma, não.
– Morrem duas, três.

E outro corrige.

– Antes fosse. Não fica só em duas, três, não senhor. Quando começa a morrer, vai até quatro, cinco. Fica todo mundo aflito, com medo de ser o próximo.

Sucupira sara a garganta, pode causar impotência e enterra em série. Na novela, Odorico Paraguaçu faz o impossível e o possível pra conseguir um morto pra inaugurar o cemitério. Nem as várias tentativas de suicídio de Libório, o farmacêutico, resolvem a carência de morto. Odorico se daria bem nesta Sucupira aqui..

ATÉ ROUBO DE DEFUNTO ACONTECEU. Uma falta de respeito! O corpo já estava sendo velado na casa da família, dentro do caixão, enterro na manhã do dia seguinte... quando a outra funerária de Paraisópolis, em Minas, apareceu com uma oferta bem mais em conta. A família aceitou. Tiraram o cadáver de um caixão, colocaram no outro, mais baratinho. Na manhã seguinte, a funerária vencedora entregou de volta o caixão da outra, que acabara de perder aquele enterro. Quem viu garante que a discussão virou gritaria, empurra-empurra com um caixão vazio no meio.

A Funerária São José, a primeira na região, foi fundada pelo avô de Lúcia. Agora, ela toca o negócio.

— Meu vô tinha uma marcenaria e as pessoas chegavam com um pedaço de barbante. Era o tamanho do morto. Vinham encomendar o caixão.

Há pouco tempo, Maria Helena abriu a Funerária D'Angellis. E começou uma disputa tenebrosa. O mercado funerário é pequeno por ali: menos de 18 mil habitantes, cerca de dez mortos por mês. E o preço assusta os vivos.

— Morrer em Paraisópolis hoje é caríssimo. Por menos de 1.000 reais você não morre aqui, não.

A briga dos caixões se tornou tão feroz que o conflito invadiu a Câmara dos Vereadores. E uma lei salomônica trouxe a paz de volta ao comércio fúnebre. A solução não conseguiria ser mais simples e mais justa: defunto dos dias ímpares é enterrado por uma funerária; e aqueles dos dias pares, pela outra. A coisa ficou tão harmoniosa que Lúcia e Maria Helena agora têm caderninhos gêmeos, nos quais anotam seus mortos. Se os mortos dos dias ímpares superam muito aqueles dos dias pares, uma pede à outra um defunto emprestado. Faz o enterro, anota no caderninho e, no futuro, devolve o favor, passa um morto do dia par pra colega do dia ímpar. Como as duas têm caderninhos gêmeos, as desconfianças foram sepultadas.

Mas a São José tem uma exclusividade que não depende de dia par ou ímpar: caixões brancos grandes, pra adultos. Normalmente, a cor só é usada quando morre uma criança pequena. Mas, no depósito da Lúcia, o brancão cintila.

— Este branco é uma urna especial. Ele é feito somente pra moças virgens. Então, ele só é vendido, mais ou menos, de dez em dez anos. O último que vendi foi pra uma senhora de 86 anos.

— Ela tinha 86 e... era virgem?!

— Era, sim.

— Então, aqui em Paraisópolis, só morrem virgens de dez em dez anos?

— É... mais ou menos por aí. Antes morria mais. Agora tá mais difícil.

– Morria mais antigamente?

– Ah!, muuuito mais. Acho que tinha mais virgens.

Mas, e a honra de usar o caixão branco, urna da pureza, exclusivo...

– Quem garante que a falecida era virgem é a família?

– Claro.

– Existe algum tipo de atestado, um exame, coisa assim?

– Essa parte não é comigo.

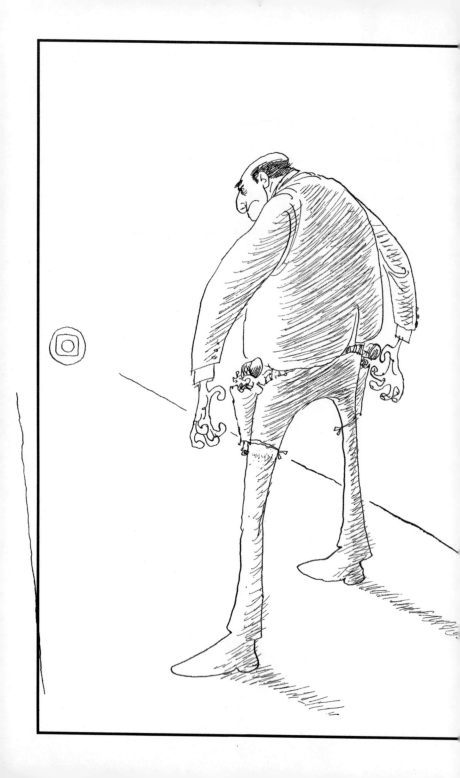

11

PREFEITO VINGADOR

Você já apanhou de um prefeito?

Também não. Mas percebo que minha estréia vai acontecer já, já. E a fuga não parece fácil. O bar tá mais do que lotado e cismam de atravessar todo o território das mesas e me levar até junto do balcão. Percurso demorado, falando com dezenas de pessoas. Todas fazem festa. É sempre assim, Brasilzão adentro, quando chega a equipe do Me Leva Brasil. Naquela capital não é diferente.

– Tá fazendo pouco de mim, é?!

O prefeito está possuído. Não apenas pela raiva, mas também... pelo álcool. Quero explicar como começou a confusão, mas os olhos vermelhos dele me dizem que é mais conveniente tentar fugir do que conversar com alguém que enrola a língua e saliva mais que o normal. Ainda bem que já tem gente entre nós. E dezenas ao redor, empurrando, tentando chegar mais perto do show.

– Vou-me embora. E já.

É uma prova de obstáculos pedir licença, atravessar todas as camadas da torcida e alcançar a varanda, atalho pra calçada. Em linha reta, no sentido da porta principal, impossível: o prefeito irado bloqueia aquela rota.

– Amanhã cedinho eu vou estar esperando você na entrada da cidade. Pode contar!

Agora, mais essa.

– Você não vai filmar nadinha lá!

Piorou. Na manhã seguinte, sairia bem cedo, com a equipe, para gravar várias histórias na cidade do prefeito... que continua a gritar sua vingança.

– Quero ver você entrar na cidade!

Alguém me puxa, na retirada do bar, e avisa:

– A esta hora, o governador já tá sabendo.

Mas é quase uma da madrugada, eu nem consegui sair do bar, o prefeito continua ali, gritando, querendo me pegar...

Me Leva Brasil **121**

– O bar tá muito cheio. Alguém já deve ter ligado pro governador.

– Acordar o governador por causa de uma briga de bar?

– Esse prefeito sempre arranja confusão.

Agora, o trabalho vira preocupação em vez de apenas prazer, festa. Perder um dia de gravação é um prejuízo desanimador. Mas nada de repórter herói, não vou enfrentar a fúria do prefeito numa emboscada matinal na estradinha que leva a... e tudo por causa daquela pergunta:

– Aonde você vai amanhã?

Pela vigésima vez, a mesma pergunta. E isso contando apenas da porta do bar até junto do balcão. É rotina: as pessoas do lugar querem logo saber o que o Me Leva Brasil vai mostrar. Inclusive, para relacionar o mundaréu que vai ficar de fora. (E é nesses momentos que aparecem dicas especialíssimas.) Só que as histórias dos brasileiros anônimos nunca vão caber no *Fantástico*, nem que o programa fosse nos levando pelo Brasil durante décadas. O Brasil é sempre maior.

– Ah... eu não sei, não lembro.

– Como não sabe?!

Se for minuciar todo o roteiro das gravações pra cada um que pergunta, melhor nem sair na rua.

– É uma surpresa.

O homem – eu não sabia ainda que era o prefeito – insiste:

– Em que cidade você vai amanhã?

Várias outras pessoas falam comigo ao mesmo tempo.

– Aonde você vai amanhã?

Não sabia ainda que era o prefeito, mas já tinha certeza do excesso de álcool.

– Ah... eu só vou checar isso quando chegar ao hotel.

– Quer uma cerveja?

122 PREFEITO VINGADOR

– Aonde você vai amanhã?

–- Me dá um autógrafo?

– Senta aqui com a gente um pouquinho.

– Ô! Do *Fantástico*?

– Faz uma foto com a gente, vai!

De repente, o homem explodiu:

– Olha: eu sou prefeito da cidade que você vai amanhã. Estava perguntando pra me preparar pra receber você direito.

– Ah... o prefeito? Muito obrigado...

– Mas agora você já não vai mais na cidade coisa nenhuma!

– Peraí... Como assim?

– Tá pensando que só porque trabalha na Globo pode destratar os outros desse jeito?

A TDD entra em cena, suati do bem. Santa Turma do Deixa Disso.

– Tá fazendo pouco de mim, é?

Claro que não era uma estréia. Várias pequenas confusões nas andanças pelo Brasil. Em algumas viagens, aconteceu de trabalharmos em quatro cidades diferentes num mesmo dia. Pra evitar qualquer confusão, nos acostumamos a gravar uma identificação antes de começar o trabalho.

– Estamos na cidade X, no estado Y, pra gravar a história do Sr. Z.

Na correria da última gravação do dia, o sol descendo, a luz diminuindo, algumas vezes se confundia o nome do lugar. O mais prático, e seguro, sempre foi perguntar a alguém que estivesse por perto. Só que, daquela vez, um outro prefeito estava do ladinho, fez questão de esperar a equipe no local.

– Como é mesmo o nome desta cidade?

Pronto! Mais um prefeito ofendido... O pior é que a explicação, o pedido de desculpas, tudo só iria se acertar depois de terminada a gravação. Afinal, a luz diminui depressa demais no fim da tarde. E um prefeito irado que custa a receber o seu coquetel de desculpas & explicações... chega a espumar pelos cantos da boca, pra não falar na fumacinha que sai pelas orelhas.

Começamos as gravações da série no final do século passado. O Me Leva estreou no primeiro domingo de 2000 e, para isso, era necessário ter muitas histórias prontas. No começo, a equipe chegava às pequenas cidades, gravava, gravava... e nada aparecida na tevê na semana seguinte. Então, quando a equipe desembarcava na pracinha de uma cidade bem pequena, logo alguém perguntava:

– É *Linha Direta*?

Afinal, a reportagem – de TVs, rádios, jornais e revistas – só costuma visitar cidades pequenas quando acontece uma enchente, seca, crime pavoroso, roubalheira geral, doença grave, fome, incêndio gigante ou algo pior. (O Globo Rural age, lindamente, em outra sintonia, mapeando outro lado desse mesmo Brasil.) Depois que a série apareceu na telinha, a reação foi virada pelo avesso. Todos aprenderam que a equipe do *Fantástico* desembarca pra mostrar uma coisa boa, emocionante, engraçada, surpreendente. E chegou a acontecer o espanto de sermos recebidos com faixas, fogos, bandinha de música.

Mas aquele encontro com o prefeito no bar... Na manhã seguinte, cedinho, a enviada do governador já está na portaria do hotel. O recado é conclusivo:

– Pode ir tranqüilo, o prefeito nem estará na cidade.

– Como assim?

– O governador já mandou um recado pra ele.

– E quem garante que...

– Ele não é doido de desobedecer ao governador.

– Mas ele estava muito zangado, ontem, lá no bar.

Ela insiste que não acontecerá nadinha. Na outra calçada, dois homens, magros e de óculos escuros, bem escuros... Ela acompanhou meu olhar.

— Ah... são dois policiais. Vão com você. Nem precisava, mas só pra você ficar totalmente tranqüilo.

— Policiais?

— À paisana.

— Ah!, o tal SPJ, Serviço de Proteção aos Jornalistas...

Rimos os dois.

No restaurantezinho, na encantadora cidade, vários cartazes, feitos à mão, saúdam a equipe do Me Leva. Numa mesa grande, umas quinze pessoas que decidiram acompanhar todas as gravações. Uma festa. Os dois agentes recusaram o convite e preferiram sentar numa outra mesa, num canto. Comem sem tirar os óculos escuros, claro.

PS: Ah, todas as reportagens gravadas na cidade do prefeito da véspera ficaram ótimas.

12

O CIÚME DE LULA

AH, SE O IRMÃO DE LULA não tivesse mentido e falsificado uma carta, em nome do pai...

O pau-de-arara pára no acostamento. Fim de dia, escurecendo já. Lula e Frei Beto, que estão no último banco – uma tábua apenas –, pulam e correm pro mato, apertados pra fazer xixi.

(Pau-de-arara: o caminhão que levava nordestino pro sul, viagem sem parada nem qualquer conforto; Lula: ele mesmo, o que chegou lá; Frei Beto: apelido do irmão de Lula, que não é religioso.)

Lambari e Frei Beto

Mas, antes que os meninos consigam, o caminhão volta pra estrada. Correria louca dos dois, medo de ficarem perdidos na esquina do fim do mundo.

– Deu tempo de fazer xixi?

Frei Beto, que mora em São Bernardo, São Paulo, ri muito ao lembrar.

– Deu nada, rapaz.

– Correndo e fechando a braguilha...

– Não tinha nada de braguilha. Era uma calção, só abaixar.

Uma viagem de treze dias e treze noites, a mãe e seus oito filhos, sacrifício impossível de esquecer. Como que poderia trazer cachorro num pau-de-arara? Como não trouxeram, deu problema brabo. Vavá – outro irmão que fez a mesma viagem – não esquece.

– Não tinha onde comer, parava nos postos de gasolina nas horas das refeições. Aí, a mãe colocava uma folha de papel no chão pra gente comer o pouco que tinha. Só que apareciam até porcos pra roubar nossa comidinha de nada. Não tinha lugar pra dormir, não tinha lugar pra gente tomar um banho. Era um sufoco.

Eles saíram de Caetés, Pernambuco, onde a família morava. A bodega de onde partiam os caminhões pra São Paulo ainda está lá, abandonada, sem nada pra beber ou beliscar. Falta uma placa: "Daqui partiu o menino que se tornou presidente do Brasil". Lugar miserável, aquele, só árvores baixinhas, secura, solão que não dá folga, rói a pele. Aqui vivia também o tal cachorro que não foi incluído na bagagem. Mas, se não fosse a mentira do irmão do Lula, possivelmente ninguém festejaria Lula lá. E mesmo quando ele era adolescente, já em São Paulo, ninguém diria.

— Foi num bar que aconteceu a primeira reunião pra tentar trazer Lula pro sindicato.

Frei Beto lembra que o interesse do irmão estava muito distante da política.

— Ele não gostava, ele não entendia muito.

Zé Damaceno, que também fazia parte da turma, confirma:

— O Lula falava sempre assim: "Olha, gente, não vamos nos meter em política".

— Lembro que meu irmão me perguntava: "Você é tonto. Em vez de ir namorar, passear, você vai se meter em sindicato?"

— Não era ainda a área dele. A área dele era futebol e baile.

(Ele tinha escapado de só jogar futebol com bola de meia no chão seco de Caetés por causa da falsa carta que o irmão assinou como se fosse o pai.)

Esquerdinha, companheiro de futebol de Lula, conheceu bem o... Demônio de Garanhuns*:

---

* Já presidente, antes de um joguinho de futebol com amigos e políticos em Brasília, Lula se apresentou como o Demônio de Garanhuns... que é a cidade grande mais próxima (cerca de 20 quilômetros) de Caetés, lugar onde ele passou a infância e deu os primeiros pontapés na bola.

– Ele sempre gostava de jogar na frente. Quando fazia um gol... Era raro ele fazer gol, mas, quando ele marcava, era duro aturar. Eu até saía de perto dele, não agüentava. Mas tinha de aturar a semana inteirinha, ele ficava falando daquele gol uns quinze dias.

Lambari foi cunhado de Lula, irmão da primeira mulher dele, Maria de Lourdes. Toda a turma ia aos bailes nos fins de semana.

– Pra dançar, ele era fraco, fraquinho mesmo. Inclusive, quando ele ia com minha irmã, ele ficava sentado e quem dançava com ela era eu. E só eu dançava com ela. Ele tinha ciúme que outro dançasse. E tem mais: pra dançar – ele aprendeu uns passinhos –, pra dançar, só depois de dois rabos-de-galo. Senão, não dançava. Na verdade, era devagar. Ele gostava mais de apreciar, de ficar olhando.

Mas toda a turma reconhece que Lula gostava mesmo era de futebol.

– E de boxe. Ele era bom no boxe.

Lula de luvas de boxe, no meio do rinque... imagine só.

(*O pai nem ligou muito quando, depois de treze dias no pau-de-arara, a família chegou de surpresa em Santos. Sem o cachorro.*)

Onde Lula nasceu, cachorro e todos os bichos ficam soltos, misturados no quintal. As casinhas são bem baixas, pra gastar menos nas paredes. Dois quartos pequenos e uma sala. Só o quarto do casal tem janela. O das crianças, nada. Janela custa. E mais uma cozinha, fogão de lenha, teto sem forro. Banheiro... como assim, banheiro?

Mas tinha escola. E Zé Gomes foi colega do Caçula (apelido de Lula por ali).

– Uma vez a professora... Sabe a palmatória que usava naquela época?...

– Apanhava na mão?

– Apanhava.

— Lula levou bolo?

— Levou bolo de mim.

E solta a gargalhada. Afinal, o privilégio de aplicar uns bolos no futuro presidente. Lá a palmatória integrava o sistema de ensino.

— A professora fazia assim: perguntava qual era a letra. Se o menino não sabia, perguntava pro outro. Se o segundo dissesse a letra, dava um bolo naquele que não sabia.

E ela, professora, cruel e espertinha, ela não batia. A raiva crescia entre os colegas. Pedagogia da fome.

— De vez em quando, Caçula me batia também. Ele era sabido, esperto.

Zé Gomes, vida toda por ali mesmo e com tão pouco, é o que Caçula poderia ser caso não tivesse embarcado no pau-de-arara rumo a São Paulo, Santos, onde estava seu pai... já com outra família, mulher, filhos...

— O pai veio pra Santos e trouxe apenas um dos filhos.

Agora é Vavá, outro irmão de Lula, que relembra a chegada da família, juntinho do porto de Santos.

— Quando o pai chegou aqui, arranjou outra mulher, do Norte. Teve mais dois filhos com ela.

— Mandava dinheiro pra vocês, lá em Caetés?

— De vez em quando. Não era todo mês, não.

— Quando chegamos, toda a encrenca da minha mãe com o pai foi por causa do cachorro.

— Mas por que a família toda, sua mãe e todos os filhos, despencou pra cá no pau-de-arara? Vocês sabiam da outra família?

— Que nada. Foi meu irmão, o que veio com ele, que escreveu uma carta, dizendo pra família viajar pra cá.

— Escreveu a carta fazendo de conta que era seu pai?

— Isso. Minha mãe largou tudo pra lá, vendeu a terrinha, acreditando na carta, passou a mão nos filhos e veio embora.

132   O CIÚME DE LULA

Muito tempo depois de chegar a São Paulo, Lula realizou o primeiro de dois sonhos: o terno.

– O Lula sempre sonhou em ter um terno, um terno com colete. Djalma Bom, parceiro de Lula na época das campanhas sindicais, recorda o choque de ver o líder dos metalúrgicos de terno.

– Ele comprou um terno a prestação na cooperativa da fábrica, um terno com colete. Um dia, ele foi ao sindicato com o terno. E com o colete, claro. O pessoal estranhou, principalmente por causa do colete. O tchan era o colete.

Pro menino pobre de Caetés, só o terno era pouco. O colete já representava um indício de que ele não iria se contentar com o quase. Teria de ser completo, o avesso do miserê que a família viveu. Tanto que naquela viagem pra Brasília... Ditadura militar no Brasil, sindicalistas enquadrados na Lei de Segurança Nacional – a lei que atropelava as outras –, julgamento marcado... Os líderes do movimento alugam um ônibus e partem pra capital, pra acompanhar o desfecho bem de perto. Algumas mulheres acompanham os maridos – Marisa com Lula, claro.

Em Brasília, decidem passear um pouco, conhecer o Distrito Federal, os palácios da Alvorada e do Planalto, os ministérios, o Congresso, a catedral... a moldura dos donos do poder. Djalma Bom, que também está no ônibus, percebe a atenção de Lula e Marisa. E lembra bem o que ela disse pra ele, no fim do passeio:

– Ó Lula, sabe de uma coisa? Por mais que você possa sonhar em ser presidente do Brasil, essas pessoas que moram aqui em Brasília, essas pessoas dificilmente vão permitir que você seja presidente do Brasil.

Mas ela, como todos, também se engana – felizmente. Assim como Dona Lindu foi enganada pelo próprio filho, aquele que estava em Santos enquanto toda a família ainda penava no agreste de Pernambuco. Vavá não esquece o susto do pai quando abriu a porta da casa onde morava com outra mulher e deu de cara com toda a família... menos o cachorro.

— Chegando aqui, o bicho pegou. O pai não sabia, ele não estava esperando. E já tinha outra família, não tinha onde colocar a gente. Mas toda a encrenca com minha mãe foi por causa do cachorro que nós esquecemos em Pernambuco.

— Cachorro?

— O cachorro chamado Lobo. Ele queria que minha mãe tivesse trazido o Lobo de qualquer jeito.

— A mãe e todos os filhos ali, na porta da casa dele, depois daquela viagem de pau-de-arara infernal... e ele se preocupa com o cachorro?

— Isso mesmo. Ele queria o cachorro.

Lula talvez pudesse ter trazido o Lobo no colo, treze dias e treze noites numa tábua, o banco do caminhão. Quem sabe assim o pai teria recebido a primeira família de outra maneira? Afinal, pai do futuro presidente da República, uma eleição que terminou em festa Brasil adentro. Um presidente que descobriu a vida no sertão, onde migalha é luxo. Caminhar pelos lugares por onde o oitavo filho de Dona Lindu brincou faísca emoção forte... Lula, o presidente, veio daqui. Percurso que inverte o normal.

— Foi sorte nossa a mãe ter acreditado na carta, pensado que era mesmo do pai. Senão, o Lula ainda estaria lá... se estivesse, né?

Vavá divide a sorte com os outros irmãos – e também a sorte do irmão ter inventado aquela carta.

— Qual é o meio de vida que a gente tem lá no Nordeste? Nenhum.

13

MBUNDA

Mbunda é uma das bandeiras da vitória do Brasil filial sobre a matriz, Portugal. (Não, não foi engano: é mbunda mesmo, com o M arredondado na frente das curvas gêmeas do B). Os portugueses chegaram aqui com suas nádegas, palavra que nada espelha do contorno que designa. Pra piorar, como a sinhá passava o dia sentada numa espaçosa cadeira, na casa-grande, atolada em doces e frituras, enquanto as escravas trabalhavam muito e comiam pouco, a senhora branca engordava... em todas as partes do corpo.

– É quando "cadeiras", com sua ênfase no ângulo de acomodação traseira, vira sinônimo de ancas.

(*Dorival Caymmi: "Ela mexe com as cadeiras pra cá/ ela mexe com as cadeiras pra lá/ ela mexe com o juízo do homem que vai trabalhar".*)

Quem observa tudo isso é o professor Luiz Costa Pereira Junior, autor de um livro pra gente se lambuzar: *Com a língua de fora.* Que tem subtítulo: "A obscenidade por trás das palavras insuspeitas e a história inocente de termos cabeludos". Livro pequeno – apenas 158 páginas –, não é um dicionário. Apenas (apenas?) uma coleção de pequenos textos sobre a gênese e evolução de alguns termos, a etimologia, o DNA de palavras. Precisamente aquelas que incomodam ou aliviam.

E a bunda brasileiríssima incomodava muito a maranhense Maria Raimunda, que mora em São Gonçalo, estado do Rio. Afinal, pai que escolhe pra filha o nome Raimunda ou é muito distraído ou vive num mosteiro isolado. Se ele ouvisse o coco famoso de Mestre Azulão, gravado por Caju e Castanha, certamente não condenaria a filha a atravessar a vida ouvindo grosserias. O tal coco se chama *O poder que a bunda tem* e principia assim:

Dona Raimunda, Dona Raimunda
Eu agora vou falar o poder
Quem tem a bunda

O nome é uma rima perfeita demais. Mesmo que a vítima seja anoréxica de passarela, vai ouvir. Por isso, aquela Maria entrou com um processo na Justiça solicitando a troca do nome. Alegou o óbvio: que seu nome lhe trazia "toda sorte de constrangimentos, dissabores e transtornos". Mas o juiz disse não. Talvez se o magistrado fosse a um forró no fim de semana e Caju e Castanha, dupla maravilha!, aparecessem por lá...

A bunda a que me refiro
É a da mulher com razão
Com seu poder oculto
De magia e sedução
Que faz a visão direta
Deixando a mulher completa
De magia e sedução
Dona Raimunda, Dona Raimunda...

Para o magistrado, a troca de nome só se justifica quando o nome escolhido pelos pais sujeita a pessoa a situação humilhante e ridícula. Pra ele, não era o caso. No seu entender, Raimunda é um nome normal, comum. Afinal, vivemos todos, inclusive os juízes, num país que transformou em padrão, em todos os estados, o show invertido: as dançarinas se apresentam de costas pra platéia. No passado, dar as costas era indicativo de desprezo.

Bota a mão no joelho
Dá uma abaixadinha

Vai mexendo aos poucos
Balançando a bundinha

Foi então que tchan se tornou mais um sinônimo daquela que rima com Raimunda. Volta o professor, que vai nos explicar a mbunda:

– No subterrâneo das 2.796 línguas e quase 8 mil dialetos do planeta, há uma babel de obscenidades e escatologias na ponta da língua, pronta pra subir à superfície.

(*Nélson Rodrigues: "O palavrão também é filho de Deus".*)

– A língua é depositária de experiências remotas, tão banalizadas pelo uso cotidiano que perdemos suas motivações originais pelo caminho. Conhecer a história de uma palavra é, por isso, desvendar um pedaço de uma cultura. A etimologia do obsceno, do insulto e do escatológico, de onde vieram, como atingiram ou perderam a infâmia, pode dizer algo sobre quem somos.

A abundante paixão do brasileiro também – povo que adora mulher indo. Mas... nem todos. Há os que preferem impedir desfile a céu aberto. Betinho Duarte, vereador de Belo Horizonte, se revoltou ao ver aquele cartaz enooorme, com a arredondada vestida apenas com a marca do biquíni – e, mesmo assim, uma marquinha. Era uma gigante, num painel de 14,7 metros de comprimento por 4 metros de altura. Betinho catou uma escada, subiu e rasgou aquela afronta morena.

Num país assim, Raimunda, sensatamente, não desistiu da tentativa de trocar de nome. Ela lembra que, no Maranhão, é um nome comum e não desencadeia tanta piada quanto no Rio. Apelou pra instância superior e, novamente, recebeu um não como resposta. Falaram na... imutabilidade do prenome. Claro, existem exceções. A celebridade pode acrescentar o apelido ao seu nome, de Xuxa Meneguel a Luiz Inácio Lula da Silva. Já aquela Raimunda, que não é famosa... Há os casos de pessoas ameaçadas, homônimos, Uoxinton e outros falsos estrangeiros e... e... as pessoas que são motivo de deboche. Lembram do Bráulio? Coitados dos Bráulios do Brasil. Depois que usaram o nome deles na campanha a favor do uso de camisinhas, muito Bráulio trocou de nome. Já aquela Raimunda... Não desistiu! Outra vez, instância superior.

Enquanto isso, na Bahia, a Gang do Samba transformava em sucesso um balanço delicioso chamado... *Raimunda*. Que começa de um jeitinho certo pra entortar o magistrado que acredita que este nome...

Lá vai a bunda passeando pela feira
Vai conduzindo Raimunda, orgulhosa
Lá vai Raimunda, rebolando à brasileira
Lá vai Raimunda, que coisa maravilhosa

Aquela Raimunda bem que poderia ter incluído o CD da Gang do Samba nos autos. Ela, a vítima no caso, garante que, depois do sucesso da Gang, as piadas aumentaram mais que imposto no Brasil. Afinal, vivemos no território livre dos apelidos. Em temporada de eleição, é um carnaval de nomes surpreendentes: você pode votar no Zé Cadela ou no Toninho Três Xodós, Xeroso ou Pateta, Ó Clemente ou Ninguém, Peixe Louco ou Lingüiça de Circo, Mão de Onça ou Nadir Fofinho, Tirrim ou Xilim. E a maioria deles deve ter ouvido, pelo menos no rádio, o sacode gostoso da Raimunda da Gang:

Rebola-bola o rebolado da Raimunda
Rebolando tá fazendo todo mundo passar mal
É um monumento da redonda arquitetura
Logo abaixo da cintura... é a bunda

Primeiro, a Raimunda, orgulhosa, leva a bunda pra passear pela feira. Depois, se descobre que é um monumento da redonda arquitetura... Tenison Del Rey, Paulo Vascon e Reinaldo Maia, os autores, deveriam se apresentar no fórum pra depor a favor da Raimunda que não leva uma parte do seu corpo pra passear na feira e nem se enxerga como possuidora de uma redonda arquitetura. Depois de cinco anos de insistência, e mesmo sem aqueles testemunhos, ela conseguiu ser entendida na terceira instância à qual recorreu, e a ministra permitiu que ela trocasse o nome. Maria Raimunda, aquela, não existe mais. Agora ela é Maria Isabela, bem mais feliz.

– Pra mim, Raimunda era um palavrão.

Raimunda, nome que atrapalha qualquer mulher, nasceu daquela... mbunda. E o professor Luiz Costa Pereira Junior revela que ela, a mbunda, desembarcou no Brasil com os bantos de Angola.

– Da dama, o usineiro quer filhos. Da escrava, quer sexo. Uma tem nádegas. E a outra, mbunda.

E completa:

– A anca negra é torneada e enxuta pelo trabalho. Logo, traseiros enxutos, mesmo os bonitos e sacolejantes, passam a indicar corpos esculpidos pelo esforço físico. Nádegas opulentas, pouco dadas a atividades, viram pretexto de ostentação dominante.

Mais pra frente, o M caiu e ficamos só com a bunda.

– O advento do bilabial bumbum não destronou a bunda do apreço popular, cuja pressão social gradativamente vem desbancando o solene nádegas do trono nacional.

(*Mais recentemente, ainda tivemos o abominável... popozão.*)

E Luiz conclui, afiado como em cada página:

– A bunda africana cada dia supera as nádegas portuguesas.

Pra desconforto das Raimundas.

Se Maria Isabela, ex-Raimunda, conhecesse o poder, não da redonda arquitetura, e sim da poesia popular, quem sabe teria conseguido trocar de nome mais depressinha. Afinal, ninguém adivinha pra que lado vai a maré na cabeça de certas autoridades. Mas Dona Poesia abriu suas asa sobre uma turma animadinha de Campina Grande, Paraíba. Muita gente por lá repete o caso, garante que aconteceu de verdade, no meio da década de 50 do século passado. Assim:

Numa madrugada, um grupo de boêmios – naquela época, existiam – cantava pelas ruas da cidade. Aquele jeito macio de esticar o dia, aproveitar a outra cidade, aquela que só se revela quando a maioria dorme. A brincadeira ia bem até que... Sujou!

Chegam os homens, vamos acabar com essa barulheira, não pode, bando de malandros, proibido, cachaceiros, a lei...e passem pra cá esse violão. Todo mundo liberado, já pra casa, mas o violão vai em cana.

Como se faz quando alguém, ou algo, é lançado atrás das grades? Chama um advogado. E a turma convocou o causídico Ronaldo Cunha Lima. Era a primeira vez que o cliente dele era de madeira, com umas cordinhas esticadas. Já que tudo era esquisito, o doutor entrou no desvio e preferiu o jeito gostoso da poesia popular. Afinal, estava no território da alegre, e safada, literatura de cordel, glória nordestina. Assim, obrou a seguinte petição:

Exmo. Sr. Dr. Juiz de Direito da 2ª Vara desta Comarca

O instrumento do crime que se arrola
neste processo de contravenção
não é faca, revólver nem pistola,
é simplesmente, doutor, um violão.
Um violão, doutor, que na verdade

não matou nem feriu um cidadão.
Feriu, sim, a sensibilidade
de quem o ouviu vibrar na solidão.

O violão é sempre uma ternura,
instrumento de amor e de saudade.
O crime a ele nunca se mistura.
Inexiste entre eles afinidade.

O violão é próprio dos cantores,
dos menestréis de alma enternecida
que cantam as mágoas que povoam a vida
e sufocam suas próprias dores.

O violão é música e é canção,
é sentimento, vida e alegria,
é pureza, é néctar que extasia,
é adorno espiritual do coração.

Seu viver como o nosso é transitório,
mas seu destino não se perpetua.
Ele nasceu para cantar na rua
e não para ser arquivo de cartório.

Mande soltá-lo pelo amor da noite
que se sente vazia em suas horas,
p'ra que volte a sentir o terno açoite
de suas cordas leves e sonoras.

Libere o violão, Dr. Juiz,
Em nome da Justiça e do Direito.

É crime, porventura, o infeliz,
cantar as mágoas que lhe enchem o peito?

Será crime e, afinal, será pecado,
será delito de tão vis horrores,
perambular na rua um desgraçado
derramando na rua as suas dores?

É o apelo que aqui lhe dirigimos,
na certeza do seu acolhimento.
Juntada desta aos autos nós pedimos
e pedimos também DEFERIMENTO.

O magistrado se derreteu todo... E o juiz Arthur Moura respeitou a rima e lavrou a sentença sem desafinar:

Para que eu não carregue
remorso no coração,
determino que se entregue
ao seu dono o violão.

Na cidade, em vários escritórios de advogados, é possível encontrar cópias da petição e da sentença... com o título: "Habeas Pinho".

Mas talvez não fosse mesmo o caso da ex-Raimunda. Se ela pedisse socorro à poesia popular, numa causa como a dela, que teria de mencionar o nome da reclamante, numa seqüência de versos rimados... a rima... não, no Brasil, decididamente não daria certo. Combina mais com violão.

Ah! Por falar em Raimundas... Se o nome seguisse a palavra que os africanos trouxeram, seriam, todas, Raimbundas. Ainda bem que o M caiu.

14

HOMEM COM SELA

Metralhadora feita de canos

A MÃE, FURIOSA, GRITA COM A FILHA:

— Preciso lembrar pra você que esse homem é meu.

E o tal homem se afasta de marcha a ré, percebe a dimensão da encrenca.

— Depois a gente conversa, viu, minha filha?

— Mas, mamãe, eu não tenho nada a ver, eu conheci ele agorinha e...

Uma terceira mulher se aproxima.

— Eu não sou idiota, menina.

— Mamãe eu não tenho nada com...

E a que se aproxima encosta falando alto:

— Vocês estão discutindo por causa do meu marido?

A mãe descobre uma segunda concorrência:

— Ele é meu namorado!

— Ele é meu marido!

— Ele nem é casado.

— Dando em cima do meu marido, é? Sua sem-vergonha!

As duas se atracam. A que chegou é mais gorda e mais jovem do que a mãe... traída pela própria filha. Que agora assiste à luta das duas, que rolam no chão, enfurecidas. Cada vez que uma das duas acerta um golpe na outra, a mulher que está no outro canto da sala e segura duas pequenas caixas de plástico... bate forte com uma na outra. É a sonorização, assim, ao vivo, o ruído do soco ou do tapa.

— Plact! Plact!

Gaguinho reclama da mulher com as caixas:

— Na hora que ela chutou, você não bateu.

— Bati.

— Não bateu. Vamos repetir.

Tem de obedecer, Gaguinho é o diretor. O apelido não é justo, pois ele não gagueja. O jeito esquisito de sua fala certamente vem de algo visível: ele tem poucos, pouquíssimos dentes. Ele é pobre, muito pobre. Dessa pobreza que nós, que compramos e lemos livros, só conhecemos de ouvir dizer, como os canais de Marte.

— Nunca estudei nada, nunca fui numa escola.

Analfabeto, sim. Este é Idalino Lima, ou melhor: o Gaguinho. Quer dizer, Tonis Lima. Este homem, de voz fina, seca, voz que não reverbera, sem graves, este homem é um herói embutido em Vitória da Conquista, Bahia. Ele resolveu fazer filmes. Mas nunca assistiu a um filme sequer, nunca entrou num cinema. É o roteirista, diretor, editor e ator principal.

E o capítulo ator é um evento inédito na história mundial do cinema e das artes cênicas também. Quando chega o momento de atuar, ele pega uma sela de cavalo, já bem velha, e veste, pendura a sela nas costas, como se fosse uma mochila.

— É uma homenagem ao meu cavalo.

Uma sela, com estribos e tudo, é uma coisa pesada. Mas o Gaguinho já se habituou. Anda pra cá e pra lá, na cena ou dirigindo, como se não tivesse nada pendurado nas costas. Esquisitíssimo.

— Esta sela aqui é uma homenagem ao meu cavalo. Todo lugar que eu vou com a sela, eu me lembro do meu cavalo. Quando eu comecei meu trabalho, meu cavalo era magro, muito magro. E eu sempre fui muito pobre, não tinha nada pra dar pro meu cavalo e ele morreu de fome.

(Você aí com seu cachorro ou gatinho, ração balanceada... imagine perder o seu bicho de estimação porque não tem comida pra dar pra ele. Pessoas como o Gaguinho explicam um pouco por que aquele hino louva a "brava gente brasileira".)

148 HOMEM COM SELA

Agora, Gaguinho está com a sela. E convoca o segurança, a faxineira, o pedreiro, a dona-de-casa, o porteiro, enfim, o elenco. E conta como será a próxima cena, as falas de cada um. Nenhuma anotação, ele tem todo o roteiro na cabeça, roteiro que ele próprio inventou. E está tudo guardado apenas na cabeça dele, o líder. Não existe papel, este elenco filma sem preparação. E gravam direto, sem ensaio.

Trabalham com vídeo, claro, uma câmera pré-histórica, enorme, VHS. A cinegrafista é a filha dele. A mocinha responsável pela única sonorização já está com as caixinhas de plástico. Filme aqui não tem pós-produção, edição de imagens, efeitos especiais, photoshop. Por isso, a briga das duas mulheres pareceu tão real, assustadora... e gaiata.

Chega o momento de Gaguinho participar, diretor-ator. Como um super-herói, tem uma identidade secreta, muda de nome. E o protagonista incorpora... Tonis Lima.

– Este nome é uma homenagem ao meu irmão, se chamava Tonis Lima. Ele foi pra São Paulo, buscar uma vida melhor. Era um batalhador, mas não deu certo. Morreu por lá. Então, uso o nome dele como homenagem: Tonis Lima.

A cena seguinte é no cemitério. Fim de tarde, bola vermelha do sol descendo, chão bem seco, poeira, pequenos arbustos entre os túmulos muito simples... E, contra o sol, chega o homem com capa preta, chapéu preto e uma arma esquisitíssima. Espera os vilões, sabe que eles vão tentar mais uma vez. Versão mambembe do bangue-bangue italiano. Tonis Lima, protetor dos humildes, está pronto.

As armas... Nenhum deles tem emprego, vivem de bicos, pequenos serviços. Portanto, não há dinheiro pra figurinos, objetos de cena, nada. Com pedaços de canos velhos, inventaram uma metralhadora com vários tubos. Aí, enfiam rojões e, no momento do indispensável tiroteio, acendem os tais rojões. E cada um estoura num momento imprevisível. Então, o corre-corre e os gritos da cena do duelo não ficam perfeitamente sincronizados com o estampido dos tiros.

O crime... Espertinhos plantam andu, um tipo de feijão, no terreno do cemitério, entre as sepulturas. Gaguinho considera isso intolerável, falta de respeito com os mortos que estão ali e com as famílias também. É um cemitério sem ala nobre, parece esquecido. Então, Gaguinho convoca Tonis Lima, o justiceiro, super-herói que chega a pé, mas com uma sela de cavalo nas costas.

A cena... Quando os espertinhos chegam pra colher andu, Tonis Lima grita com eles, ordena que saiam e nunca mais se atrevam a voltar.

– Nós vamos continuar a plantar e colher aqui no cemitério, sim! A terra não é sua, o cemitério não é seu.

– Desconheço e desconsidero! Onde se planta defunto não se planta andu!

E tome bala! Quer dizer: começa o foguetório dos rojões, correria dos bandidos fugindo, alguns tropeçam de verdade, caem, rasgam as roupas, levantam muita poeira, gritaria. Tudo gravado com uma câmara apenas, um único ponto de vista. E, de verdade, a cena fica ótima.

Idalino Lima é um herói de verdade, ao contrário de Tonis Lima e sua sela – quer dizer, o personagem é ficção, mas a sela é concreta e pesa nas costas. Ele decidiu "fazer filmes" pra denunciar, protestar, como pequenas passeatas eletrônicas pelas ruas de Vitória da Conquista. Depois de pronto, o filme é apresentado nas pracinhas dos bairros mais pobres. Ele e sua turma fazem cinema sem dinheiro, sem equipamento, e contam histórias que vivem na periferia onde falta tudo, menos a força pra duvidar da palavra "impossível".

15

PEQUENA BABEL

Beethoven e sua irmã Kimberly

O ESCRIVÃO DIZ NÃO. Ele insiste. Chamam o supervisor.

– Claro que não pode. Existem milhares de nomes e o senhor vai escolher logo esse?

Carlos Barbosa nem liga pros milhares de nomes. Seu primeiro filho há de receber o nome que ele escolheu. O caso desemboca na mesa do dono do cartório. Depois de muita conversa, ele decide fazer um teste rapidinho, pra checar se o Carlos sabe bem de quem é o nome que escolheu.

E libera.

E o primogênito da família do fotógrafo, que mora em Santa Luzia, em Minas, se chama Ludwig van Beethoven Barbosa. O pai tem alguns poucos LPs de música clássica, um velho toca-discos, e acha a *Quinta sinfonia* a coisa mais bonita que já ouviu. Mas gosta de mais alguns compositores. Por isso, quando nasceu o segundo filho, outra briga no cartório. Mas Peter Ilyitchi Tchaikovsky Barbosa (assim está na certidão de nascimento) tem o nome que papai escolheu.

A família mora numa rua de terra dividida por um canal. O terceiro filho, negro como a mãe e os dois irmãos, se chama Wolfgang Amadeus Mozart... Barbosa.

– Na escola me chamam Luduviqui.
– Eu... Peter.

– Comigo varia: Mozart ou Amadeus.

– Vocês gostam de música clássica?

Os três até riem da pergunta, pra desgosto do papai. Que se separou e casou de novo, com uma mulher branca. Então, as três irmãs são bem diferentes dos três irmãos. Até nos nomes. A primeira se chama Hevelly Lírika Ivência Barbosa. Claro que o escrivão discutiu um pouco, mas já tinha se conformado com as excentricidades daquele fotógrafo esquisitão. E o pai só consegue explicar o segundo nome:

– Lírika porque vem do gênero lírico da língua portuguesa, que traduz poesia.

– Mas Lírika com K?

– Fica mais bonito.

O apelido dela na escola, e com as amiguinhas, reduziu os quatro nomes e 27 letras a apenas duas letras dobradas: Fifi. Ninguém pergunte o porquê. Já a segunda filha se chama Kathleen Kimberly Lídia de Oliveira Barbosa.

– Eu queria Kat e a mãe queria Kim.

– E de onde a mãe tirou esse Kimberly?

– Dos Power Rangers.

E a caçulinha da família se chama... Marjorie Hilla Olivência Barbosa. O escrivão ameaçou transformar a janela em trampolim quando Carlos apareceu com aqueles dois primeiros nomes. Mas se acalmou quando ele prometeu que não teria mais filhos.

– Eu queria esse nome francês, Marjorie. E minha mulher queria Hilla de qualquer jeito.

E os seis filhos do Carlos – Ludwig van, Peter Ilyitchi, Wolfgang Amadeus, Hevelly Lírika, Kathleen Kimberly e Marjorie Hilla – seguem pela vida sabendo que, sempre que perguntarem o nome deles, ouvirão como resposta uma pergunta quase susto:

– Cuméquié?

GALINHA TONTA JÁ TINHA ESTE APELIDO quando, aos 7 anos, pediu um prato de comida num outro bairro. Ele morava no pedaço mais pobre da cidade. E sempre fazia isso, a família dele não tinha o que comer. Naquela casa, a empregada sempre guardava uma coisinha pro menino. Só que, naquela noite, a patroa entrou na cozinha e viu o estranho comendo lá. Destampou o seu estoque de preconceitos e gritou:

– Por que esse negrinho tá comendo aqui dentro? Pode dar os restos pra ele, mas ele tem de comer lá fora, junto com os cachorros.

Galinha Tonta largou a comida e voltou acelerado pro casebre onde morava, direto dormir, nem falou com a mãe. Nesta noite a normalidade tropeçou... na pequena São Francisco, pertinho de Montes Claros, Minas. Edvaldo Bisbo dos Santos – o nome verdadeiro – teve um sonho. Um sonho dividido em três. No primeiro, apareceu um menino oriental e disse:

– Eu sou Toshio e vim do Japão.

Na segunda parte, outro menino, branco, louro de olhos claros.

– Eu sou Hans e vim da Alemanha.

Na última parte do sonho, o menino anunciou:

– Eu sou Paul e vim da Inglaterra.

Só que Toshio falou em japonês, Hans em alemão e Paul em inglês. Galinha Tonta, aos 7 anos, era analfabeto.

Durante quinze anos, todas as noites ele recebeu, em sonho, a visita dos três meninos. Todas as manhãs, ele falava com a mãe sobre os visitantes da noite. Aos poucos, ele começou a falar um nada de japonês, um tico de alemão, uma nesga de inglês. À medida que o vocabulário dele aumentava, o medo da mãe, analfabeta como o filho, também crescia.

Galinha Tonta percebeu que a mãe estava bem assustada e parou de falar com ela sobre os três meninos. Não comentava com mais ninguém. Inclusive porque ele, analfabeto em português, começava a escrever em inglês, alemão e... japonês. Aí, a mãe se convenceu de que o filho estava possuído por alguma força maligna. Arrastou Galinha Tonta até o único religioso que existia na região, padre Francisco, descendente de alemães.

— Minha mãe veio com aquela história de línguas esquisitas, coisas dos infernos, possessão... Eu, morrendo de medo. A minha sorte foi que o padre era alemão. Aí, eu falei com ele em alemão.

E o padre tranqüilizou a mãe: não, não era o demo que falava a língua dos infernos através da boca de seu filho. Nada de exorcismo. Mas o padre não falava inglês nem japonês.

Anos depois de escrever em inglês, japonês e alemão, Galinha Tonta aprendeu a ler e escrever em português. Tudo pra ele sempre foi difícil demais. Inclusive porque nunca existiu dinheiro pra comprar papel, canetas, nada. Muita coisa escreveu pelas paredes de sua casa. Nas três línguas. E, muito depois, conseguiu viajar até São Paulo. Foi ao bairro japonês, Liberdade, e se sentiu à vontade conversando com as pessoas nas lojas e nos bares. Os japoneses duvidavam quando ele dizia que não tinha freqüentado um curso regular. Claro que ele nem contou que seu mestre se chamava Toshio, aquele que só dava aulas madrugada adentro, na escola dos sonhos.

A vida do poliglota de São Francisco não mudou nada por causa das visitas dos três meninos, que se prolongaram por quinze anos. Continua muito pobre e, na vizinhança, a maioria o considera bem esquisitão. Ainda mais por causa dos rabiscos incompreensíveis que faz por toda parte. Ou seja: o mesmo confuso, distraído, avoado que, quando menino, ganhou apelido certo: Galinha Tonta.

(Importante: não se trata de ficção, historinha. Tudo aconteceu mesmo, em São Francisco. Se duvidar, passe por lá e pergunte pelo Galinha Tonta... o terror de todas as escolas de idiomas.)

ESTRANHA, A TRADIÇÃO DE ONDA VERDE, cerca de 4 mil habitantes, em São Paulo: todos os habitantes têm apelidos. Vai... quase todos. Só que todos os apelidos têm uma única procedência: o mundo animal. Por exemplo: o menino entrou na escola e sempre ficava vermelho com as brincadeiras dos colegas mais velhos. Apelido: Peru. Quando o irmão mais moço do Peru chegou à mesma escola, virou Peruzinho. Hoje, ele já é um senhor. Mas continua Peruzinho.

Ninguém acha estranho. Nem o Urso, nem o Pardal, nem a Cobra, nem o Tatu, nem a Borboleta, nem mesmo o Burro. Que explica, com candura:

Edineide e Galinha Tonta

— Lá em casa são três Burros. Burro Velho, que é meu pai, Burro, que sou eu e Burrinho, que é meu irmão caçula.

— E ninguém fica ofendido?

— Claro que não.

A cidade zoológico tem um parentesco com Parelhas, no Rio Grande do Norte. Lá, Herman Azevedo decidiu aplicar um choque de realidade nas listas telefônicas.

— É simples: as listas que faço indicam o nome de quem usa o telefone, e não o nome do dono. E se a pessoa é conhecida por um apelido, o que aparece, claro, é o apelido.

Então, por exemplo: se quiser falar com o Francisco Araújo, procure Alma de Gato. Afinal, é assim que ele é conhecido na cidade. Numa lista normal, jamais existiria o Chico Sanfoneiro, pois sanfoneiro não é exatamente um sobrenome. Nem o Chico de Manuel de Rita – são tantos Chicos... E este, o de Manuel de Rita, ninguém confunde: é filho de Manuel que é filho de Rita.

Herman já fez listas assim pra nove municípios da região e planeja fazer outra maior, única, de todo o Seridó.

– E qual é o seu apelido?
– Ah, eu não tenho, não.
– Herman Listinha... pode confessar.
– Tenho não.

Maria de Manoel Padeiro, uma das muitas Marias de Parelhas, nem cuida da padaria que foi do pai. Mas o apelido da infância permanece. E Alexandre, quando menino, adorava as procissões. Principalmente, a função do coroinha que caminhava ao lado do andor, tocando o sininho. Depois da festa, passava dias azucrinando toda a vizinhança com uma precisa imitação do tal sininho. E ganhou o apelido que o identifica até hoje. Se quiser ligar pro Alexandre, procure na letra T. T de Tilin Tilin.

O TELEFONE TOCA, ELE ATENDE, a pessoa pergunta quem fala e ele responde a verdade:

– Sócrates, filho de Platão, neto de Aristóteles.

Quem tem algumas gotas de informação acha que é brincadeira, deboche. E isso não acontece na Grécia. Sócrates, pai Platão e avô Aristóteles vivem em Goiânia. A barafunda de nomes, que tanto incomoda filhos e netos, principiou com Francisco Carlos de Alarcão. Botou na cabeça que tinha de trocar seu nome pra Aristóteles. Era fascinado pela cultura da Grécia antiga. Não, o Chico Alarcão não era nenhum intelectual, professor, nadinha disso.

— Eu leio muito pouco, sou semi-analfabeto. Tirei apenas o primeiro ano no ginásio, mas só colando, tudo na base da cola. Depois, larguei.

Mesmo assim, se transformou em Aristóteles — de verdade, conseguiu alterar o nome no cartório. E saiu distribuindo nomes gregos pelos filhos. Exigiu que os netos mantivessem a tradição que inventou. A maior parte dos filhos e netos odeia. Prefere viver no planeta apelido.

— A maior besteira que fiz na minha vida foi esse negócio de nomes aí.

Demorou. Agora, ninguém quer mais mexer nisso, muito menos recorrer a cartório, pois certamente se transformaria em notícia, comentários, trotes — de novo!

— Não que eu não goste dos nomes que escolhi. Mas tem uns, coitados... O Seutônio, por exemplo. É duro, né? Reconheço.

O próprio, irado, não quer ouvir o nome verdadeiro nem baixinho.

— Seutônio... vulgo Lopes. Todo mundo me conhece por Lopes. Não é que eu não goste, mas sou muito confundido. Me chamavam de Buitônico, Acetônico, Buce... melhor nem lembrar! Sofri demais com este nome até 16, 17 anos. Não agüentava mais. Aí, virei Lopes.

Arquimedes, ao seu lado, sorri e coloca a mão no ombro de Seutô... ou melhor, Lopes.

GARANHUNS ADORA SER a maior cidade serrana do Nordeste. Com temperatura média anual em torno de 21 graus, lá onde imaginamos só existir calor de mais de 30 em cada um dos 365 dias... Garanhuns, toda prosa, gosta de se apresentar como a Suíça pernambucana. Promove um festival de inverno, a cidade é ocupada por casacos de peles, luvas de couro, gorros de lã, lareiras... Parece que estamos na ponta sul do Brasil, no pico da serra gaúcha. Até o cardápio muda um pouquinho. Alguns pratos de países que vivem invernos de muitos graus abaixo de zero desembarcam por lá... como ETs. E cartazes, diante de restaurantes, oferecem misturas espantosas: picanha, filé de bode, galinha de cabidela e... fondue. Não existe pecado (nas cozinhas) do lado de baixo do Equador.

IMAGINE: VOCÊ NÃO TEM CONDIÇÃO pra cuidar, sequer pra alimentar seus filhos pequenos. É provável até que eles morram de fome ou doenças ao seu lado. Você continuaria com eles assim mesmo ou daria seus filhos pra alguém mais ou menos conhecido? É errado a mãe dar os filhos numa situação assim?

Enquanto você decide, vamos até o Recanto das Emas, cidade-satélite de Brasília.

Aqui vive Edineide, casada há dez anos com William. Têm dois filhos. O grande problema surgiu quando ela ficou grávida pela primeira vez. Ela já tinha se acostumado com um fato raríssimo: não tinha certeza do próprio nome. Na verdade, não tem certeza sequer do lugar onde nasceu.

– Minha mãe me deu pra um motorista de ônibus chamado Haroldo. Acho que isso foi na Bahia, mas não tenho certeza, era muito pequena. Ele me trouxe pra cá e me entregou pra uma mulher chamada Nilza. Parece que tinha uma carta da minha mãe pra essa mulher, dizendo que ela podia me criar, ficar comigo.

(A segunda sorte dela: não foi entregue pras redes de prostituição infantil, um comércio que se espalha também pelas estradas. Menina novinha como aquela é mercadoria disputada.)

160 PEQUENA BABEL

— Quando eu tinha 13 anos mais ou menos, saí da casa dela porque ela me batia, me maltratava muito. Eu fugi. Aí, eu tive a sorte de trabalhar como doméstica.

— Mas esse nome, Edineide, você lembra de sua mãe chamar você assim?

— Claro que não. Mas a moça que recebeu a carta de minha mãe sempre me chamava de Edineide.

Grávida, ela foi ao fórum de Brasília pra tirar os documentos, já que se aproximava o momento de providenciar a certidão de nascimento do filho. Ainda foi enviada pro Instituto Médico Legal, examinar ossos, dentes, medidas... pra calcular a idade dela.

— Quando é seu aniversário?

— Nem eu mesmo sei quando eu faço anos. E nem quantos.

Depois dos exames no IML, a Justiça estabeleceu que Edineide teria nascido no dia 5 de maio de 1970.

— Muitas mulheres devem sentir inveja de você, porque você poderia ter reduzido a idade.

Ela sorri: coisa tão sem importância pra quem não tem sequer sobrenome, né? Na verdade, desimportante pra qualquer pessoa capaz de pensar.

— Agora, eu tenho tudo, todos os documentos: identidade, CPF, título de eleitor e carteira profissional.

Em todos os documentos, apenas Edineide. E nas certidões de nascimento dos filhos de mãe sem sobrenome, crianças sem vovô e sem vovó. Nos documentos da própria mãe, no item "filiação", está "não consta" duas vezes. Nem mãe nem pai.

— Quando eu vou fazer alguma coisa, fico meio assim... O povo pergunta o nome e eu digo: taí. E eles: e o sobrenome? Eu digo: não sei. Fica todo mundo olhando.

Vida sem sobrenome é vida complicada, todo mundo quer saber, repete as perguntas, implica, até faz piada.

— E eu sinto falta, todo mundo quer conhecer os próprios pais.

— Mesmo sua mãe tendo dado você?

— Mesmo ela tendo me dado pro motorista do ônibus.

Pára um instante, olhos molhados.

— Ela deve ter tido algum motivo, alguma coisa se passou. Eu tive dois filhos e não teria coragem de dar os filhos e não procurar nunca mais. É muito triste viver assim. As crianças também sentem falta dos avós, eles perguntam.

O marido e os filhos olham o chão, aquela história repetidas tantas vezes e nada acontece.

— Será que sua mãe vai querer reencontrar a filha que ela deu pro motorista?

— Se doer nela o tanto que está doendo em mim...

O pior, num drama assim, é ceder ao banal e eleger um culpado e uma vítima, limitar-se à dualidade certo/errado.

— Mãe que é mãe mesmo não dá o filho. E, mesmo que tenha dado, não esquece.

Dona Xica, a mãe, deu outra filha também, a Marineide. Ela se criou em Salvador, Bahia. E, igualmente, teve a primeira sorte da irmã: sobreviveu. A miséria pelo Brasil é tão presente, que sobreviver às vezes é uma enorme surpresa.

Quase do tamanho daquela que aconteceu no reencontro das duas irmãs com a mãe, em Barreiras, também na Bahia. Nenhuma das três esperava por isso.

Sim, o nome dela é mesmo Edineide, pessoa que já tem até — ufa! — data de nascimento. E nome completo: Edineide Pinheiro da Luz. E, mesmo sem teste de DNA, basta olhar pra elas, com o mesmo tipo de sobrancelha... sobrenome impresso no rosto.

E você? Já decidiu? Você ficaria com seus filhos, no caminho da tragédia, ou doaria pra um motorista de ônibus? Mesmo que fosse pra não ver nunca mais?

16

OS PROFISSIONAIS

A ÚLTIMA COISA QUE APARECE é a imagem, em tamanho natural, de Padim Padre Cícero Romão Batista. Antes, montam uma espécie de oratório bem grande, todo iluminado por lâmpadas coloridas. Ao fundo, um painel mostra a Basílica de Nossa Senhora Aparecida, que fica em São Paulo – mas a Foto São João é do vale do Cariri, Juazeiro do Norte, Ceará.

– O senhor sempre ganhou a vida, criou os filhos assim, fazendo fotos?

– Rapaz, vou lhe explicar uma coisa... meu negócio é muito complicado.

A montagem do cenário prossegue. Colocam dezenas de objetos lá dentro, de patinete a aviãozinho, muitas flores e folhagens de plástico. Impossível adivinhar a razão das escolhas. Por fim, a imagem do santo mais querido do Nordeste. A imagem é muito pesada, várias pessoas pra carregar. E é com todo esse circo que João Brás da Silva viaja por toda a região, há 36 anos, em busca de quem queira guardar uma lembrança, um monóculo com a fotinha. A foto é feita diante do cenário que armam em qualquer feira ou festa. De tão conhecida, a Foto São João apareceu até no filme *Central do Brasil*. Mas é uma empreitada de muito sacrifício e pouca renda.

Picolezeiro, tirualver e fotos pelo Nordeste

– Pra criar família, comecei foi na roça. Da roça, passei a picolezeiro.

– O que é isso?

– É, vender picolé na rua. Depois, padeiro. Depois, tirualver.

— Tirualver?

— Tirualver é aquela espingardinha que trabalha tirualver.

(Lembra de Adoniran Barbosa? "De tanto levar frechada do seu olhar / Meu coração parece sabe o quê? / Tábua de tiro ao álvaro..." A língua é uma coisa viva, em movimento.)

João tem 63 anos, nasceu em Lagoa dos Gatos, Pernambuco.

— Aí, continuei viajando com o tirualver. Um cumpadre meu me disse: vou lhe vender uma máquina. Aí, começou o negócio das fotos.

— E assim o senhor criou os filhos.

— É, os quatro... porque os outros morreram com 2, com 4 anos.

— Mas quantos foram no total?

— Foram 21.

— Dos 21 só ficaram quatro?.

— Só ficaram quatro. A vida é dura. E, naquele tempo, médico era difícil.

PALHAÇO NÃO É SÓ NO CIRCO, NÃO.

— Já vi três peões morrerem na arena.

Existe também o palhaço de rodeio. A função dele é distrair o touro depois que o peão cai. Como o bicho é torturado, de forma covarde e cruel, a partir do momento em que é preparado pra entrar na arena, está enfurecido. E o fato de o peão cair não diminui em nada a dor que o bicho sente. Então, ele ataca. E, quase sempre, o primeiro alvo é o peão.

— Já levei 33 pontos na perna.

— Levei um coice no rosto e um pisão no joelho.

— O peão fica só 8 segundos em cima do touro. A gente fica na arena direto. Além da chifrada do touro, ainda tem o perigo da espora do peão.

– Mas a gente não tem estudo, não tem nada, então... tem de enfrentar o touro.

Vestidos de forma espalhafatosa, caras pintadas como palhaços de circo, eles partem pra cima do touro, se oferecem como alvo, pra salvar o peão. E, muitas vezes, o touro pega o palhaço.

– O que o homem não faz pra fugir do cabo da enxada...

– Você prefere este risco do que trabalhar na roça?

– Ficar na roça é jogar a vida fora. Aqui, posso ganhar até mil reais por quatro noites de trabalho.

– Ou... uma chifrada.

– Já tenho um tornozelo destruído, o touro pisou.

No corpo de cada um, as marcas da força do touro.

– Levei uma chifrada na virilha, tomei um coice aqui na testa... foram dezoito pontos.

– Conheço um palhaço que tomou uma cifrada e levou 58 pontos na perna. Sorte que não pegou a veia.

– E quando ficar bom... volta pra arena?

– Claro. Se não voltar, vai fazer o quê?

Em Votuporanga, São Paulo, eles fazem um show só com palhaços e touros, sem peões. É o jeito de ganhar algum fora da temporada dos rodeios.

– Quando eu vim pro rodeio não tinha nada.

– E agora tem dinheiro, né?

– Não. Tenho tornozelo quebrado, braço destroncado, costela quebrada...

Cai na risada. E volta pra arena.

ELE ENTREGA A ENCOMENDA e, junto, um papelzinho pra ser assinado. Na mesa do bar mesmo, o cliente assina.

— De quanto é a conta?

— Trinta centavos.

Quase na beira da praia, em João Pessoa, Paraíba, esse é o preço de um saquinho de amendoim do Futrica.

— Tem de assinar um recibo de 30 centavos?

— É o regulamento.

A bandeja com os saquinhos, presa ao seu pescoço por uma tira, não é como todas. Em todas as laterais, existem anúncios.

— Aí na frente é mais caro. Todos os espaços estão vendidos. E o contrato é de um ano.

Ele fala baixo, rápido, quase não movimenta os lábios. Olho arregalado. Toca o celular, pede licença.

— Futrica falando.

Depois, explica que era uma encomenda.

— Entrega em casa?

— É o regulamento.

Conta que as mulheres compram mais do que os homens. E vai recolhendo os recibinhos assinados de mesa em mesa.

— E como você faz? Um dia vem aqui só pra receber.

— Exatamente. É o regulamento.

Acompanhar uma noite de trabalho do Futrica impressiona. A freguesia consome vários bloquinhos, ninguém pega dinheiro.

— O preço do saquinho varia com a cotação do dólar.

— Se o dólar sobe, o amendoim sobe junto?

— Não, é o contrário.

— Se o dólar sobe, o amendoim desce?

— Isso mesmo. É o regulamento.

PROCURA O MICROFONE COM AS MÃOS, confirma que está na altura certa. Ajeita os fones no ouvido. Um instante depois é chamado. E começa:

– São 8 horas... boa noite! Vamos começar o nosso grande balanço da rodada de hoje, de todas as séries, A, B e C.

É a Rádio Verdes Mares, de Fortaleza, Ceará, que escala Paulo Rodrigues pra três programas por dia, num total de 3 horas e meia. Sem vacilar, ele anuncia direto todos os resultados, autores dos gols, artilheiros, público de cada partida, renda. E, nos intervalos de outros programas, às vezes ainda atende ouvintes pelo telefone. Nem sempre a pergunta é sobre o jogo do dia. Ele responde sem consultar nada, direto. Sempre teve uma memória excepcional. Nasceu em Itapipoca, e os comerciantes da cidade davam balas àquele menino só pra que ficasse repetindo todas as tabuadas. Era o mais popular entre seus onze irmãos.

Agora, tem vários rádios velhos em casa. Assim, consegue acompanhar os principais jogos, por todo o Brasil, ao mesmo tempo. Fica rodeado pelos rádios e aumenta ou abaixa o volume de acordo com a narração de cada locutor. Se a bola se aproxima da área, aumenta aquele jogo e abaixa os outros. Mas acontece, claro, mais de um gol ao mesmo tempo. Ele precisa ouvir as informações essenciais sobre cada gol ou lance importante. E vai imprimindo tudo na memória. Nada de papel pra anotar. Quando chega a hora de um dos três programas, vai pro quartinho onde montou o seu estúdio e sai falando. Nunca erra. Por esse serviço, recebe apenas R$ 200,00.

Com 10 anos Paulo já usava óculos. Aos 30, a miopia degenerativa aumentou muito. Pouco depois, perdeu completamente a visão. Sim, Paulo é cego. E confirma que nossa memória pode infinitamente mais do que acreditamos.

– Agora, os resultados dos jogos da série C.

170 OS PROFISSIONAIS

O MUNDO SABE que a guitarra elétrica nasceu na Bahia. Na verdade, dizem que até Cristo nasceu lá, né? Mas a guitarra tem data de nascimento, nomes do pais na certidão – e são dois e mãe nenhuma: Dodô e Osmar. Só que o nome da criança era Pau Elétrico, que veio ao mundo em 1942. Quatro anos depois, os americanos apareceram com a guitarra elétrica, que nem se chamava guitarra ainda, e sim Fender.

Elifas repete a história com orgulho, pois ele é um construtor do filhote do pau elétrico, a guitarra baiana. Ela impera nas festas dos trios elétricos por todo o Brasil – outra especialíssima invenção baiana, o tal carnaval fora de época, a folia que põe brasileiros pra pular em quase todos os estados. Mais um lance da união nacional, pois atrás do trio elétrico só não vai quem já morreu.

– Eu não cobro nada pra fazer uma guitarra baiana, só o material.

A guitarra do Elifas – sergipano de Propriá, portanto, quase alagoano – é disputada pela qualidade e pelo *floide rose*, peça que afrouxa a tensão das cordas, criando outras sonoridades. Só que a guitarra baiana dele é *made in* Sergipe, na capital, Aracaju, e exportada pra Bahia e pra outros lugares, inclusive Estados Unidos.

Quando criança, em Porto da Folha, acompanhava o movimento na roça, o carro de bois.

– Eu ia pra calçada e ficava encantado com a chiadeirinha que ele liberava, gostoso de ouvir o rangido da madeira do eixo. Muitos anos depois, aqui mesmo, ouvi pela primeira vez o som da guitarra baiana de Armandinho, no trio de Dodô e Osmar. Delirei! Era o som do carro de boi, direitinho.

E assim nasceu o *luthier* Elifas. Faz poucos instrumentos, tem fila de espera. Quem ama o que faz só faz bem feito.

– Mas se você não cobra a mão-de-obra, apenas o material, de que é que você vive?

— Sou funcionário público, da Secretaria da Fazenda, ICMS nos postos fiscais da divisa com a Bahia.

— Mas é longe...

— Esquema dois por cinco.

— Dois por cinco?

— Trabalho dois dias como fiscal e os outros três me divirto aqui, com as guitarras. Legal, né?

— **Cinco pacotes não vendo, não,** meu filho. Só até três, pra atender todo mundo.

Ele está pertinho da linha do trem, aquela onde acontece a feira do rato, em Maceió, Alagoas.

— Dinheiro trocado, por favor, pra evitar o troco atrapaiado.

Aquela coisa maluca: as mercadorias ficam justamente sobre os trilhos. Quando o trem apita ainda longe, eles tiram tudo, deixam apenas o que está sobre as dormentes, entre os trilhos. E saem correndo. Depois que o trem passa, retornam e recomeçam. Alguém ainda vai descobrir o motivo e colocar um cartaz lá explicando o porquê da escolha do local da feira do rato. Com tanto lugar ao redor, por que vender exatamente na linha por onde o trem passa a todo momento?

O vendedor que anuncia vender apenas três pacotes trabalha pertinho da linha.

— Só atendo quem tiver na fila, não adianta insistir.

Mas... que fila? Uma fila transparente, talvez?

— Tá na fila? Peraí, atendo já. Quantos pacotes?

Só que ele fala com ninguém. A não ser que a fila seja formada por centenas de espigas de milho, aquelas que estão no chão, ao redor da banquinha dele.

— Dois pacotes aqui pra um, três pacotes aqui pra outro...
Muita gente passa por ali, mas nem ergue os olhos pra ele. Embaixo de uma barraca de praia, a mesinha com os pacotes, microfone na mão, alto-falante na frente da mesinha, segue o pregão.

A feira que foge do trem... e volta

— Quem quiser veneno, por favor, fique na fila.

Bem-humorado, segue falando com a fila de mentira.

— Pra matar rato, barata, lagarto, matar formiga preta, matar formiga de roça...

Trabalha desde menino.

— Comecei a negociar com menos de 12 anos. Já vendi de tudo na minha vida. Cebola, batatinha, coentro, pimentão. Todo mundo chegava e "Me dê um, só unzinho pro tempero", "Me empreste um só pro molho", "Só pro tira-gosto". E eu dava pra uma, dava pra outra. No fim da tarde, não tinha um tostão. Aí, eu pensei assim: vou vender veneno, que ninguém pede. Com essa mercadoria me dei bem. Meus filhos tão tudo criado.

Pára de contar e, mais uma vez, fala com ninguém:

— Quem deu 50 levanta o dedo que é pra eu entregar o troco.

DURANTE O SONO, Dona Goiandira sonha. E no sonho, uma voz ordena: "Pinte um quadro com pó de pedra". Ao acordar, ela lembra bem do sonho e decide obedecer. Nunca tinha pegado numa tela nem mexido com pó de pedra. Não desenhava sequer. Compra a tela, arranja pó de pedra e um tubo de cola. Passa cola na tela, como se usasse um pincel com tinta. Depois, lança o pó sobre a tela. Espera a cola secar, sacode a tela e... o pó, grudado pela cola, revela algumas linhas na tela.

– Juro que nunca tinha feito isso. Foi a primeira vez e já saiu com essa técnica. A voz no sonho que me ensinou tudo.

A partir daí, começa a catar pedras coloridas na periferia da cidade de Goiás. Transforma as pedras em areia e, hoje, tem mais de 550 tonalidades diferentes. Produz telas assim sem parar, vende no Brasil e pra mais de quinze países.

Professora aposentada, só agora se sente plena com seu trabalho. Uma artista feliz. Elétrica, fala rápido, pra lá e pra cá no casarão antigo onde mora. Só quer saber dos quadros de areia colorida, que lotam todas as paredes. Ah... ela também faz uns docinhos especialíssimos.

– Trabalhei demais nessa vida. Dei aula de português, desenho, etiqueta, tango e de valsa também.

Aprendeu que vida de professora é muito mais difícil do que vida de artista. Está mais feliz agora.

Dona Goiandira é solteira.

O TRABALHO DO ZÉ TACHINHA é tocar o sino da Igreja de São Francisco, em Goiás, antiga capital do estado. (Por lá, ninguém gosta que a cidade seja chamada de Goiás Velho.) O filho aprendeu com o pai, Zé Prego, também sineiro. Na verdade, não existe muuuito o que aprender. Mas a cartilha dos sineiros confirma que a idéia de que o homem é superior à mulher ainda é lei poderosa por aí. Até depois da morte. Assim, quando morre homem, Zé Tachinha toca o sino maior, mais grave, solene. Quando morre mulher, soa o sino menor, muito menor, agudo, estridente, irritante até. Quase uma campainha. Só que ordens são ordens: sino grande, só pra homem. Mas esse ofício de tocar sino é outra profissão que os geradores de freqüência liquidam.

SEU CRISPIM ATUALMENTE só tem um trabalho: encomendação de morto. Aprendeu com os avós, tradição que outros trouxeram da África, escravos. Existe um canto pra cada momento: um ao lado do corpo, quando ainda está dentro da casa; outro pro momento em que o corpo sai da casa; mais um pro momento em que o cortejo passa diante da igreja... uma linda, delicada capela esta, de Milho Verde, um nadinha no Vale do Jequitinhonha, Minas, nem 2 mil habitantes, que vivem num tempo diferente, miséria. E vem um senhor pela estrada, bem devagar.

– ... 'tarde. O senhor trabalha na roça?

– Eu não tô trabalhando mais não, moço, porque eu sou meio duvidoso, né?

A bênção, Guimarães Rosa.

A DONA LEVANTA IRRITADA da mesa do bar, deixa um homem sozinho ali e se dirige ao caixa. Pergunta pelo gerente. Indicam a portaria do hotel, logo depois da saída do bar. É recebida com atenção, conversam, os dois voltam ao bar. Ela segue pra mesa e o gerente vai até o piano e chama Lilian Lachensky, a pianista. Somem por trás do balcão.

— Você estava dando em cima do homem que está na mesa 12, acompanhado?

— Eu? Que história maluca é essa? Enquanto estou tocando, não presto a menor atenção no que acontece ao redor. De onde saiu essa história, meu deus?

— A dona que está com aquele cliente veio reclamar. Disse que você fica lançando olhares na parte mais romântica de cada música.

— E você acreditou nessa maluquice? Logo você, que me conhece há tantos anos, vai dar crédito a essa...

— Calma, Lilian. Vamos fazer o seguinte: a partir de hoje, você coloca uma revista qualquer lá e finge que tá lendo enquanto toca.

— Que idéia! Você me proibiu de colocar as partituras, disse que pianista de bar tem de tocar de cor e conhecer todas as canções que os clientes pedem.

— Verdade. Tocar com partitura em piano-bar é muito deselegante. Coloca uma revista qualquer lá e finge que tá lendo. Não pode olhar pra nenhuma mesa mais, ninguém. Principalmente, tá proibida de olhar pra qualquer homem.

Assim começou a esquisitice. Porque Lilian se acostumou a tocar e ler revistas ao mesmo tempo. E a habilidade se expandiu. Hoje, ela conversa animadamente com qualquer pessoa, sobre qualquer assunto, enquanto toca. E se, no meio da conversa, alguém pede que ela troque de canção, de uma lenta pra uma rápida, ela faz isso sem nem olhar pro teclado. Também pode, enquanto toca e conversa, tomar uma taça de champanha, brindar, e a música não pára. Lilian, a pianista, é quase uma atração de Itapema, onde mora, em Santa Catarina. Os turistas vão ao hotel e fazem questão de conversar com a pianista enquanto ela toca. E aquela roda em volta do piano às vezes até sufoca o som da música.

– AU! AU! AU!... QUEM FALA?

É assim que o Cachorrão atende ao celular. Na montoeira de bugs que atendem aos turistas em Fernando de Noronha, o dele sobressai. E não apenas porque o dono late e usa coleira. Um desenho enorme de um cachorrão sobre o capô identifica o táxi canino. No vidro dianteiro, o telefone é precedido por um Au Au. Quando ele vai pegar um cliente, antes da campainha, late na porta.

– Eu moro na praia do Cachorro e o apelido veio daí.

Apelido é normal. Agora, homem de coleira, fora de uma noitada sadomasô... Na verdade, é a oitava coleira do homem-cão.

– É uma gargantilha de couro, coisa de macho, de cachorrão. Couro cru.

Bobagem. É uma coleira mesmo, trancada com um cadeado.

– Quem tem a chave?

– Ninguém. Eu jogo fora quando tranco.

E cai na risada. Ri o tempo inteiro e é íntimo de cada fresta da ilha. Como se a coleira e os latidos fossem pouco, ele pinta o cabelo de uma cor indefinível. Pele marrom, como a de todos os que tomam sol 365 dias por ano. Na casa da praia do Cachorro, cria um porquinho cor-de-rosa, que passeia lampeiro do quarto pra sala, da cozinha pra areia, e toma banho de mar junto com o viralata residente – que vive sem coleira.

– Durmo com ela, tomo banho com ela, só troco quando apodrece.

Professor de márquetin popular. Eficientíssimo.

— **VENHA PRO QUE HÁ DE MELHOR,** a nova era da informática. Três anos dominando o mercado da informática. Eficiência e seriedade é o nosso lema. Ligue para...

É assim que João da Informação atende o telefone, que não pára de tocar. Ele não é técnico em informática. Está em casa, em Arcoverde, Pernambuco. O que ele fala assim que tira o fone do gancho é publicidade. Daí que vem o salário dele. Lá, não existe nenhuma das grandes companhias telefônicas que fornecem os números. Quem faz isso, e de graça, é João da Informação. Sentadinho na sala de sua casa. E de cor. Isso mesmo: sabe todos os números da cidade de memória. No horário de pico, fim da tarde, alguém atende o outro telefone da casa, ouve e transfere a pergunta ao João, que está sentado diante dele. Às vezes, o homem-lista pergunta de volta:

João da Informação, todos os números

— De casa ou do escritório?

E responde sem vacilar. Começou o serviço em 1975, numa cidade de mais de 60 mil habitantes e que nem sonhava com celular.

— Seu João, por que o senhor não coloca todos esses números na memória de um computador?

— No dia que eu colocar num computador, o *Fantástico* não vem aqui.

– E uma gargantilha de couro, coisa de macho, de cachorrão. Couro cru.

180 Os profissionais

NUMA DAS CIDADES MAIS CALORENTAS do Brasil, você andaria num táxi que, antes da sua corrida, estava com a mala lotada de peixes mortos?

Se passear por Belém do Pará, você pode fazer isso sem perceber. E – os motoristas garantem –, sem sentir qualquer cheiro desagradável. Afinal, não dá pra perder o movimento logo de manhã cedinho, quando os barcos pesqueiros chegam ao Ver-o-Peso. E o nome do porto já revela uma das profissões que se multiplicam ao redor do peixe: o balanceiro. Entre o peixe que sai dos porões dos barcos e os caixotes dos compradores, está o balanceiro. Ele pesa, garante a verdade de cada operação e fica com 8% do preço final. Na seqüência, entra o mais extraordinário: o carregador. Às vezes, leva um caixote com 150 quilos de peixe na cabeça. E isso no meio da multidão que se comprime na beira do cais, abrindo caminho aos trancos, no grito. Na luta pra conseguir o melhor negócio, ninguém se preocupa com o peso que o outro leva na cabeça. Na correria, o carregador se afasta um pouquinho dos barcos e se aproxima da fila de táxis – todos com o porta-malas aberto. Dentro, o chão e as laterais do porta-malas forrados de papelão. E ali são colocados os 150 quilos de peixe, sem qualquer outra proteção ou isolamento. Os motoristas disputam esses fregueses mortos.

– Camarão deixaria cheiro. Peixe não deixa cheiro nenhum.

– Depois de entregar o peixe, dá uma lavadinha?

– Nem precisa.

– O passageiro não reclama?

– Claro que não. E tem mais: peixe morto é melhor do que passageiro vivo.

(Ah... o carregador recebe 5 reais pelo transporte de 150 quilos e volta correndo pro cais, em busca de outro peso destronca esqueleto.)

QUEM NAVEGA BRASIL ADENTRO, de roça em roça, confirma o que tem de sacrifício na vida do pequeno agricultor solitário, aquele que só depende da terra. É o avesso da imagem vitoriosa do tal agronegócio, aquele que faz conta em dólares. Quem está na ponta de baixo, repete, a cada manhã, a urgência de fugir dali. Picolezeiro, palhaço de rodeio, fotógrafo de feira, tiralver, qualquer coisa vira salvação. Até mesmo fabricar rabeca.

Nelson dos Santos era cortador de cana e não encontrava jeito de fugir daquele labirinto. Até que viu na TV uma reportagem sobre a feitura do instrumento. Apenas com essa informação, decidiu tentar. Experiência e erro, muitas vezes, e se transformou em Nelson da Rabeca, em Marechal Deodoro, Alagoas. A virada na vida aconteceu aos 52 anos.

A música só vem quando ele dorme

– Já fiz mais de duas mil rabecas e mais de duzentas composições.

Do sufoco do canavial pro quartinho onde compõe. E tem um método espantoso.

– Eu durmo, sonho com a canção e, quando acordo, ela já tá pronta, já saio tocando.

A mulher, Dona Benedita – outra que escapou do canavial –, também era compositora e se apresentava junto com o marido. Uma voz agudíssima... Uma gracinha cantando. Hoje, mais velha, lamenta o que perdeu.

– Quando eu era jovem, era uma pessoa tão inteligente, tão inteligente que de tudo no mundo eu fazia uma música.

O EXPEDIENTE DELE É DENTRO de um caixote de metal. Sobe e desce, desce e sobe... pintando.

– Desce?

Quem entra no prédio, no centro do Rio, pertinho do Aeroporto Santos Dumond, estranha aqueles quadrinhos encostados na parede, à esquerda, no chão. Alguns estão nos primeiros degraus da escada, na frente da portaria. Lá no fundo, a porta do elevador se abre.

– Sobe!

Raimundo veio do Piauí faz muito tempo, e a saudade nada de desistir. O aperto continua igualzinho àquele dos primeiros meses.

– Quinto...

Então, ele inventou um pintor. Nunca estudou, aprendeu no aperto do elevador: apóia a telinha no painel com os botões de todos os andares. A tinta, o pincel, tudo ali por cima dele. Às vezes, claro, se confunde.

– Outro dia, em vez de apertar o sétimo, enfiei o pincel cheio de tinta aí, manchou tudo.

Vende os quadros pequenos por 14 reais. Ou maiores, por 20. Sempre alguém compra, ajuda nas contas de casa. Pinta de memória. E ela só lembra daquela mesma paisagem de sua infância, os barcos, a beira do rio, as casinhas. Pela porta da rua, quando está no térreo, só vê o trânsito congestionado e as pessoas apressadas na calçada.

– Sexto.

Quando sai do emprego, olha pra cima e ainda estranha aquela parede de prédios. Mas quando pega o pincel, e o elevador sobe, está de volta ao Piauí, no meio dos barcos.

– Eu tive a felicidade de meu pai abandonar minha mãe quando eu tinha 8 anos. Isauro do Barro está em sua oficina, em Santarém, no Pará. Pela janela, tem o privilégio de ver o encontro dos rios Tapajós e Amazonas.

Como sempre, moldando o barro, que gira na sua frente, movimento que comanda com os pés.

– Sem meu pai, tive de sair de casa pra trabalhar, e aí encontrei uma olaria. Tinha 10 anos.

Em suas duas oficinas, uma em cada lado da rua de terra – rua que termina nos rios –, trabalham muitas meninas. Uma beleza especial, a partir do tom da pele.

– Foi isso o que me fez ficar aqui em Santarém. Eu vim passear...

– E achou uma mulher bonita.

– Uma não, muitas. Aí fiquei. No meio de tanta boniteza, eu fui escapando.

Ele também fabrica telhas, sistema antigo, uma prensa enorme, uma a uma. Tem um homem pra apertar, não quer sacrificar as meninas.

– Se meu pai não tivesse saído de casa, eu ainda estaria na roça, fazendo farinha. Não menosprezo, como farinha e gosto. Mas é muito melhor comprar do que fazer.

Mostra o jarro que acaba de fazer, orgulhoso.

– O povo não gosta, mas esta é uma profissão tão bem abençoada. Ela é a primeira do mundo. Quando deus acabou de fazer o

mundo, ele pegou o barro de oleiro... tá escrito... pegou o barro e fez o homem.

Como falou em deus, faz o pelo-sinal.

– Minha avó era índia, e foi com os índios que aprendi muito sobre o trabalho com o barro. E ainda lembro do pelo-sinal na língua deles, ela me ensinou: Paerecê carapató / Cofiti cotifó / Tom polifip / Amar a deus mixircó.

As meninas de Isauro do Barro enfeitam a oficina com um sorriso que brilha como os olhos delas. Ele tinha mesmo de ficar em Santarém.

(Num estado onde os conflitos pela posse e uso da terra são tão sérios como no Pará, logo aparece alguém que fala do assunto, jornalistas por ali, o tema não escapa. E, naquela imensidão, alguém explica de onde vem o termo grilagem, terra grilada, grileiro... Para tomar posse de uma terra, ignorando a lei, o atalho é falsificar documentos que devem garantir que a posse é antiga. Uma vez falsificados os papéis, é necessário vesti-los de uma aparência antiga. E alguém inventou, faz tempo, a seguinte receita: acomode todos os documentos dentro de uma caixa e, depois, coloque lá uma porção de grilos. Espere uns dias. Quando retirar os papéis, todos terão a aparência de velhos, manchados, sujos, alguns pedaços ilegíveis mesmo. Conseqüência da temporada dos grilos lá dentro. Mesmo sendo grilo também sinônimo de problema, o inseto ajuda, sem querer, o negócio da grilagem.)

17

SHAMPOO LEITINHO

O TELEFONE SÓ TOCA DUAS VEZES e ele atende, com aquele discurso engatilhado:

– Jogador do Íbis, cabeleireiro e homem: Mauro Shampoo, show de bola. É o único do Brasil, às suas ordens. E macho, lógico!

– Mas como assim, macho?

– É o único no Brasil: homem, cabeleireiro, macho e jogador do pior time do Brasil. Diga se tem outro.

Não, não tem. Primeiro, o Íbis: existe de verdade, em Pernambuco, Recife. E é mesmo considerado o pior time do mundo. Os treinos são à noite, pois todos os jogadores trabalham... ou você pensou que o Íbis seria capaz de contratar um mosquito sequer? Até delegados de polícia treinam, às vezes. Na verdade, no Íbis tudo é às vezes. Nada de entrar em campo dois jogos como o mesmo time. A ruindade é tamanha que chegou a aparecer um segundo Íbis. Falso!, claro. E aconteceu o impensável: num jogo, apareceram no campinho dois times com o mesmo uniforme vermelho e preto. O pior time do mundo descobriu que tinha um clone. E os dois brigaram pela honra de perder a partida. Mas o autêntico, aquele que é – orgulhosamente! – o pior time do mundo, ganhou a discussão. Pelo menos isso, né? Expulsou o falso, entrou no campo, jogou... e perdeu. Os onze do clone assistiram à derrota, torcendo contra.

Mauro Shampoo veste o uniforme completo, inclusive chuteiras, dentro do seu salão, que fica no primeiro andar de uma gale-

Show de bola e único gol

ria comercial. É pequeno, apenas três cadeiras diante do espelho grande, todo rodeado de fotos, bandeiras e símbolos do Íbis. Os fregueses escolhem a bata que querem usar durante o corte, cada uma com as cores de um grande time brasileiro. Com uma exceção, óbvio: tem uma, vermelha e preta, que não é do Flamengo.

– É um salão temático. E quando o freguês escolhe a bata do Íbis, eu me concentro como quando vou bater um pênalti.

Ele jogou no Íbis durante dez anos e agora trabalha com um time formado só por parentes. Mas preferiu trocar o nome de cada um por um apelido, pra manter o clima do tal... salão temático.

– Esta aqui é Márcia, minha mulher. Só que aqui ela é Pente Fino.

Os filhos Rameri, Ramina e Mauro Jr. são Secador, Creme Rinse e Shampuzinho. A mãe, Iracema, é Lêndia. E a sogra, Maria José, Piolho. A freguesia só chama cada um pelo apelido. Piolho pra lá, Lêndia pra cá, limpeza!

– E eu, Mauro Shampoo, o show!

Fala sério, não ri nem quando se apresenta assim, com sua cabeleira blequipauer, parece peruca.

– Durante os dez anos com a camisa do Íbis, quantos gols você marcou?

– Só marquei um gol... É difícil demais, o time é muito fraco.

– Um gol a favor ou contra?

– Pro meu time, mas só que ele tomou oito, não adiantou muito.

Mas ele já percebe pra onde vai a conversa. Craque do Íbis sabe que o sofrimento é permanente.

— Ouvi dizer que o gol foi contra...

Mauro Shampoo, o único cabeleireiro macho torcedor do pior time do mundo, ainda resiste três segundos. E entrega.

— É... foi contra. Fui ajudar na defesa e a bola entrou.
— Mas foi você que marcou, né?
— Pois é... De qualquer forma, eu fiz um gol.

O MILAGRE TEM NOME: Igreja da Salvação pela Graça. O criador da fé que alegra é o Leitinho, o Hélio Leites. Assim mesmo, com S, plural como o dono do nome. E quem cruza com ele nas praças e ruas de Curitiba, mesmo que não esteja vivendo sua porção exposição, não o identifica direto, assim, pela cara. Ninguém acha que aquele homem muito claro, até o cabelo, olhinho esperto, desafiador, tem cara de líder de uma igreja. Nem se parece com um colecionador de botões. Mas... só pra saber: você conhece algum colecionador de botões? (Atenção: botão de jogar futebol de mesa não vale.)

Colete-museu & assobiódromo

Além de criar uma igreja – coisa nem tão especial assim no Brasilzão de hoje –, fundou a Associação Internacional de Colecionadores de Botões. Talvez existam mesmo alguns pelo mundo, mas no Japão certamente devem existir clubes de adeptos botônicos. Mesmo assim, que mundo é esse que coleciona botões? O Leitinho sabe todas as respostas, inclusive porque – além da igreja e da associação –, ele fundou, dirige e é o museu caminhante do botão. Inventou o museu portátil. Na verdade, um grande colete, onde ele prende alguns dos seus mais preciosos botões e... leva seu museu pra passear, se exibir. Cada botão representa o papel de uma tela – tem título, autor, ano de criação, escola que segue e, o principal, significado.

O maior projeto do Leitinho é o assobiódromo, mas ele é um inventor sem folga nem intervalo. Oferece, por exemplo, o confessionário portátil: uma peneira de plástico (tem de ser leve) do tamanho de um prato grande, com um bonequinho de padre colado do meio. Você, pecador, leva na mochila ou sacolinha pra qualquer programa, até praia ou piscina. Quando o pecado parecer enxaqueca de tão grave, puxe o confessionário portátil, converse com o padrequinho e logo a culpa evapora. (Ah, não esqueça: quando se sentir suficientemente leve, ingresse na Igreja da Salvação pela Graça.)

Mais uma pra confirmar que a criatividade do Leitinho não tira férias: ele criou "A história do fogo". Que é oferecida no formato mais preciso, uma caixa de fósforos. Dentro dela, no lugar dos palitos, um texto escrito num papel sanfonado, como o fole das cordeonas. Sobre fundo prateado, está "A fábula do palito do fósforos", que envolve a princesa Wing Lee, a serpente Wung, o camponês Hu... Afinal, inventar histórias é a rotina dele. No verso, fotos dos bonequinhos e cenários que ele criou, mais de uma dezena de sanfonas que recheiam as suas... caixinhas de fósFogo.

O pequeno apartamento do Leitinho é o sonho de consumo de todo catador, a turma que vagueia pelas ruas com suas carrocinhas em busca de qualquer coisa reciclável. Melhor o Leitinho manter janelas e porta trancadas, pois o patrimônio dele é essencialmente de segunda mão. Ou terceira. E já tem porta que não abre, ta-

192 Shampoo Leitinho

manha a montoeira de coisas do lado de dentro do quarto. Até na cordinha de puxar a descarga ele grudou um botão. E o homem-botão ainda oferece mais diversão: um teatrinho montado num boné. Menos ainda: na aba do boné. No palco-aba, vários bone-quinhos-atores, envolvidos por um pequeno cenário. E dá pra entender o recado da peça, sim, mano. Nem precisa de legenda.

E se não fosse a penca de preconceitos que reina contra a delícia de não ser óbvio, Leitinho deveria ser convidado pra expor o seu museu do colete num museu grandão, convencional, imóvel. E lá estariam, também, os óculos pra fritar ovo. Que são apenas duas colheres, soldadas pela frente – pedaço que se apóia sobre o nariz. O bojo dos óculos fazem o papel das lentes. E os cabos, das hastes. Saiu pra passear num dia ensolarado, bate uma fome imprevista... só arranjar um fogãozinho e o ovo, pois os óculos se transformam em duas míni frigideiras.

Os fiéis da Igreja da Salvação pela Graça conhecem, com certeza, o mais belo projeto do líder Leites: o assobiódromo. Alguém tinha mesmo de perceber, um dia, a perseguição que sofre o assobiador.

– Eu assobiava em casa e minha mãe brigava comigo, dizia que casa não é lugar pra assobiar. Mas se o cara assobia na rua, pensam que ele é maluco. Se assobia no supermercado, acham que é ladrão, que tá assobiando pra disfarçar.

– Sua mãe proibiu mesmo assobio em casa?

– Claro. Mas é que eu sei fazer o assobio longa distância.

Se você estiver sem protetores – como aqueles que os funcionários que trabalham nas pistas dos aeroportos usam –, se estiver com os ouvidos nus, não peça pro Leitinho demonstrar o perfurante... assobio longa distância. É um agudo que esburaca tímpano de aço. Mais uma vez, mamãe tinha razão.

– Então, resolvi projetar o assobiódromo.

E traz a maquete. A estrutura central da praça reproduz um caracol deitado de ladinho. Ou o labirinto que temos na parte interna do ouvido.

– É em forma de orelha mesmo, mas construído como se fosse um jardim japonês.

O virtuose do sopro contorna todo o caracol e pratica bem no centro. Mesmo que seja o longa distância, não vai incomodar cada morador do bairro. Estranhamente, ninguém quis ainda patrocinar a construção do primeiro assobiódromo de Curitiba, isto é, do Paraná... do Brasil. Do planeta, quem sabe. Enquanto espera, Leitinho passeia seu museu-colete pelo bairro onde mora... que rima com ele: Santa Felicidade. Afinal, ele nunca esquece o lema da sua Igreja da Libertação pela Graça. Que é: Deus é Humor.

Quando se despede, o bispo do riso, como todos os sábios, sintetiza tudo em mínimas palavras:

– Sou assim porque eu trabalhei 25 anos num banco.

18

MORADA DE REIS

A encomenda de Nossa Senhora

O NORDESTE É UM REINO. Se você não acredita, preste atenção nos castelos. Não existem tantos em outra região do Brasil. Às vezes, é apenas uma torre ou uma casa grande, muro encimado por ameias. Quando anoitece, mesmo com o calor que imobiliza, as cortes imaginárias ocupam os grandes salões. Candelabros, tochas, roupas suntuosas e trombetas anunciam a entrada dos nobres e, um pouco depois, da família real. À meia-noite, ninguém vira abóbora, madrugada de encantos. Antes que clareie o chão do horizonte, o soldado grita da torre norte: "Cinco da manhã e tudo vai bem". Mas os salões e alas já estão desertos, e os candelabros, apagados. A corte é prima das estrelas, que se dissolvem quando o escuro foge do céu.

– Eu sonhava muito com castelo. Era menino e vi no cinema. Filme de rei e rainha.

João Capão é eletricista e encanador. Num puxado de sua casa, em Garanhuns, Pernambuco, instalou uma pequena locadora de vídeos. E tem por ali uma banca pro povo fazer um fezinha. Afinal, são oito filhos. Mas, na hora da refeição, são doze pessoas na mesa. Que almoçam e jantam na sala onde está a gravura de um castelo.

– Desde os 8 anos, meu sonho era ter um reinado.

Ele é cantor também, de verdade. Cantou na Difusora de Garanhuns por 25 anos. Seresteiro da antiga, fã reverente de Vicente Celestino. É goleiro e ainda sustenta (ele garante) um time de futebol. Família real pode tudo, né?

– Bem pequeno, avisei a minha mãe que eu ia ter um castelo. Eu mesmo desenhei, fiz a planta. Ainda falta uma torre.

Na estrada que passa em frente à entrada da cidade, lá está ele, enorme... o castelo do imperador João Capão. Todo mês, metade do salário vai pra obra do castelo. Pelas ruas de Garanhuns, o pessoal saúda o imperador da cidade no estilo baiano:

– Ô, meu rei!

Fica todo prosa. É uma figura da cidade. Ônibus de turistas param diante do castelo dele, todos querem tirar fotos. Visitar... visitar, na verdade, nem precisa. O que conta é aquela fachada imponente, as duas torres, o grande portal de entrada, as ameias lá no alto da muralha.

Já foi alugado pra festas, casamentos e convenções. Por isso, além da terceira torre, João Capão sonha abrir um restaurante lá. A sua sobremesa seria a verba pra concluir a construção, a parte que conta, a que se vê.

Já em Caicó, Rio Grande do Norte, o castelo está pronto. Mas fechado, misterioso. Dizem que um padre o construiu e mora lá, ele e duas freiras. Nem respondem quando batem palma do portão principal, entre dois tocheiros. Tem jardim interno, muitas alas, mas nada de torres muito altas. Cercado por muros e grades, afastado do centro da cidade, rua de terra, poucas árvores. Dois gatos dormem num corredor externo.

Mas o maior mistério está em Sítio Novo, império de Zé dos Montes, o homem dos treze castelos. O último e maior está fincado no cume de um rochedo, no alto da serra da Tapuia. É menos uma visão e mais... uma miragem. De repente, o Rio Grande do Norte vira Escócia. De onde brotou aquele conjunto tão grande quanto irregular? Um pedaço escorregou das *Mil e uma noites*, o outro pulou o muro de uma peça de Shakespeare. A outra ala fugiu de alguma região da Índia.

– Não fiz planta, nada disso. Fui construindo direto. Já tinha tudo na cabeça.

Corredores estreitíssimos, sem luz e com morcegos, desembocam em câmaras que têm as rochas como paredes. Mais no alto, fincada na pedra, a miniatura de uma cidade. E toca a subir escadas, curvas, retas, íngremes, suaves. De repente, uma porta dá no vazio. Quem tem coragem de olhar pra baixo descobre o paredão reto da pedra enorme.

Não estamos em Fátima, Portugal, mas José Antônio Barreto, militar reformado do Exército, o Zé dos Montes, testemunhou uma aparição. Ele era menino ainda.

– Pra mim, era uma visão. Mas depois se apresentou como Nossa Senhora. E pediu que eu construísse esses castelos. São treze.

A obra da série de castelos – os outros doze são muito menores do que este – principiou no dia 13 de agosto de 1984. Não esquece a data. Nem o motivo da série de treze.

– Porque são dez os mandamentos e mais as três pessoas, né? Pai, Filho e Espírito Santo. Só por isso.

Depois de explicação tão enxuta quanto clara, ninguém mais perguntará ao Zé dos Montes de onde veio a fissura de erguer exatamente doze castelinhos e um castelão. E este, o último, foi o mais demorado, o mais difícil, o mais caro. Quem chega não entende como foi possível levar todo o material pra construção até aquela rocha tão alta e isolada.

– Agora, terminei.

Zé dos Montes é sério, sempre, nada de sorrisos. E fala baixo e

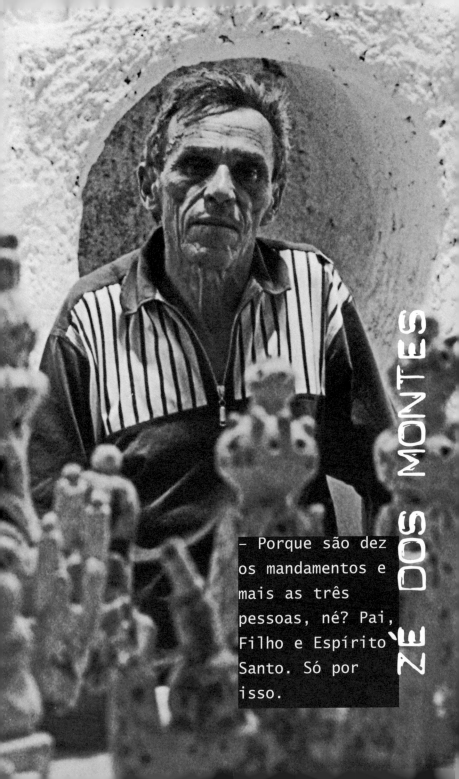

ZÉ DOS MONTES

— Porque são dez os mandamentos e mais as três pessoas, né? Pai, Filho e Espírito Santo. Só por isso.

pouco. Em vez de carta, telegrama. Se alguém não entende a resposta, o problema não é dele. Ele sabe e possui a determinação de quem tinha uma missão. E cumpriu.

— Cada castelo representa um reinado.

Não adianta estender um varal de perguntas na frente dele. Ele já disse o óbvio. Quem insiste recebe um olhar árido, apenas um olhar, nenhum som. Afinal, ele já falou: cada castelo representa um reinado. Tá tudo aí.

Aponta as várias torres abaixo do ponto mais alto. Cada uma tem formato e altura diferentes, nada é simétrico. Ele não imagina quem seja Gaudí, o genial arquiteto catalão. Zé dos Montes não sabe que são parentes. Avisa que cada uma de suas torres tem o nome de um santo. Se não disse o motivo do batismo das torres, nem vale perguntar. Pra ele é tão nítido que imagina ser assim pra qualquer um que tenha a sorte de ver a paisagem aqui de cima.

— Ainda vai construir mais algum?

— O que a Senhora pediu tá feito. Tá tudo encerrado, não quero mais lutar com castelo.

O senhor dos treze castelos recebeu uma missão de Nossa Senhora e fez exatamente o que foi pedido. Já pode descansar. Pertinho dali, João Capão ainda não pode...

— Mas por que seu apelido é João Capão?

— Capão é um bichinho que a gente cria em casa.

— Mas o que é capão?

— É o meu apelido agora.

— Mas que bicho é esse, capão?

Ele ri, pois já sabe onde essa bola vai parar. Mas topa o jogo:

— Uma galinha.

— Uma galinha?! Tem certeza?

— Capão é pintinho, passa pra franguinho e depois passa pra capão.

— Depois que cresce...

— Vira capão.

— Um frango grandão... é capão.

— É.

— Quem toma um frango bem grande... é capão?

— Exatamente: capão.

Todo goleiro foi ou é capão, todo goleiro já tomou um frango. Mas João Capão, ao contrário de todos os seus colegas goleiros, se preocupa mais com a terceira torre do seu castelo. Ao contrário de você e de mim, ele tem um castelo. Mas é diferente: é só a fachada, como se fosse um cenário. Afinal, quem tem doze pessoas na mesa todos os dias, pra almoço e jantar, e mantém um time de futebol, faz serenatas, cuida do lojinha de locação de fitas, eletricista, encanador... um castelo só fachada já é mais do que extraordinário. Ou não, pois estamos num reino chamado Nordeste.

19

PÓLOS OPOSTOS

— **Soninha, Soninha!** Em que trio você está?
Srurlp! Rrrrrrsiii!! Uuuur... xxxrrr...
(Aqueles ruídos todos que recheiam qualquer comunicação através das famílias nexteles. Tão moderninhas e tão barulhentas. Agora, a gente não escuta apenas o que diz quem fala num celular — no elevador ou no velório, no banheiro ou no cinema —, ouve também a voz que vem do outro aparelho. É invadido por uma conversa nada a ver. Tempos modernos.)
Soninha responde:
— Estou no segundo. Deve entrar em 15 minutos.

Novos engasgos da sinfonia roufenha dos ruídos.
— Confere direitinho a lista das músicas. Não pode tocar axé! De jeito nenhum!
— Pode deixar. Tá todo mundo sabendo aqui.
— Se tocar, desliga tudo! Na hora!!

Tio Flô e Daniel, dois Brasis

Pernambuco, território do frevo, maracatu, manguebeat e muito mais, tenta o mais difícil: barrar a invasão baiana. Na outra ponta do Brasil, Rio Grande do Sul, em Farroupilha, a 117 quilômetros de Porto Alegre, festa da tradição gaúcha. No ginásio, todas as noites, grupos repetem as danças que pedem prendas com vestidos de cores fortes, saias rodadas, anáguas — em suma, prendas pilchadas. (Já, já você vai saber o que é isso.)

E os homens, mesma coisa: bombachas, chapéu, bota, toda aquela elegância. Os grupos permanecem em acampamentos, ao redor da quadra onde acontece o concurso. Durante o dia, no passeio pelo acampamento, entre o churrasco aqui e o chimarrão ao lado... a batida do axé se instala no coração do CTG (Centro de Tradição Gaúcha). Sim, alguém preferia o axé em vez da milonga.

– Cleide! Cleide! Fala com a base!

Em Caruaru, na festa de São João, continua a patrulha em cada caminhão de trio elétrico. O grupo é baiano, mas o repertório tem de ser pernambucano. Na verdade, pode tocar qualquer sucesso, menos axé. E um fiscal segue com o trio, lá em cima, ao lado dos músicos, durante o percurso inteirinho. Tocou axé, perde o som. E o cachê também, certamente.

Agora, de volta ao Rio Grande do Sul, Santana do Livramento, fronteira com o Uruguai.

– Todo mundo almoçado, então... hora de deitar no pelego.

– De jeito nenhum. Tá me estranhando? Sou cabra macho!

Daniel de Souza, cearense de Juazeiro do Norte, tinha sido levado lá pra conhecer a tradição gaúcha pura, não contaminada por qualquer modernagem. Os CTGs – mesmo com uma pitadinha, muito eventual, da pimenta baiana do axé – são os evangélicos do gauchês. Dentro e fora do Rio Grande. Um exemplo: em Santa Catarina, perto de Florianópolis, à procura de uma partida de futiboi (futebol jogado com alguns bois dentro do campo, coisa pra matcho, chê!), o informante vacila:

– Ah... deve ser num CTG. Mas não sei em qual dos dois que existem aqui perto.

Em Santa Catarina, pelo menos ali, ao contrário de Pernambuco, não impera a censura feroz contra a invasão do tempero de outro estado.

– Bah! Que bobagem... Vamos deitar um pouco no pelego.

Daniel, com o chapeuzinho de couro dos vaqueiros da caatinga, suspeitava de que poderia existir alguma armadilha no convite. Claro que não sabia que pelego é pele do carneiro... ideal mesmo para deitar embaixo de uma árvore enorme depois do churrasco. Quase o mesmo que a rede do Nordeste.

Antes, o gaúcho Tio Flô, José Floriano, é que tinha ido conhecer um pouco do Nordeste, em Juazeiro do Norte. E logo que chegou, apresentações, o nordestino estranhou:

— Tio Flô?... Huumm... Botaram o nome errado em você. Não tem nada a ver.

Pro Tio Flô, era uma estréia completa, inclusive porque ele nunca tinha feito uma viagem assim, de avião, com duas conexões em aeroportos. A última aconteceu no aeroporto de Recife. Cuidado extra, ele poderia se confundir, perder o avião, algo assim. Pergunta e checa dali e daqui...

— Ah, o gaúcho? Já se apresentou e seguiu pra sala de embarque.

— E como você sabe que era o gaúcho que procuro?

— Já viu alguém aqui em Recife chupando uma bebida cheia de folhas naquela cuia esquisita? Já viu alguém de chapéu, bota e com aquelas calças largas, cheias de pregas?

Sim, Tio Flô viajou pilchado – que é como o gaúcho se refere a quem usa traje típico. E, assim como o cearense estranhou o pelego, o gaúcho aceitou, desconfiadíssimo, aquelas frutas que o Sul pouco conhece – graviola, serigüela. Um golinho só da cachaça com maturi (caju) dentro da garrafa. O truque pra o peixe não grudar na frigideira:

— Põe o óleo pra esquentar e joga um palito de fósforos. Quando ele acender no meio do óleo, tá a 100 graus. Tira o fósforo e coloca o peixe. Não gruda na frigideira de jeito nenhum.

O peixe... Seu Flô provou por delicadeza. Mas a rapadura, cadê que parava de comer? Antes de voltar, visitou o morro da maior romaria, o monumento a Padim Padre Cícero. Se encantou, devoto instantâneo.

Depois, a vez de Daniel viajar muito de avião – novidade total!

– e provar a bomba, o mate. Logo passa a ser chamado direto de Ceará ou Cabeça de Jerimum. Prova lingüiça de carne de porco com carne de boi, ovelha na brasa, descobre que a farinha de mandioca é a sua macaxeira. E, ao contrário do Tio Flô, não corre quando oferecem a pinga gaúcha.

– Morreu Dom Pedro primeiro, entrou Dom Pedro segundo, só deixo de tomar cana, quando se acabar o mundo.

E logo, logo deita no pelego. Festival de estréias.

Tem mesmo muito Brasil que ainda não foi ao Brasil.

Mas nem sempre são as diferenças e revelações que abalam os brasileiros.

– E o que você mais gostou lá em Juazeiro, Seu Flô?

– O que eu mais gostei mesmo foi de uma ruiva, aeromoça daquele avião.

Nem sempre a revelação de uma beleza do Brasil flutua no ar e pilota o serviço de bordo. E até o emblema de uma cidade viaja pra outra sem depender de avião. Pão de Açúcar, por exemplo... onde está?

Não, não é o bondinho do Rio, segunda marca internacional da cidade, logo depois do Cristo do Corcovado. A cidade Pão de Açúcar está em Alagoas, nas margens do São Francisco. Ali vive João Galego, que, quando jovem, foi trabalhar no Rio. E se encantou, não com a aeromoça, e sim com o Cristo Redentor. Comprou algumas lembrancinhas da cidade nas quais aparecia a imagem do Cristo. Ao voltar pra Pão de Açúcar, decidiu construir uma imagem igual à do Rio na sua cidade. No local escolhido, um pequeno morro na beira do rio, havia um cruzeiro. Pediu autorização ao papa pra remover o tal cruzeiro. Fez o projeto, conseguiu doações e inaugurou o Cristo de Pão de Açúcar em janeiro de 1950. A estátua tem 12,80 metros, em cima de um pedestal de 2,80 metros.

208 **PÓLOS OPOSTOS**

– Ficou bonito, mas acho que tem um defeito: o peito tá muito grande.

– O original, carioca, é diferente?

– É, o peito não é tão estufado.

– O senhor ainda lembra bem de quando subiu no Corcovado?

– Eu nunca subi. Fui duas vezes até a estação do trenzinho, mas nunca subi. Só comprei as lembrancinhas.

No Rio de Janeiro, do outro lado da baía da Guanabara, onde está o bondinho do Pão de Açúcar, fica Niterói. Do outro lado de Pão de Açúcar, cidade de Alagoas que tem um Cristo Redentor, fica Niterói, em Sergipe. Então, do Cristo de Pão de Açúcar a gente avista Niterói, do lado de lá do rio São Francisco... que faz de conta que é a baía de Guanabara.

Mas existem muitos laços comuns a todo o Brasil – às vezes, identificando apenas as periferias.

– Pra que lado fica Conservatória?

A tradição, de novo. Agora, no Estado do Rio. Uma cidade de serra que leva o próprio nome ao pé da letra e conserva a tradição da seresta. Com violões, os seresteiros saem pelas ruas, numa delicada procissão, entoando serenatas da juventude das vovós. Por causa disso, o Museu Vicente Celestino trocou o Rio por Conservatória. O vozeirão do autor de *O ébrio* rima muito mais com uma cidade de serestas do que com uma de praia e carnaval.

– Conservatória?... É fácil: segue direto e, na primeira bifurcação, sobe à direita. Não tem erro. No comecinho da subida, à direita, tem uma casa com uma luz vermelha.

Pelo Brasil adentro, na periferia das menores cidades, a tradição da luz vermelha ainda persiste. E sempre significa a mesma prestação de serviço.

(No Nordeste, às vezes ainda se escuta alguém se referir a elas como penicas. A origem do termo revela mais um preconceito da mi-

noria que tem dinheiro: chamavam de peniqueiras as empregadas que limpavam os penicos das casas ricas pela manhã. Daí, as empregadas domésticas em geral foram chamadas de peniqueiras. E aquelas que sobrevivem com o aluguel do próprio corpo, de penicas.)

20

PRIVADA COM VISTA

JÁ PROVOU REDANHO? Ou melhor, receita completa: fígado de porco enrolado no redanho. Já provou?

Se não conhece, melhor se informar antes de subir a serra da Piedade, pertinho de Belô, capital das Minas Gerais. E lá do alto, 1.750 metros acima do mar, contorne a Igreja de Nossa Senhora da Piedade, a padroeira do estado. Melhor dar a volta no começo da manhã ou fim de tarde, quando a luz do sol bate inclinada. A visão daquela seqüência de montanhas, como ondas de um tapete grande não esticado... paisagem assim dá um tranco na pessoa. Tranco do bem, claro. Ah, e ainda tem o silêncio, aquele que não visita as cidades faz tempo.

Padre Virgílio, sabedoria e prazer

A harmonia se sente em casa naquelas alturas. Afinal, é ali que vive o padre Virgílio, homem porreta. Meia horinha de prosa com ele e já coça a vontade de aderir, cristão, católico, o que ele sugerir, até confessionário! Certamente, mesmo ali a prosa será ótima. Antes de entrar pro clube, carteirinha de sócio e tudo, alongue mais meia horinha a conversa com ele. Aí, baixa a certeza: Virgílio é desconcertante exceção.

— Este banheiro é um problema. Aqui fora forma uma fila danada.

O banheiro é apertado, entre a cozinha e a sala, parece um míni corredor. Grande mesmo é a cozinha, onde Virgílio desmoraliza o pecado da gula. O problema do banheiro é a janela, que se abre pro oceano de montanhas. E qual peça está grudada na janela? A privada, claro.

– A pessoa senta ali, olha o panorama, e não sai mais. Se leva jornal ou revista, nem abre. Sentadinha, olhando... Acaba logo o que foi fazer ali, mas nunca termina de olhar. Tem de bater na porta.

Segue até a cozinha, as tias lá com os panelões. Quer provar o fígado de porco frito enrolado no redanho.

– Redanho é aquela rede que separa o estômago da parte de baixo. Tem um gosto fabuloso!

Ele adora comer. Beber também, conversar, passear, trabalhar, rezar, tudo. Trouxe da Itália aquela fogueira do gesto largo, voz alta, entusiasmo. Veio de Rimini, de uma cidade pequenina, San Piero in Bagno, junto ao rio Savio, na Emilia Romagna. O pai era pastor, passava muitos dias longe da casa, nas montanhas. Homem que falava pouco e tinha intimidade absoluta com a natureza. Lia todos os sinais das árvores, ventos, nuvens, sol, bichos. O menino Virgílio era fascinado pelo mar, mesmo sem nunca o ter visto.

– Um dia o senhor me mostra o mar?

Dois anos depois, o pai acorda o filho às 2 da madrugada.

– Acorda. Levanta, se vista, vou levar você pra ver o mar.

Virgílio, com 12 anos, obedece em silêncio. Saem e começam a subir a montanha. Um pouco de frio, umidade, o filho estranha que estejam subindo, quando esperava exatamente o contrário. Uma caminhada que cansa, sem intervalos, várias horas, em silêncio. Quando chegam ao alto da montanha, o dia nasce. A luz revela um restinho de neblina, que logo desaparece e a visão até o horizonte, muito longe, se torna bem nítida. E lá, no mais longe dos longes, é possível perceber um traço azul forte. O pai aponta:

– Tá vendo aquele ponto azul lá longe?

O menino confirma com a cabeça.

– Aquilo é o mar.

214 Privada com vista

Só bem mais velho entendeu por inteiro a atitude do pai. Como conhecia minuciosamente os sinais da natureza, ele esperou por dois anos até um dia em que as condições fossem insuperáveis pra enxergar muito longe.

Jamais ocorreria ao pai sair de San Piero in Bagno, menos de 7 mil habitantes, e fazer uma viagem enorme só pra que o filho entrasse descalço no mar. Inclusive porque, além de agricultor, ele também trabalhava com o machado, vendia lenha. Não sobrava tempo pra passeios.

Em 1981, com 30 anos, o padre chegou a Minas e foi trabalhar nas favelas de Belo Horizonte. Dez anos depois, instalou-se na serra da Piedade. Mais uma vez, numa bela montanha muito alta, infinitamente longe do mar que ama. E lá no alto não tem padaria, mercado, nada. Então, como num mosteiro medieval, Virgílio e sua turma fazem pães e doces, todos os enchidos, destaque pra lingüiça. Mostra, orgulhoso, a fila de generosos presuntos pendurados. E o prazer cresce na beira dos fogões, onde todos se servem – vários padres e algumas freiras, que estão por lá estudando. Nada de batinas, hábitos.

– Será que vocês todos não estão praticando o pecado da gula?

O padre mais gordinho nega, veemente. Virgílio sorri, sem tanta certeza.

– Pode ser, não sei.

Passear com ele ao redor da igreja é reconhecer a herança do pai no jeito que o filho fala das plantas, bichos, pedras. Quando a conversa resvala pra bússola da vida, mesma coisa – apenas o que importa de verdade interessa ao bom Virgílio, seja a morte ou o prazer, música ou doença. E brinca até com os rigores das regras que comandam a vida de cada sacerdote.

– O problema do voto de castidade não está no fato de não ter mulher. O problema da castidade é não ter filhos.

Que grande pai ele seria. Talvez mostrasse pro filho, não o mar – afinal, o mar mineiro é no litoral do Espírito Santo... o filho dele iria conhecer a música de Chico Lobo, violeiro, cantor, compositor, com programa de rádio e outras ações em favor do som mineirinho. Virgílio põe o CD e se encanta. Mas logo dá o disco pra alguém que se entrega ao som do ponteado.

Outra gulodice do padre: queijo-de-minas, tipo canastra. Só que não come direto: lava e coloca num armário com porta de tela.

– É o queijo que melhor combina com os fungos do ar daqui da serra.

Nossa! Conhece até os fungos...

– Sessenta dias depois, vira um creme. Prove aqui.

Hummmm!

– Parece o *brie* francês, né?

O prazer de viver, a festa de cada sentido. A mesa enorme, todos alegres, à espera do cortejo das sobremesas. Virgílio, mestre, na cabeceira. Diante dele, as cinco garrafas de vinho que acompanharam o almoço dos padres e freiras.

– Vocês tomaram cinco garrafas, é?

E Virgílio:

– Só? Então, hoje tomamos pouco.

Atrás da cadeira dele, duas caixas de vinho abertas, no chão.

– Tem mais aqui, basta esticar o braço.

– Puxa... quanto vinho, hein?

– Graças a Deus!

E todos os que estão na mesa, rapidíssimos:

– Amém!

Depois das gargalhadas, ele segue:

– Os cristãos têm em comum a mesa, não a cama.

A herança maior de Cristo foi uma ceia. Por isso, a mesa é tão importante pra nós.

Virgílio é um homem que flutua, não carrega uma penca de queixumes vida adentro. Passa pra todo mundo a opção pela leveza, alegria.

Depois dos doces e queijos da sobremesa, outro passeio pelo cume da serra da Piedade. Numa pequena gruta, por baixo da igreja nova, modernosa, está a imagem de um santo.

— Quem é esse?

— Santo Onofre, padroeiro dos cachaceiros. Um grande santo, viu?

— Depois de tudo o que comemos e bebemos no almoço, talvez seja bom fazer uma oração pra ele.

— Também acho.

Os dois permanecem quietos um pouquinho, de olho nas duas velas abaixo da imagem. E Virgílio retoma:

— Vamos lá, quero que você puxe.

— Santo Onofre, tende muita piedade de nós.

— Amém...

E os dois caminham adiante, rindo muito.

Alguns anos depois, Virgílio adoeceu. O diagnóstico confirmou o pior. Quando a doença se agravou, os amigos insistiram em levá-lo pra São Paulo, hospitais com mais recursos, novas terapias e remédios, algo assim.

— Vocês estão querendo que eu passe um atestado de incompetência pros meus médicos?

Todos riram, ele também. E permaneceu em Belo Horizonte. A mãe veio da Itália acompanhar a irreversível agonia do filho. Quando a situação esbarrou no fim, ele pediu um copo d'água. A mãe levou até ele, na direção da boca. Mas ele não bebeu. Com esforço, pegou o copo e molhou os dedos da outra mão. E abençoou os poucos amigos que estavam ao redor de sua cama. Silêncio. Pouco depois, perdeu a consciência.

21

MEU TIXÉ

Zé Mulato & Cassiano, pobre & rico

VOCÊ SABE O QUE É TIXÉ?

Ou melhor: você tem tixé?

Aí, vai depender do sexo: mulher responde diferente de homem, isso acontece em milhares de situações... Mas uma conversa assim não poderia acontecer em Lençóis, Chapada Diamantina, Bahia. Naquela região, todo mundo sabe o que é tixé. E não pronuncia esta palavra em voz alta, assim, numa conversa na rua, restaurante, ou passando na ponte, na praça do mercado – pouca-vergonha, onde já se viu!?

Enquanto você pensa se conhece alguém em Lençóis, ou pelo menos na Bahia, pra dar uma ajuda, lá vai outra perguntinha:

Sabe o que é marca de dama?

Acontece assim: segue o baile, já não tão animado. Os homens que trabalham na terra às vezes são acanhados demais, nada de tirar as moças pra rodar no salão. O dono do baile interrompe a música e anuncia:

– Marca de dama!

Elas ganham o direito de escolher o parceiro. E ele tem de aceitar o convite pra dançar. A moça dança animada, se cansa um pouco... e merece uma gasosa. O parceiro tem de pagar. Ganham as damas e, principalmente, o dono do baile. Na região de Turvo, perto de Criciúma, Santa Catarina, papais e vovós, mamães e vovôs, todos sabem o que é marca de dama. Tixé... você ainda vacila, né?

Como se diz "de nada" bem no sul do Brasil?

Coxilha do Batovi, claro, você sabe onde fica, né? Claro, no sul do Rio Grande do Sul. E logo ali, na fronteira do Uruguai, Santana do Livramento. Um país diferente de cada lado da rua. Ou da praça. No verão, calor acima de 35 graus. Meninas de shortinho, todo mundo de camisa regata. Nada de praia, rio grande ou lagoa na vizinhança. E sempre associamos pouca roupa a cenários assim. Mas sorveterias há muitas. Não chegam a ser tantas quanto em Caxias do Sul, no mesmo estado, uma das cidades de inverno mais rigoroso, aeroporto tantas vezes fechado pela manhã, mas que adoooora sorvete. Até no inverno.

De volta a Coxilha do Batovi, peça o sorvete, a moça serve, e você agradece:

– Obrigado.

E ela:

– Merece.

Assim mesmo: merece. Quase o *je vous en prie* dos franceses. Que, de certa maneira, não finaliza, parece que você ainda pode pedir outro favor. Só que, neles, é nacional e já mecânico, como o nosso "de nada" – que termina tudo. Agora... "merece" é uma doçura, e não apenas na sorveteria. E mais: aqui, além de regional, tem o gostinho que apenas o sotaque daqueles gaúchos de Coxilha do Batovi possuem.

Agora, tixé... Não está no Aurélio. Nem no Houaiss, que é mais

222 MEU TIXÉ

recente. Mesmo assim, aprenda: é substantivo masculino. Que só mulher tem. É na Bahia – lembra? –, terra de milagres. Lá, no auge do axé, os homens entoavam aquele refrão básico pra mulher mais tentadora entre todas:

– Mexe, mainha! Desce, desde, desce, mainha!

Freud escandalizou tanta gente, foi confundido com Belzebu durante tantas décadas, ao identificar um desejo inconsciente, reprimido, escondido, coisa que só mesmo Édipo... e na Bahia:

– Mexe, mexe, mexe o bumbum, mainha!

E quando já tinha nomeado quase todas as partes do corpo da mulher desejada – a tal... mainha –, quando faltava apenas uma, aquela!, o axé apontou o vértice e gritou:

– Pega no compasso!

Pois em Lençóis baianamente se diz... tixé. E é masculino. Lá, quando tem de especificar, mulher diz: meu tixé. Só mesmo com a bênção do Sinhozinho do Bonfim.

Pra quem duvida e não pode ter o privilégio de viajar até Lençóis – Chapada Diamantina... deslumbramento! –, basta ouvir Navegante das Gerais, CD da ótima dupla dos irmãos Zé Mulato e Cassiano, que nem baianos são. Moram em Brasília, onde Zé Mulato trabalhou como segurança durante três décadas. Na faixa "As vantagens da pobreza", delícia do princípio ao finalzinho, eles falam das desventuras que chegam junto com a dinheirama. Começa assim:

Eu tenho pena de quem vive na riqueza
Que não conhece as vantagens da pobreza

E no finalzinho...

Se a bolsa cai ou se deixa de cair
Se ela sobe o pobre num tá nem aí
Mas essa coisa não deixa o rico dormir
Pobre do rico nem pode se divertir
Com tanta grana ele não liga pra muié
Enquanto o pobre não desgruda do tixé

Agora... Se você tiver a sorte de conhecer o monte Tepequém, em Roraima, aquele platô mágico de paisagem intrigante, certamente encontrará um dos poucos garimpeiros que ainda trabalham por lá. Procuram diamantes. E alguns usam um anel de ouro com uma minúscula pedrinha incrustada. Peça pra ver, comente, elogie o minidiamante. Ele dirá:

– Bonito este tixé, né?

Sim, no Tepequém, uma pedra bem valiosa, mas miudinha, é tixé. Lembrando do que significa em Lençóis... faz sentido.

22

LABISOME

— A GENTE OUVIU AQUELE POC POC POC e sabia que era a fera que tava andando ali pelo mato, bem pertinho.

— O barulho das patas dele, né?

— Não. O barulho do saco batendo no chão. Labisome tem saco muito grande, e as bolas vão batendo no chão... poc poc poc. Dá um arrepio de medo.

O padre casa a Mula e o Lobisomem

Dona Zefa viveu o pavor de um encontro com o lobisomem lá onde nasceu e viveu até a adolescência, interior da Bahia. Agora, está em Araçuaí, Minas, vale do Jequitinhonha, perto de Montes Claros. É artesã, trabalha com madeira. Fala devagar, baixo, sem alterar a voz.

— Os olhos são duas brasas, coisa mais feia do mundo. De longe a gente já sabe que é ele, por causa daqueles pontos vermelhos.

Casa com chão de terra, esculturas nos cantos, um mundaréu de gatos pra todo lado. Sentar, só em tocos de madeira, restos dos trabalhos, cadeira não tem.

— Parecia uma lagartixa peluda, coisa braba, toda assim descadeirada.

Quem ouve Dona Zefa acredita. Por que aquela senhora iria inventar tantos detalhes? Certeza que ela encontrou o lobisomem. A turma da Associação dos Criadores de Lobisomem de Joanópolis, São Paulo, fundada por Valter Cassalho, nem vacila: todos os detalhes narrados por Dona Zefa confirmam a verdade do encontro. Joanópolis é a capital brasileira do lobisomem. Camisetas, chaveiros, bonés, adesivos, desenhos, é lobisomem pra todo lado. Movimento comandado por moçada, nada de tiozinho ranheta guardião de uma tradição imóvel. Os garotos sabem que folclore é vivo e, portanto, em transformação. E alegre: noite de lua cheia, em Joanópolis, os jipeiros caem no mato em busca de um encontro com o monstro que fez Dona Zefa tremer.

– A gente só escapou porque vinha rezando o tempo todo. Os dois cachorros sentiram aquele fedor horrível do monstro e foram atrás. Depois, encontramos os dois mortos. Um com a barriga rasgada e o outro sem a cabeça. Uma patada só do labisome já faz todo estrago.

Mas não é apenas o lobisomem que é preservado por um coletivo de jovens. Existem em São Paulo dois grupos de apaixonados por sacis. Em Cabreúva, na serra do Japi, a Associação Nacional dos Criadores de Sacis. E, na capital, a Sociedade dos Observadores de Saci – Sosaci. A turma de Cabreúva, mais de cinqüenta sócios, já passou apertos.

– A gente criava sacis em viveiros e, uma vez, tivemos de fazer o transporte de alguns. Preferimos viajar de madrugada. Se a Polícia Rodoviária nos parasse, perguntando o que era a carga, já pensou? Se a gente falasse a verdade, iam achar que tínhamos bebido demais.

– Mas cadê os sacis que vocês criam? Uma foto, um vídeo, não tem nada?

– Claro que não. Saci que for fotografado ou filmado... ele morre.

Mas, por exemplo, qual a verdadeira altura de um saci? Desde de (São) Monteiro Lobato, o do *Sítio do Pica-Pau Amarelo*, imaginamos que é do tamanho de um menino, mais ou menos como Pedrinho, neto de Dona Benta. Mas a Nilcéia, que se encontrou com um em Maricá, estado do Rio, se apavorou com o tamanhão.

– Meu marido tava no banho e eu deitada na minha cama. Aí,

DONA ZEFA

– Parecia uma
lagartixa peluda,
coisa braba,
toda assim
descadeirada.

ele gritou: "Môr, traz a toalha". Levantei e fui pegar, tava lá fora, no quintal, na corda. Quando abri a porta da cozinha, dei de cara com aquilo bem ali na minha frente. Gorro vermelho, olhando na minha cara com aquele sorriso. E tinha o cachimbão.

Nilcéia paralisou. E o saci rindo, olhando pra ela.

— Era alto assim?

— Enorme, bem mais alto que eu. Ocupava a porta inteira. Aí, ele me deu tchau e foi embora, pulando naquela perna só.

Em vez de pegar a toalha pro marido, ela seguiu o saci. Lembra bem que ele era grandão, bem diferente das ilustrações dos livros infantis.

Um saci gigante... Não parece verdade, não. Mas em Cocais, Minas, perto de Sabará, acontece, de verdade, o casamento da mula-sem-cabeça com o lobisomem. Uma festa extraordinária! Compareçem muitas mulinhas, ainda jovens, pra prestigiar.

— A lenda ensina que mula-sem-cabeça tem de ser mulher bonita e gostosa, nunca mulher feia. Afinal, a mulher que namora padre é que vira mula-sem-cabeça. E o padre não ia escolher qualquer filha de Maria, né? Vai querer sempre a mais bonitinha.

(Lenda um pouco machista, né? A mulher que namora padre vira mula-sem-cabeça. E com o próprio padre que namora mulher acontece nada não. Sai de vítima da sedução e nem vira burro sem orelha ou bode de três patas.)

Na festança, que se estica madrugada adentro, quem realiza o casório é um padre real, do Seminário do Caraça, paramentado.

— Não é pecado, padre, o senhor metido com toda essa turma e, ainda por cima, abençoando o casamento logo da mula-sem-cabeça, a mulher que seduziu um padre.

— Pecado nada. Tem muita gente que casa na Igreja Católica pior do que o lobisomem e a mula-sem-cabeça. Fazem apenas uma cerimônia sem nenhum compromisso.

Os noivos estão lindos, fantasias minuciosas. Recebem até certidão de casamento, passada pela juíza de Cocais. Que participa da brincadeira. A sra. lobisomem recebe do marido uma nova ferradura como presente de núpcias. E ela, mais pragmática, oferece uma corda com laço e tudo. O maridão já sai da cerimônia amarrado.

No casório, além de um grupo de sacis, comparecem também suas namoradas, as sacias. Uma celebração! Mas será que, depois de tudo, o saci não será esquecido? A concorrência é tão forte...

– Que nada!

Os criadores nem consideram a possibilidade.

– Toda vez que você conta uma história de saci pra uma criança, acaba de criar um novo saci.

Dona Zefa, a veterana de todo esse grupo, sabe melhor onde estão, ou estiveram, as jóias de verdade.

– Eu fui criada na fazenda. Naquela época não tinha televisão. A coisa mais bonita que eu achava era ouvir história.

Ela nasceu em Poço Verde, Sergipe, mas foi criada pelos avós na Bahia. A menina ainda reina dentro da senhora que teve bem menos do que merecia. Sorri, rosto iluminado pelo vaivém da vela, única luz que existe ali além do dia. Parece que o conforto perdeu bem mais da metade dos endereços que deveria visitar.

– De todas, eu preferia histórias da natureza, que é a coisa mais bonita que tem.

Abre mais o sorriso, lembrando não apenas do seu labisome.

– Naquele tempo, dia de domingo, ajuntava à noite o pessoal. O povo é que era televisão.

Frase farol, emblema.

– E ficava a contar história. Um contava uma, outro contava outra, e pra mim eu fui aprendendo.

Dona Zefa iluminada.

– Ah... eu tenho história toda vida pra contar.

23

CARONA PRA DEUS

DEZ DA NOITE, trabalho e dia terminam, depois de mais de doze horas de boas histórias e muito calor. Antes de combinar o dia seguinte, alguém de Cuiabá sugere uma esticadinha.

– Só pra fechar bem o dia... Tem um lugar legal aqui pertinho...

– Pertinho... quanto?

– Dá pra ir e voltar numa boa.

– Quantos quilômetros?

Estamos em Mato Grosso, um dos estados onde a noção de distância é diferente, não rima com a avaliação de São Paulo ou Bahia, por exemplo. Também em Mato Grosso do Sul, Goiás, Tocantins parece que a quilometragem gira em outra rotação.

– É bem antes de Rondonópolis, pouco mais de 100 quilômetros.

– Cento e pouquinho pra ir, cento e pouquinho pra voltar pra Cuiabá... depois de tudo que rodamos hoje?

– Um pé lá outro cá. Vamonessa!

Duzentos e "poucos" quilômetros só pra tomar uma com amigos, depois de muita estrada e um dia acima de 30 graus... pra eles, normal. Um rotina que assustaria estadinhos como Rio, Espírito Santo, Sergipe, Alagoas, Paraíba ou Rio Grande do Norte. Pra eles, estar na estrada é tão natural quanto um congestionamento cotidiano em São Paulo ou num feriado carioca. E é quando nem vale contar os quilômetros que aparecem as boas histórias.

Poeira e sol em Tocantins. Na caminhonete super-hiper do Cavalcante, importada do Japão, voltamos pra Palmas. Um dia inteiro gravando em duas cidades. Alguém dorme no banco de trás e o piloto cola uma história na outra. A coleção só melhora, como se Luiz Gonzaga fosse mesmo o padrinho de milhões de brasileiros como o Cavalcante:

"Minha vida é andar por esse país..."

Ele veio do Acre, ponta interna do Brasil, e ganha a vida rodando pelo Jalapão, um dos lugares mais bonitos pra memória guardar. Além de motorista, é guia, leva turistas ou quem precisar. Diretor de cinema atrás de locações, por exemplo.

– O Cacá disse que vai me dar um papel no filme.

Em Palmas tem outro negócio: o Trenzinho da Alegria. Fim de semana, visita os çaites de oportunidades e negócios na net. Descobre lá o tal trenzinho, de 18 metros. À venda em Crateús, no Ceará, pertinho da divisa com o Piauí. Telefona, conversa, pede uma foto. Gosta do que vê. Liga de novo, acerta o preço e compra. Os amigos acham uma doideira.

– Como é que você pode confiar só numa foto? E se o motor estiver ferrado?

Contrata um motorista, que segue pra Crateús de ônibus. E volta pilotando o trenzinho, viagem de quatro dias, aquela esquisitice nas rodovias, motor que ninguém conhecia de perto. De Palmas, Tocantins, alguém que veio do Acre compra algo em Crateús, Ceará... Olhe num mapa as distâncias. Normal, pra esses brasileiros que vivem em trânsito.

E o motor que nem aparecia na foto entra acelerando em Palmas. Ele pinta, enfeita o trenzinho. Compra fantasias de dezoito personagens, heróis da criançada. Cabem 180 no trenzinho. Que faz passeios no fim de semana em Palmas, é alugado pela prefeitura ou pra aniversários. Sucesso. Mais um negócio do Cavalcante que dá certo.

– Dei carona pra Deus.

Cacá Diegues, o diretor de *Deus é brasileiro* e *Bye Bye Brasil*, dois filmes de estrada – ah!, certa zona sul carioca e paulistana finge que vive em Miami, gosta de se sentir colônia, prefere dizer *road movie...* –, tinha mesmo de se encantar com o Cavalcante. Ele

236 CARONA PARA DEUS

foi motorista da produção do filme. E o guia, às vezes, diante de um problema maior, parece nervoso. Mas se o cabra diz isso pra ele, corrige:

– Nervoso nada. Tô com raiva. Nervoso é coisa de boiola.

Cacá ouviu e incluiu a frase no filme. E outras tiradas também, além de convocar a porção ator do mesmo Cavalcante. Na cena, ele sai de um banheiro improvisado, de madeira, e oferece carona pra Antônio Fagundes, isto é: o "Deus" do título. Depois, o personagem do Cavalcante queima o veículo pra receber o dinheiro do seguro. E quando, diante da igreja, um pobretão se inclina e detona um pum diante de "Deus", Taoca (Wagner Moura) protesta e o autor do brrrrfff... pede desculpas:

– Não sabia que era sua vez.

Outra tirada do Cavalcante que o diretor ouviu e colocou no filme.

Pelo Brasil adentro é fácil fácil encontrar gente com tanto brilho e igualmente anônima. Pra nós, das grandes cidades, fechadinhos no ar condicionado (condicionados, percebe?), parecem personagens. Mas é o contrário: eles é que são de verdade.

Cavalcante agora é reconhecido nas ruas de Palmas. Rodou mais de 18 mil quilômetros com a equipe do filme – Tocantins, Pernambuco, Alagoas, 45 dias de trabalho. É a rotina dele. Torce pra que a fama renda mais clientes pras viagens pelo Jalapão. E pro trenzinho que veio de Crateús também. Não esqueça de checar com antecedência se ele está disponível, inclusive porque tem a época de visitar a família, logo ali no Acre. E ele vai sozinho, no seu maior orgulho: a picape que importou do Japão. No caso, não precisou pedir foto antes de decidir.

Você tem um mapa de todo o Brasil aí? Consiga um e olhe a distância entre Palmas e Rio Branco. São quase 4 mil quilômetros. Nessa viagenzinha rotineira, Cavalcante repete o mesmo plano de vôo: sai de Palmas, Tocantins, às 5 horas da manhã de sábado. Dorme em Cuiabá, Mato Grosso. Manhã seguinte, parte de lá no mesmo horário e chega a Rio Branco, Acre, na madrugada de segunda. Depois da visita, repete as rotas e as paradas, sempre sozinho, no rumo de Palmas, onde está o seu Trenzinho da Alegria. E, enquanto dirige, é bem possível que, de repente, ouça no rádio o Lua entoando... "Minha vida é andar por esse país". Muito do Brasil é feito por esses Cavalcantes das estradas.

24

DONA ROMANA

O ÔNIBUS SE APROXIMA da próxima parada, do alívio. No calor que é rotina no Piauí, qualquer lance que o alivie um pouco se transforma em bênção. Descer, se afastar da poltrona encharcada de suor, caminhar sem encostar em nada na pequena Cristalândia do Paiuí. E depois, de volta ao ônibus, no rumo de São Gonçalo do Gurgéia, serra do Urucuí, noite chegando, seguir pela rodovia, ilhas de asfalto no oceano de buracos.

De repente, a imagem que vira tatuagem na memória... Cada casa é forninho, mesmo que seja um barracão de madeira. Então, fim do dia é do lado de fora, na frente da casa, rente da estrada. Cadeiras e bancos de costas pro tráfego, de frente pra casinha. Pois na porta ou na janela está a televisão. E na tela a novela das 8 – que não é mais das 8, mas a marca permanece tão poderosa que, em qualquer cidade, pequena ou gigante, média ou grande, a maioria se refere sempre à novela das 8. E na tela grande da janela do ônibus, que avança, a imagem se multiplica: dezenas de tevês com a mesma imagem. Todos os moradores daquela fila de casinhas, tooodos!, assistem à novela das 8. Os quilômetros passam e não surge outra imagem. Como o uníssono de um coro afinadíssimo.

Dona Romana, inspiração superior

Troca o Piauí pelo Tocantins, Natividade. A equipe chega, desce do carro, pega câmera, microfone, e atravessa a ruazinha de terra. Do outro lado, no solene portão de pedras, está Dona Romana, majestosa, toda de branco, chapéu de palha de abas largas. Com a câmera no ombro, o cinegrafista se aproxima já gravando. Dona Romana olha desconfiada pra lente que aponta pra ela.

— Mas o que é isso?

— Viemos fazer a entrevista com a senhora.

— Entrevista?

— É a entrevista... Lembra que tá marcado? A Karina, nossa produtora, esteve aqui faz um tempinho.

— Ah... lembro. Mas é pra fazer um filme?

— Não, Dona Romana, é pra televisão, pro programa *Fantástico*, Rede Globo...

O olhar dela confirma que não entende o que acontece.

— A senhora já viu o *Fantástico*?

Silêncio.

— Rede Globo, as novelas, a novela das 8...

Nada muda. Silêncio.

— A senhora não assiste à novela das 8?

Ela nega no balanço da cabeça.

— A senhora tem televisão?

— Não senhor, nunca tive. Morava na beira do rio.

Sim, o Brasil inclui gente que não tem TV. Dona Romana não entenderia aquelas telinhas idênticas na tal estrada do Piauí. Mas ela flutua em outra dimensão. E não tem antena que sintonize a origem das ordens que recebe. O resultado é atordoante, bem mais misterioso do que aquela fileira de dezenas de tevês com a mesma imagem. A obra de Dona Romana é desconcertante, única.

Quando nasceu, em 1734, Natividade, hoje com menos de 10 mil habitantes, estava na região norte da Capitania de Goyaz. Cidade importante no Brasil colônia, por causa das minas de ouro. Hoje, as grandes mineradoras já partiram, mas as jóias feitas lá

242 DONA ROMANA

mantêm a cidade viva... com uma ajudazinha dos festejos do Divino Espírito Santo. Tradição... afinal, o primeiro imperador do Divino no Brasil foi Dom Pedro I.

Dona Romana é guiada por inspiração superior também. Mas só ela se comunica, apenas ela recebe os desígnios que também vêm do alto. Não preside um culto, não instalou um templo. Nem mesmo quando teve de abandonar o sítio onde mora, na periferia de Natividade.

– Fui pra beira do rio... cumprir uma missão.

Aconteceu em 1977 e ela foi morar grudada no rio. Sozinha, situação semelhante à dos moradores de rua das grandes cidades. Nesse período, desenvolveu alguns trabalhos de cura, fez garrafadas.

Só voltou pro sítio, pra uma casa de verdade, em 1980. E pouco depois começou a construir as esculturas, as obras, o deslumbramento... Quando se avista o enorme jardim da casa de Dona Romana, com todas aquelas obras fincadas na terra; quando se caminha ao longo do muro externo do grande jardim, olho grudado em cada esquisitice que ela instalou ali, segue-se até o portão principal, que abre pra um murinho baixo, e entra-se por um lado ou pelo outro...

– Aqui, sempre se entra pela esquerda e sai pela direita. Tudo aqui funciona no sentido do relógio.

– Por quê, Dona Romana?

– É assim.

Tem nada que explicar coisas que os outros não vão mesmo entender. Só ela sofreu aquelas dores todas, mazelas esticadas, muitos anos de agonias. E foi avisada de que a dor só passaria se ela fizesse, construísse...

– Avisada por quem, Dona Romana?

O sorriso bonito aparece no rosto outra vez. Mas resposta aparece não. Ela sabe que não iam entender mesmo. Afinal, se é só ela que recebe a missão...

– Nada aqui é idéia minha, é uma idéia espiritual, tudo já vem pronto pra gente fazer.

As peças, esculturas, são feitas com muitos materiais – arames, pedras, espelhos, vidro, madeira, conchas. Alguns formatos são reconhecíveis, rostos, patas, braços, bicos, pernas, objetos. Mas há muitas formas que não revelam semelhança com nenhum objeto do cotidiano de todos nós. Esculturas de todos os tamanhos, das mínimas às enormes.

– Tudo o que está aqui eu não posso tirar nem colocar uma pedra que não seja por ordem.

Em 83, adoeceu, uma dor de cabeça forte demais e que nunca passava, remédio não vencia. Então, recebeu uma ordem: riscasse num papel. Obedeceu, muitos rabiscos apareceram. E a dor de cabeça se afastou dela.

Passear pelos jardins impõe cuidados. Por exemplo: não passar por cima de nenhuma peça. Bastante atenção, pois há esculturas pequeninas. Pássaros, anjos, mapas...

– Este mapa é vindo da parte do mar onde não passa avião nem navio porque o mar chupa.

O banheiro da casa fica do lado de fora, parede de palha de coqueiro. A casa, bem grande, é repleta de pequenos altares, imagens, potes, objetos incomuns. O guarda-roupa dela é feito de tijolo e não tem porta, apenas um grande lençol branco, como a roupa que ela veste.

– A senhora gosta de branco, né?

Ela puxa o lençol e revela uma pequena coleção de roupas de uma única cor.

– É a cor que eu estou autorizada a usar, o branco. A licença que eu tenho é essa.

244 DONA ROMANA

A sala de refeições parece decorada pra um aniversário de criança: muitas tiras coloridas, flores, aviões de arame pendurados no teto.

– Aviões de caça no teto?

– Sim, aviões de caça. Mas não de caça pra briga. É uma caça diferente. Quando acontecer a transformação, vamos precisar deles, dos aviões, pra procurar as pessoas que estão perdidas.

(*Senhor dos Anéis? Terra do Nunca? Harry Porter? Dona Romana no País das Maravilhas!*)

Foi casada duas vezes. Da primeira vez, oito anos, e da segunda, 22. Teve doze filhos, seis morreram.

– Não gosto de ter filhos.

Eles moram em cidades diferentes, não entendem a atividade da mãe – mas quem entende? E quase não têm contato com ela. Dona Romana não sente falta de nada, não reclama, sempre calma, suave, só tem certezas.

– Quando tinha muitas dores, asmas e mais outras coisas, procurei um médico aqui. Depois de todos os exames, ele me disse que eu não poderia ser curada pela medicina tradicional.

Ela inventou uma outra, verso da tradição.

– Todas essas peças, é a senhora que inventa?

– Eu não tinha cabeça pra fazer tudo isso, não ia achar que isso poderia ser considerado bonito ou chamar a atenção de alguém.

Seria bom proteger, tombar o parque de formas criado por Dona Romana.

– Essas coisas vão aparecendo, vêm no sonho. Às vezes, você vê acordada, a qualquer hora que elas chegarem.

De novo, ela sorri, quase carinhosamente, sorriso de avó.

– Quando vejo uma peça, tenho de fazer ela logo. Senão, ela monta nas minhas costas e é muita dor. A energia dela é muito pesada.

Numa espécie de altar, vários potes de tamanhos variados, velas boiando.

— Pra que isso, Dona Romana?

Outro sorriso, outro perdão pela ignorância.

— Ah, isso aqui é pros movimentos dos astros.

Aparecem amigos dela, de repente. Não sabiam da gravação pro Me Leva Brasil, conversam com a equipe. E Dona Romana se surpreende:

— Vocês já se conheciam?

— É que eles são da televisão.

— Televisão?

Enfim, um mistério pra Dona Romana.

25

A VOZ DA MUDINHA

Uai!... A mudinha falou!

Tudo bem, ele pisou no pé dela, forró pé de serra de verdade, chão de terra, 2, 3 da madruga, interior do Piauí, na virada de domingo pra segunda...

— Esse forró até essa hora? Ninguém trabalha aqui amanhã?

— É feriado. Dia da santa padroeira.

Explicada a folga, mas não a voz da mudinha. Já sabia que a bronca era inevitável – quem está acostumado a dançar forró em São Paulo, quando chega na matriz, o Nordeste, tem de ser reciclado. Aqui, ninguém quer saber dos exageros, das coreografias do tal forró universitário, aquele que nasceu em Itaúnas, no Espírito Santo, quase na divisa com a Bahia, e se espalhou a partir de São Paulo. Cidade pequena, menos de 3 mil habitantes. Ali começou uma história que rima com o Brasil de migrantes em que vivemos: a moçada de Itaúnas importava grupos do Nordeste pra animar a maravilhosa temporada de verão por lá, aquelas dunas enormes, que enterraram a primeira Itaúnas... E a garotada começou a improvisar, descosturar o dois pra lá dois pra cá da tradição. E tome rodopio, braços embaralhados, coreografias, quase acrobacias. Fim de férias, os estudantes do Espírito Santo voltam pras universidades de São Paulo. E espalham por lá aquele jeito mais inventivo de bailar o forró, coisa dos universitários. Muitos trios tradicionais do Nordeste ganham espaço novo em São Paulo por causa do sucesso do tal forró universitário... que não é paulistano. Mas contaminou até o forró carioca.

Peraí! E a mudinha do Piauí?

O ônibus não devia passar por ali, nem estava prevista parada em lugar tão deserto. Mas por lá é necessário andar devagar, ainda mais à noite, por causa dos buracos papa-ônibus. Se cair, pode desistir, não sai mais. E, no devagarzinho do motorista, alguns passageiros ouvem o ronco do fole, zabumba e triângulo.

— Vamulá! Vamulá!

Os poucos acordados ganham a eleição – fácil, só eles votam. Quando o ônibus pára ao lado do cercadinho onde acontece a festa, coisa pequena, nem trinta pessoas, quase todos os outros acordam e descem. Claro, fazem a maior viagem de ônibus que existe no Brasil, esticar as pernas, andar, tudo de bom.

Melhor mudar de parágrafo, porque é mesmo de assustar.

A viagem começa em Rio Grande, no sul do Rio Grande do Sul, no caminho de Chuí, a derradeira – aquela que sempre é citada junto com a outra, da ponta norte, monte Caburaí, Roraima. Numa sexta, por volta de meio-dia, o ônibus parte. Roda 24 horas por dia, troca de motorista mais de dez vezes durante o percurso, que atravessa nove estados. Em cada dia, faz apenas duas paradas de 40 minutos pra almoço e jantar. E paradas menores pra café da manhã, lanche da tarde e mais uma rapidinha, no meio da madrugada. O ônibus é o básico, não é leito, não tem ar condicionado. Do Rio Grande do Sul até perto da divisa da Bahia com o Piauí, é um modelo melhorzinho. Mas naquela parada troca pra um ônibus mais duro, sem suspensão a ar. Motivo: as pavorosas estradas do Paiuí. E nessa mudança de ônibus os próprios passageiros é que devem carregar o peso, levando malas e tudo o mais de um bagageiro pro outro. Agora, o principal, a duração do percurso: o ônibus começa a rodar na sexta, meio-dia, e roda direto sábado, domingo, segunda, e na terça, por volta das 10 horas da manhã, chega à rodoviária de Fortaleza, Ceará, depois de passar por Santa Catarina, Paraná, São Paulo, Minas, Goiás, Bahia, Piauí e... Ceará. Mas é raro alguém que suba em Rio Grande e desembarque apenas em Fortaleza.

E todo mundo fica dentro do ônibus todos esses dias... sem nem um banho?

Nas paradas pra almoço e jantar, quase sempre existe a possi-

250 A VOZ DA MUDINHA

bilidade de um banho. E também no setor de água e sabão transborda o tamanho das desigualdades no Brasil. No Sul, os banheiros são limpos, tudo funciona. À medida que subimos, tudo piora bastante. E chega o momento em que, depois de checar o banheiro, o jeito é perguntar ao pessoal do posto:

– Tem algum rio por aqui?

Uma vez, tinha. O melhor banho da viagem. Das outras vezes, a emergência impunha uma saída: ir ao posto de gasolina e sugerir a inauguração de um lava-rápido de gente. Ou seja: duas mangueiradas de água, antes e depois de ensaboar, em troca de uma gorjetinha. Isso, pra falar apenas da fatia banho no bolo chamado banheiro. Agravante: o banho é pago. À medida que o ônibus avança, o dinheiro vai minguando. O número de banhos também. Alguns lavam roupas nas paradas, que secam rapidinho, em alguns quilômetros, penduradas perto das janelas. Mas nem todos trouxeram roupas pra trocar. E havia crianças na viagem, as mais sacrificadas. Ainda bem que é sempre calor e as janelas podem ficar escancaradas.

E a comida? Peraí! E a mudinha?

Primeiro, a comida. Mesma coisa dos banheiros: no início, no pedaço mais privilegiado do Brasil, tudo bom demais. Conforme avança, piora. Mas ninguém morre de fome. De nenhuma fome. Só que, antes das mil e uma noites no rumo de Fortaleza, mulheres e homens muuuuitas horas juntinhos, inclusive no escurinho da noite, calorão, pouca roupa... Antes, o principal: nenhuma briga durante as quase cem horas da viagem. Uma única parte do corpo já revela o istresse de uma viagem tão longa: os pés. Quem não fez a viagem nem pode dimensionar o tamanho dos pés depois de cem horas longe da posição horizontal. A maioria parte pra sandália, já que os pés não cabem mais nos sapatos lá pelo terceiro dia. No desembarque, em Fortaleza, muito pé, de tão inchado, nem na sandália entra mais. Parece pata de elefante, sobra calcanhar no fim do chinelo.

E, apesar dessa penca de sufocos, é uma viagem alegre. Mesmo que represente, pra maioria, a viagem da derrota. Quando o ônibus desce do Nordeste pro Sul, é a viagem da esperança. Quem não se estabelece, principalmente em São Paulo, tem de voltar. Fracassou. Retorna pra miséria da qual tentou escapar. E retorna com quase tudo o que conseguiu, do rádio ao fogão (não duvide: cabe no bagageiro, sim), do relógio ao paletó. E na divisa de um estado, mais ou menos 3 da madrugada, a fiscalização decide azarar uma caixa de camisas que sai da barriga do ônibus. Exige notas fiscais, documentos, ameaça com autuação, multas, impostos...

– Mas são presentes pra minha família.

– Tudo isso?! E só camisas.Tá pensando que eu sou mané?

– Irmãos, primos, tenho muitos sobrinhos...

O que retorna, derrotado, está muito nervoso. Um dos poucos troféus da viagem que deu errado se transforma em mais um pesadelo. Quando já caminha com a autoridade pro posto de fiscalização... Tantantantaan! Salvo pela aproximação de uma câmera da Globo, que não precisamos ligar. Claro que o fiscal não quer dar entrevista e, instantaneamente, pula o muro da opinião:

– Se tá dizendo que são presentes, vou acreditar. Tá liberado.

Depois do susto – e da torcida dos outros passageiros, ou você não percebeu que o das camisas foi aplaudido quando entrou de volta no ônibus? Este é o tom da viagem: leve, brincalhona, cantoria a todo momento. Pra não falar na loteria do jegue.

Mas, e aí? As noites de loucuras na estrada?

Na primeira parada noturna, um troca-troca revelador.

Primeiro, várias mulheres descem do ônibus de calça comprida. Banho, jantar, conversas, cafezinho. Buzina, tá na hora de seguir. E algumas delas entram de... saias. Será que é mais confortável dor-

252   A VOZ DA MUDINHA

mir de saia? Mais fresquinho, talvez. Quando amanhece, não é difícil perceber onde rolou. Afinal, aquela cara de satisfação só aparece depois de uma noite bem servida, né? Quando descem pro café da manhã, os diários noturnos de bordo começam a ser abertos, de mansinho. Quando a viagem recomeça, a alegria aumenta.

– Essa aqui se divertiu muito, enquanto o noivinho dela tá esperando por ela lá...

Todos riem, inclusive a própria noivinha.

– Aquele ali bem que tentou coisa melhor, mas nem reclamou. Parece que panela velha é que faz comida boa.

Mais gargalhadas, mais provocações. E no meio da tarde já se planeja a noite... num ônibus que já não tem lugar marcado.

Todo mundo entra nessa?

A maioria dos passageiros permanece fora da dança de cadeiras. Mas se diverte com as entregações, inventa piadas, conta casos. Afinal – não se esqueça – são quase cem horas. Também por isso o vaivém da calça e da saia, do dia e da noite, ajuda o relógio a andar mais depressa. Desde que não aconteça uma chuvarada na hora errada, a maratona seguirá no horário. Mas quando o temporal cai no alvo, bem no horário do ônibus passar, a empresa já providencia um outro, que desce do norte pro sul e espera. Quando o que sobe chega ao local inundado, desce todo mundo. E tem de levar a bagagem pro ônibus que está do lado de lá da inundação. Só que tem gente levando fogão, por exemplo. Ou uma caixona de camisas, todas listradas, mangas curtas e compridas. Obrigatório carregar bem alto, pra não estragar. Às vezes, os passageiros carregam suas malas com água até quase a cintura. Vai até o lado de lá, volta, pega o resto, atravessa de novo. E pode ser embaixo de chuva também. A empresa tem várias fotos do sufoco irremediável.

Pera aí: essa viagem sem fim já está quase em Fortaleza e a tal da mudinha do Piauí?

Todos descem do ônibus, aproveitando o feriado e o forró, outra evidência de que a vida é mesmo tecida de acasos. Pro dono da vendinha, uma alegria, pois limpa a geladeira, sobra nada. O trio forrozeiro estica o som e também recebe um extra, além da surpresa impensável: aparecer no *Fantástico*, logo eles, que nem tinham coragem sequer de pensar na possibilidade de gravar um disco.

Pra quem estava travado no ônibus, nada melhor do que dois pra cá dois pra lá, sacudir o corpo depois de tantas horas na mesma cadeira apertada. E o principal: dançar com ela ou com ele. Nada supera, nada anima mais do que um embaralho de coxas, a mão que aperta aqui, aquele amasso no peito, o cherinho do suor, ai ai ai... No meio do bailinho, alguém se aproxima e sugere:

— Tem uma moça muito querida por aqui, todo mundo gosta muito dela, apesar do problema. Ela é meio encabulada, mas... é que ela gostaria muito de dançar um pouquinho com o senhor.

— Mas qual é o problema dela?

— Ela é a muda.

— Ah, mas isso nunca foi problema. Claro que danço com ela.

— Ah, que bom.

— Mas tem de ser já, porque o ônibus vai sair daqui a pouquinho.

Certo otimismo, porque o motorista é dos mais entusiasmados com um certo cangote.

— Vou chamar a mudinha e já volto.

Apresentações silenciosas e lá vão eles. Moça bonita, delicada, leve de conduzir, forró apressadinho e, de repente, o pisão. E o susto:

— Ela falou!

Busca com os olhos alguém bem perto, pra confirmar. Mas parece que ninguém ouviu nada de surpreendente por ali. O som do trio cobriu quase tudo. Baixa o São Tomé nele e ele faz uma pergunta direta:

254   A VOZ DA MUDINHA

— Eu pisei no seu pé?

Ela diz que não com a cabeça, sorrindo. Ele quase grita a sua certeza: ela falou!

Prefere parar. Assim que muda o andamento, agradece, faz outra pergunta, ela responde com gestos. E ele se apressa a contar pros outros. Todos riem dele... menos um.

— Acho que ela gemeu alguma coisa, sim. Eu tava ali perto na hora que você gritou.

— Eu não gritei.

— Claro que gritou. Você quase berrou "ela falou! ela falou".

— Mas falou ou não falou?

— Sei lá. Vai ver esse negócio de mudinha é só um charme, é a noivinha da cidade. E vambora logo, isso aqui já deu.

Claro que o outro está com pressa, muita. Hoje, a mulher do banco ao seu lado é exatamente a mais cobiçada de toda a viagem. Ninguém consegue garantir se ela topa ou não. Tentar, todos tentam. Nada, até esta parada. E não adianta jurar que ganhou medalha de ouro. Dentro de um ônibus, é muito fácil fiscalizar as poltronas que interessam. Gavião não dorme, campana a noite inteira, nem que seja pra assistir. Que já é bom demais da conta. Daí, nem termina o jantar e já corre pro ônibus, na angústia de ganhar a poltrona de melhor ângulo.

E a loteria do jegue?

Aconteceu quando a gente já via o retão que vai dar em Brasília. Os dois sentados no braço da poltrona de cada lado do corredor, as pernas penduradas. E um deles anuncia:

— Vamos contar jegue. Quando aparecer do lado esquerdo, ponto pra mim. Do lado direito, ponto pra você.

Muitos quilômetros depois, o placar já é quatro a dois. Vários outros passageiros entram na brincadeira, fazendo apostas esquisitas, de objetos. Quase ninguém ainda tem dinheiro. Quando um dos dois avistava um jegue bem longe, grita como se fosse gol na copa. A extraordinária mágica de fazer de conta que tá tudo bem. E quando os primeiros sinais do mar apareceram no outro retão, aquele que desemboca em Fortaleza, quando os primeiros coqueiros, um pouco de areia branca aqui e ali... Quando surgiu a certeza de que a viagem, quase cem horas!, iria terminar bem, inventaram a loteria do coqueiro. Conta da esquerda, conta da direita, e o placar não pára quieto.

Quem foi mesmo que disse que essa é a viagem de perdedores? Não parece.

Na rodoviária de Fortaleza, um homem é recebido com muita festa pela família. Que traz um saco de copos de plástico e uma garrafa de champanha. Servem pra todos que estão descendo do ônibus, a turma de pezão.

— Isso aqui é pra ser mais comemorado do que final de Fórmula 1!

Uma festa depois de dias numa poltrona apertada, calorão, banheiros assustadores...

Depois do primeiro gole, o malvado, em cima de duas patas de elefante, tem energia pra reclamar:

— Mas não é champanhe nada. É cidra.

Ah... não rolou nada naquela noite, não. A cobiçada desembarca invicta.

PS: A idéia do Me Leva Brasil pipocou na rodoviária de Fortaleza naquela manhã. Veio a vontade de transformar em rotina de revelações uma viagem sem limite pelo maior pedaço do Brasil, aquele que fica longe das grandes cidades.

26

MINEIRIM

LIDILEITE. É assim que mineirim diz litro de leite.

– Como você se chama?

– Lucas.

– Quantos anos você tem?

– Eu tenho duas idades.

Espanto. Olho pro pai, que sorri, vitorioso. Mas não explica nada.

– Como assim, Lucas, duas idades?

– Quando eu entro no ônibus, tenho 4. E quando eu saio, tenho 6.

Em Minas, criança até 5 anos não paga passagem.

PONDIÔNS é mineirim no ponto de ônibus.

Esta é a casa do Paulo Rogério, a 10 quilômetros de Ouro Preto. Mais sítio que casa. Ele vai comprando as terras ao redor. Não é pra plantar, nada de quadra de tênis ou futebol soçaiti. É só pra preservar. Ele é tão apaixonado pelas Minas dos avós que faz isso: investe seu dinheiro, e o dos amigos, pra deixar como está. Mais que isso: fuça que fuça os cafundós, garimpeiro de coisas antigas: potes, cadeiras, oratórios, panelas, bules, mesas, cataventos, tudo. E principalmente a raridade: qualquer peça da cerâmica saramenha – aquela que foi o luxo dos ricaços quando o ouro farto corria direto pra Portugal.

ONQUIÉ? O jeito certo de mineirim perguntar onde que é?

Não pense que mineiro é apressadinho só porque gosta de comer letras. Nada disso. Povo bom de conversa é o de Minas. E conta cada história que até Luís Fernando Veríssimo ia duvidar. E ó que ele tem experiência nesse particular. A do velório do Elias Xavier, por exemplo, em Cachoeira do Campo, ali juntinho. Paulo estava lá, madrugada adentro. Tinha sopa quentinha no fogão da casa do falecido, e pinga. Tudo na tradição. O cemitério logo ali, em frente à igreja, basta atravessar a rua.

– Então o senhor passou toda a vida consertando guarda-chuva?

O Nestor confirma, com um pendurado no braço, apesar da noite que é só estrelas. Quem vive na imundice de São Paulo se sente drogadito quando levanta os olhos pra noite da região de Ouro Preto. É tanta estrela que parece poeira de metal em lona preta.

– E vou lhe dizer uma coisa que aprendi nesses anos todos só mexendo com guarda-chuva.

Os dois de pé, ao lado do caixão do Elias Xavier. A viúva tinha ido deitar um pouco.

– O senhor faça qualquer coisa na vida, menos consertar guarda-chuva de viúva.

Não foi só você, não. O Paulo também não entendeu. Só que ele, por estar lá, perguntou.

– Porque nunca fica pronto. O defeito sempre aparece de novo.

Não foi só você que entendeu errado. O Paulo também imaginou que era um truque da viúva pra encontrar o Nestor de novo, uma companhia masculina, conforto naquela solidão toda da viuvez. É... apenas isso, alguém pra conversar.

Nestor balança a cabeça, decepcionado com tanta ignorância. E, no caso, até uma nesga de má-fé em relação à moral da tal viúva.

– Nada disso. Primeiro, que em casa de viúva decente não entra homem que não seja parente e íntimo. A criada é que traz o guarda-chuva na minha oficina. O conserto nunca termina porque o falecido não deixa. Se ficasse pronto, ia ter uso outra vez. E ia aparecer alguém pra usar, né?

Morto mineiro é cheio de manha.

PINCUMEL é o jeito do mineirim pedir pinga com mel.

Paulo gosta de beber, claro. Mais ainda ao redor da mesa muito antiga do sítio, junto do fogão de lenha, a escumadeira grande pendurada no telhado (sem forro), do jeitinho certo pra fazer sombra e a luz da cozinha não incomodar os olhos de quem está na sala. Quando não existe parede entre a cozinha e a sala, antigas delicadezas aumentam o conforto. É aí que ele destampa o seu tonel de histórias. Às vezes, custa acreditar. Veja lá se você não ia duvidar do Olívio, amigo dele que, às vezes, fica com um passarinho dentro da camisa um tempão.

— Uma maritaca, que atendia pelo nome de Cocota.

O compadre mora no Rio das Pedras, perto de Ouro Preto. No fim do dia, ele deita, abre a camisa, o bichinho entra e fica catando os piolhos que o dono recolheu, sem querer, durante suas andanças pelo roçado. Depois, o compadre nem precisa se esfregar muito no banho antes de dormir.

— Se você duvida, vamos lá pra você ver!

INSTRUDIA... outro dia no jeito mineirim.

E tem aquela empregada tão querida da casa da infância. A mulher era mais carola do que santo beato, rainha das novenas. O pai, no limite da quota final da paciência, ainda mais com o problema do sino. Badalava na igreja e a mulher, em casa, já ficava com coceira de correr pra junto do altar.

— Fique calma, a igreja tá lá, o padre não vai fugir. Todo dia é isso, essa aflição toda só por causa desse barulho. Bate o sino e você perde o juízo.

— Ó!: nem dianta ficar falando. O senhor sabe que eu sou cartótica, apostótica, romênica. E golosa por hóstia!

E quando o telefone chegou na casa, aquela novidade!, aparelho preto, pesado e grandão, instalado embaixo da escada que dava pros quartos. A primeira vez que ela atendeu, do outro lado alguém perguntou:

– De onde fala?

– Daqui debaixo da escada, ora.

SAPASSADO. Mineirim diz assim sábado passado.

A diferença está no... serenador. Enquanto o Brasil todo não dispensa a carne-seca, perto de Montes Claros o restaurante do João Maia oferece a carne serenada. A receita é simples. Difícil é conseguir espaço pro serenador.

Depois de cortada, salgue a carne com sal granulado. E já pro serenador – que lembra até um galinheiro antigo e com telhado. Trata-se de uma área ao ar livre, cercada por rede de malha fina, pra que não entrem insetos. A cobertura tem de ser retrátil, porque durante o dia a carne não pode receber a luz do sol. À noite, o teto é aberto e a carne passa noite e madrugada tomando sereno. Na manhã seguinte, antes do sol atingir as carnes penduradas, a cobertura deve ser fechada, pra que a carne receba apenas o calor. O segredo está no serenador: de noite, com o sereno, a carne é hidratada; durante o dia, o calor elimina naturalmente o excesso de água. Terminado o prazo, cada um leva pra grelha com o tempero que preferir... e vai sentir a diferença na primeira mordida.

– Aqui não se tem carne-seca nem carne-de-sol. Aqui, servimos apenas carne serenada.

MUNHODIMIO. Em mineirim, é assim que se diz moinho de milho.

262 MINEIRIM

Onde o rio das Velhas encontra o São Francisco é Barra do Guaicuí – corruptela do nome que os indígenas davam ao atual rio das Velhas, tradução literal daquela palavra. A Barra fica mais ou menos a 40 quilômetros de Pirapora, rio abaixo. Ali, ele conheceu o caso do Miguel e do tal Baiano. Ele capinando na beira do rio e aparece o outro, vindo da Bahia. Procura trabalho. Miguel não pode pagar nada, mas se encanta com a espingarda que o Baiano traz. E combinam casa e comida em troca de trabalho. Sempre que pode, o Miguel mexe na espingarda, inventa caçadas, pede pra usar. Até a mulher do Miguel fica contente com aquilo tudo, o marido mais animado, e ela, com alguém diferente pra conversar. Às vezes, de noite, o Miguel ouve barulho na margem do rio.

– Vamos lá, Baiano, deve ter caça fuçando por aí.

O outro prefere não ir, empresta a espingarda e o Miguel sai contente. Baiano fica. Tempo depois, a mulher do Miguel fica grávida de novo. Nasce o menino. A vida segue na mesma rotina de seca e chuva. E nasce mais um menino. Até que Miguel e o Baiano se estranham. Não tem conserto e o Miguel manda o Baiano embora, apesar da falta que vai sentir da espingarda. Na semana seguinte, fala com a mulher:

– Pode dar os dois meninos, que eu não vou criar, não.

– O que é isso, homem de Deus?

– Pode dar. Eu não vou criar filhos dos outros.

A mulher não diz nada. E dá os meninos pra outra criar. Mas eles ficam por ali mesmo, um pouco mais longe da margem do rio. Todo mundo na região sabe do ocorrido, comenta, mas a vida segue normal. Muitos anos depois, Miguel está na venda, conversando com os amigos, e vem descendo um bando de meninos. Entre eles, os dois filhos de sua mulher. Agora, já crescidos, fortes, com toda aquela energia de criança grande. Alguém provoca:

– Olha aí os filhos do Baiano.

O Miguel presta mais atenção nos dois. E corrige:

– Do Baiano nada.

– Como assim, Miguel? Claro que são filhos do Baiano. Os dois são a cara do pai.

– Tá enganado. São meus filhos.

Chama os dois e conversa com eles. Mais tarde, seguem, os três, pra margem do rio. Só bem depois o povo do lugar compreende que, quando a criança vira força de trabalho, quem foi o pai é menos importante do que quatro braços a mais pra ajudar na roça. Mas disso só entende quem vive no Brasil da maioria, onde tudo é sempre quase nada. E a miséria manda na moral.

TRADAPORTA é o mineirim atrás da porta.

Aquele outro, amigo também, contou a maneira que descobriu pra não ter problema com empregado na sua fazendinha.

– Só trabalha comigo filho meu e démental.

Fazenda de cana, um moinho lindo, do século 19, cachaça de rolha da melhor, Minas profunda. E era tudo um sossego só, podia confiar, jamais ouviu reclamação, pedido de aumento nem de folga.

– Só dão um certo trabalho porque, depois que aposento, tenho de ir visitar. Sentem falta. Tão acostumados. No fim do dia, passa um por um aqui, pra despedir: "Boa noite, padrinho".

Sorri, vitorioso. E confirma:

– Comigo, só filho e démental.

DÉMENTAL, pelo menos no dialeto mineirim, é pessoa que tem algum tipo de deficiência, física ou mental.

PRÔNÓSTÃUÍNU? É assim que mineirim pergunta para onde nós estamos indo?

27

DOIS REAL

– É 2 REAL.

Real não tem plural Brasil adentro.

– É 22 real e 50.

Nas capitais, cidades bem grandes, onde existe dinheiro e, portanto, onde a informação circula mais (a fórmula é universal, imutável: educação = dinheiro, quanto menos verba, menos informação), nas cidades poderosas, real tem plural. No Brasil da maioria, não tem não.

– É 5 real, doutor.

Nas viagens, além de sintonizar um plural singular, cumpre recalibrar o gatilho da gorjeta. Inclusive, pra não humilhar (ainda mais) quem recebe. Exemplos...

Em Minas, na saída de Diamantina pra Milho Verde, o escapamento do carro cai. O cano vem se arrastando pela estrada de terra e buraco, subidinha, decidona e curva fechada – afinal, estamos na beleza e na falta de recursos do vale do Jequitinhonha. Na primeira oficina de beira de caminho, o remendo urgente: o menino se enfia embaixo e amarra o cano com arame, aperto geral pra agüentar até a cidade seguinte. Depois do conserto pronto, o motorista conversa com ele e avisa:

– Ele diz que não é nada, não.

– Uma gorjetinha, então...

O motorista acompanha o movimento das minhas mãos que separam o dinheiro. Quando percebe a nota de 5, segura meu braço.

– Tá louco?

– Pra tomar uma cerveja, aquela coisa.

– 5 real?

– Qual o problema?

– 50 centavos, no máximo.

– 2 reais?

– 1 real já é exagero.

Pernambuco, Cabo de Santo Agostinho, onde o Brasil se separou definitivamente da África quando os continentes se afastaram e o Atlântico se espalhou. Restaurante pequenino, onde o cliente se serve, na medida pra motoristas de caminhão: 2 reais a refeição completa. Alguém pede uma omelete de queijo. Come e esquece. Na hora de pagar...

– O do senhor é 2 real e 10.

– Por que a diferença?

– Teve omelete, né?

10 centavos!... Preço de uma omelete de queijo. E tinha queijo, sim senhor.

Fernando de Noronha, Brasil em alto-mar, turismo pra poucos. Afinal, custa muito chegar lá – muitos, muitos real... Cachorrão, o guia mais exibido, hilário, competente, uma antologia de histórias.

– Foi o máximo passear com ela por Noronha logo depois do fim da novela.

Cachorrão nem acredita que seu búgui, com a cabeçona de cão pintada sobre o capô, desfila pela menor BR do Brasil – aquela que corta Fernando de Noronha – com uma estrela de *O clone* a bordo. E isso pouco depois do fim da novela. Na despedida, no microaeroporto, ela entrega um cheque a ele.

– Eu dobrei e guardei no bolso, não ia ficar olhando lá, na frente de todo mundo. Ela não me devia nada, já estava tudo acertado.

Escandaloso e discreto, movido a gargalhadas.

– Quando cheguei em casa e fui olhar o cheque... QUINHENTOS REAIS!!

Verdade ou lenda, o guia que late iria se assustar mesmo no Piauí. Lá, estrada é um arquipélago de buracos cercado de asfalto por alguns lados, não todos. Às vezes, durante a noite, o ônibus só anda se alguém caminhar na frente. É assim: o motorista acende os faróis, que iluminam o auxiliar. Este, com uma lanterna, caminha sem pressa, checando o tamanho dos buracos. Como pelo menos uma das quatro rodas quase sempre cai num buraco, é preciso conhecer a dimensão de cada um. Porque, em algumas crateras, cabe um ônibus inteiro. Então, se a roda escorregar na beira errada, o ônibus mergulha. Como à noite os buracos são tão negros quanto o pouquinho de asfalto que existe, a segurança exige o caminhante São Tomé, com sua lanterna: só acredita no que vê. Os passageiros, quando querem esticar as pernas e fugir do calor de um ônibus sem ar condicionado, num lugar onde o termômetro não depende da luz do dia pra permanecer nas alturas... quem quer, anda ao lado do ônibus. Caminha normal. Se apertar o passo ultrapassa o ônibus. E se arrisca a sumir num buraco negro da estrada peneira velha.

Por tudo isso, no Piauí não tem flanelinha pedindo licença pra limpar o vidro do carro no sinal. E também não existe o pequeno malabarista do sinal fechado. No Piauí, os meninos ficam nas estradas com pequenas pás. Logo que aponta um veículo lá longe, eles começam a jogar terra nos buracos. Evitar um buraco é muito mais importante do que vidro limpo ou graça de circo de um homem só. Quando os carros passam pelas crianças, de vez em quando, muito de vez em quando, jogam uma moeda pela janela.

Depois de gravar a cena, hora da gorjeta pros meninos com as pazinhas. Como não havia motorista conselheiro por perto, lá vai uma nota de 5. O menino pega com as duas mãos, estica e olha muito pra ela. E logo começa a tremer, a nota balança em suas mãos. Os colegas ao redor dele permanecem estáticos, olhos grudados na nota. Agora, o menino começa a soluçar, devagarzinho, tremendo mais um pouco, aquele choro sem ruído.

– Algum problema?

Ele demorou um pouco pra ouvir a pergunta. E outro tempo pra responder, bem baixinho:

– Moço... a gente nunca tinha visto uma nota dessas... nem sabia que existia. É de verdade? Vale 5 real mesmo?

Num país assim, a todo momento se tropeça numa afronta: o Palácio (mesmo!) do Governo de algum estado, a sede do Tribunal de Justiça, o luxo da Assembléia Legislativa. Mármores, arcos, rampas, tapetes, salões, frotas de carros, jardins, holofotes noite adentro... como naves extraterrestres pousadas no coração da penúria, onde a nota de 5 real é uma aparição.

28

UIRAMUTÃ

PEQUENO ENTRA NO RESTAURANTE – quer dizer, no pequeno bar – e confirma a rotina:

– Um PF pra mim e já pode ir preparando o outro.

Naquele lugarzinho de poucas ruas, sede do município Uiramutã, todos conhecem bem os privilégios de Pingo, o cachorro do Pequeno. Que está em casa, na outra ponta do lugarejo, na casa do dono. Quando Pequeno termina de almoçar, pede o segundo PF. Vai até a porta e grita pra outra ponta da rua:

– Piiiiingo!

Logo, logo o cachorrinho sai da casa e atravessa a cidade em disparada. Encontra o dono na porta, os dois entram e Pequeno coloca o segundo PF no chão, diante do Pingo.

– Meu cachorro não come resto.

Numa região carente como aquela, é uma extravagância e tanto. Mas a refeição de gente de Pingo foi superada por outra novidade do Pequeno: o tal fibroma mole. O caso se esparramou por todo Uiramutã, região especialmente bonita, onde está uma das maiores reservas indígenas de Roraima...

Pausa 1 – Melhor estabelecer a pronúncia correta do nome do estado. Já pensou se alguém falasse do Rió de Janeiru ou de San Paulô? Roraimenses são aqueles nascidos em Róráima e não em... Rôrãima. Sim, os acentos não existem, estão aqui apenas pra avisar a todos que o nome daquele estado deve ser pronunciado do jeito que eles falam lá – com o O aberto e o A também. Afinal, é a terra da lenda do herói sem nenhum caráter, de Mário de Andrade... que lá se pronuncia Macunáima – assim, com o segundo A bem aberto, que se destaca mais ainda por estar neste Á a sílaba tônica da palavra.

De volta a Uiramutã, ao Pingo que come tranqüilo o seu PF. Óbvio que em toda a região não existe loja com rações importadas pra cachorros e nem banho & tosa. O luxo é mesmo um PF, quentinho e servido por mão generosa. E seu dono, o Pequeno, guardava uma outra exclusividade: aquele calombo na perna. Assombrava amigos e conhecidos com a mania de levantar a perna da calça. E não abaixava enquanto a vítima não olhasse diretamente pro calombinho. Até que enjoou de ouvir a repetição do mesmo e único conselho. Marcou consulta e foi ao médico. Voltou com o diagnóstico:

— Tenho um fibroma mole e vou ter de extrair.

O nome lembrava mais uma guloseima do que uma doença. O dono do bar até tentou identificar:

— Fibroma mole... Parece nome de doce, assim, coisa que veio da Itália.

Mas Pequeno se orgulhava demais daquele calombinho na coxa, mostrava pra todo mundo e confirmava a data da operação. E já tinha descoberto a verdadeira razão da anomalia: em vez de estar na coxa, imóvel, aquela bolota deveria estar balançando.

Depois da operação, Pequeno andava pelo Uiramutã com um vidrinho no bolso, muito orgulhoso. Mostrou o seu fibroma mole pra um por um. Pra uma por uma, bem que tentou. Mas as mulheres se ofendiam, não tanto pela visão daquele pedacinho de carne boiando num líquido. O pior era o jeito vitorioso do Pequeno, que passou a se considerar o mais macho dos homens do Uiramutã. Afinal, tinha um a mais.

— Era um terceiro ovo. Tive de tirar, era muita potência pra um homem só.

Tem outro, também no mundão que é o Uiramutã, que se considera muito potente. É o Olavo. Por todo lado comentam a frase que ele repete, coisa triste:

— Sogro de Olavo é Olavo mesmo.

Garantem que casou com a própria filha e com ela teve três fi-

274 UIRAMUTÃ

lhas-netas. E a vida segue, como em tantas outras regiões muito pobres. Ou seja: lugares aonde a informação não chega, pois educação custa dinheiro. E no planeta dos Olavos dinheiro não há.

Pausa 2 – Por lá, melhor não repetir o lugar-comum que garante que o Brasil fica entre o Oiapoque (Amapá) e o Chuí (Rio Grande do Sul). Roraima se orgulha de abrigar o ponto mais ao norte do Brasil, o monte Caburaí. Portanto, quando quiser falar do Brasil de ponta a ponta, diga do monte Caburaí ao Chuí. Bai bai Oiapoque.

E agora... Vila do Mutum, também no Uiramutã. É do lado de cá do rio Maú, que marca a fronteira com a Guiana Inglesa. Como o garimpo está proibido naquele pedacinho do Brasil, a turma atravessa o rio e cata pedra do lado de lá. Afinal, Roraima já abrigou o maior garimpo de diamantes das Américas, nas décadas de 60 e 70 – na majestosa montanha do Tepequém, um platô soberano com um dos cenários mais surpreendentes de um país que não economiza em paisagens. Desde 1988 está proibida a extração mecanizada, mas o garimpo só foi fechado mesmo em 2000. As grande escavações feitas no passado foram transformadas em pequenos lagos. Hoje, ex-garimpeiros criam peixes, armando uma cena magnífica no topo da montanha enorme. Mas alguns pequenos garimpeiros, gente tão grudada lá como qualquer buriti, ainda insistem na procura das pedrinhas.

Do outro lado da fronteira, mesma coisa, a procura prossegue. E Vila do Mutum é muito mais perto do que a mais próxima cidade daquela Guiana. Então, os comerciantes de lá fazem suas compras no Uiramutã. Pra levar a mercadoria pro outro lado, utilizam uma espécie de mochila inventada pelos índios, o jamaxim. É feito de palha e cipó. Duas alças envolvem os ombros e ainda existe uma outra tira, que pode passar ao redor da testa.

— É uma invenção genial dos índios, porque oferece três tipos de apoio.

Pedro Gaúcho, que está lá há mais de vinte anos, mas não desistiu do projeto de viver no Caribe — afinal, foi por isso que veio do sul do Rio Grande do Sul... Pedro Gaúcho também se deslumbra com a força daqueles carregadores.

— Um dia, uma índia colocou tudo no jamaxim, amarrou com força, se acocorou juntinho da carga e pediu que ajudasse a colocar nos ombros dela. E eu não consegui levantar do chão. Devia ter mais de 60 quilos.

Com a ajuda de um parceiro, encaixou o jamaxim nos ombros e se ergueu devagarinho.

— Quando ficou de pé, as coxas dela tremiam. Impressionante. Se acostumou e saiu andando, ela e toda a turma.

Cruzam o rio com aquele peso pra cavalo nas costas, sobem os morros devagar, descem, caminham, pelo menos dois dias. Homens e mulheres, uma impressionante procissão de levantadores de peso.

— Quando estão eretos, o peso está nos ombros. Quando cansam, se inclinam pra frente e o peso se descola pro meio das costas. Se não dá mais pra agüentar, colocam a tira na testa, como se fosse uma tipóia, e liberam as costas e os ombros do peso. E vão alternando assim até o destino.

Às vezes, alguém não agüenta. Então, passam um corda na cintura dele, amarram a outra ponta na cintura de outro, que segue puxando o parceiro. Cada um leva um bastão, um apoio a mais. E lá vão arroz, açúcar, feijão, óleo, barras de sabão e um pouco mais pra rotina dos garimpeiros do lado de lá. Quando chegam, recebem cerca de 5 mil dólares da Guiana — cerca de 60 reais.

Nesse pedaço do Brasil se fala uma mistura de quatro línguas: português, inglês, macuxi e patamona — os dois últimos, idiomas dos índios daqui e de lá. Às vezes, uma frase acomoda palavras dos quatro e todos se entendem. Mesmo que ainda inclua um certo sotaque como o do Pedro Português, que mora na cachoeira do Sapo, pertinho da Vila do Mutum, e que passa os dias... catando pedras. Não, nada de diamantes. Pedro Português coleciona pedras que só a lógica dele entende.

– Ele entende tudo de pedra. Tanto que, há algum tempo, veio um inglês e pediu que ele fizesse uma pesquisa sobre determinados tipos de pedras. Combinaram um pagamento de 100 dólares por mês.

O outro Pedro, o Gaúcho, não entende o final daquele trabalho.

– Depois de quatro meses, o trabalho estava pronto. E Português nem mexeu no dinheiro que ia sendo depositado na conta dele todos os meses, pontualmente. Passou um tempo, como ninguém veio buscar o resultado da pesquisa, o Português mandou o dinheiro de volta. Não adiantou a gente argumentar que ele tinha trabalhado muito naquela pesquisa. Não quis nem saber, mandou o dinheiro de volta.

Bem que o Pedro Português, com sua barba enorme, poderia largar as margens do rio Maú e visitar alguns gabinetes de políticos, uma temporadazinha em Brasília também. E contar como é a ética lá pros lados da Vila do Mutum. Afinal, Pedro Português é de Roraima, pátria do Tepequém – um dos lugares que nos imobiliza por sua beleza –, e o estado se sente meio satélite do Brasil, assim... um tanto esquecido. Às vezes, eles surpreendem alguém de fora que diz "Ah, no Brasil...", como se Roraima fosse outro país. Mesmo que peça desculpa depois, já confirmou. Pior: de quando em vez, um forasteiro confunde um Ro com outro Ro e fala de Rondônia. Aí, a reação é de zanga mesmo, vaia até.

Amapá, Acre e Rondônia talvez vivam tropeços parecidos. Mas em Roraima você ouve uma frase infalível, quando o fim do ano se aproxima:

— Quem tem dinheiro vai pro Brasil. Quem não tem vai pro Caribe.

Passar férias no Brasil – no Nordeste, por exemplo – exige uma dinheirama que poucos têm, aquela necessária pra comprar passagens aéreas. Pro Caribe, nem precisa de avião. De Boa Vista, a capital, através da Venezuela, não se gasta mais de 30 reais de gasolina – desde que reabasteça do lado de lá da fronteira, onde a gasolina custa menos de 15 centavos o litro. Depois, um barco faz o percurso até Isla de Margaritas, por exemplo, puro Caribe. Assim como argentinos tomam Florianópolis no verão de Santa Catarina, nas férias aquela ilha se transforma numa sucursal do Brasil. Do Brasil, não: de Roraima.

29

CHÁ DO RELÓGIO

— **É SEMPRE ASSIM:** quando vê gente, ele chora.

Maria Cida não se refere a um bichinho assustado. Ela fala do filho, grudado em suas pernas, o sétimo dos nove. O oitavo está no colo dela, com o braço na frente dos olhos, rosto baixo.

— Este aqui também é muito envergonhado.

Estamos diante da tapera onde ela mora com a filharada — evidentemente, sem a companhia de um homem. Tapera... pode ser sinônimo de ruína, abandono, miséria. Mas também designa casa como a de Maria Cida: chão de terra, paredes de barro, telhado de qualquer coisa. Dois cômodos apenas, nada de cozinha nem banheiro. Todos dormem no chão, na terra, a mesma na qual pisam quando saem de casa, a mesma que recebe os pés sujos quando eles voltam. Só é melhor do que nada.

Marinilda volta a Chã do Relógio

A pobreza é tão grande por aqui que o município se chama São José da Tapera, em Alagoas. É como se o lugar se chamasse São José da Ruína. Mas a cidade está muito longe desses dez brasileiros, mais de 30 quilômetros. Vivem isolados, no meio do sertão. Aqui, chuva é quase tão rara quanto comida. Não existe energia, gás, esgoto — nada. A ONU já considerou este o município com a pior qualidade de vida do Brasil. Mas a situação já se alterou bastante.

— Não adianta puxar o braço, ele também tem medo de gente.

Os filhos de Maria Cida sentem medo daquilo que eles não se consideram. Por instinto, percebem que não fazem parte da nossa raça – parecida com a deles, mas diferente. A fome fabrica deformações.

– Sempre que aparece gente por aqui...

MARINILDA SILVA, pernambucana do sertão, conseguiu se mudar pro Rio – treze dias e treze noites no pau-de-arara, como outro Silva também de Pernambuco, o menino Lula e sua família, noites e dias sentados num banco de madeira, quase sem comer. Lula se tornou presidente do Brasil, e Marinilda, manicure na zona sul carioca. Retorna pra ver a família e se horroriza ao reencontrar a mesma miséria de sua infância. Decide que, durante todo o ano, no salão de beleza, no Rio, pedirá ajuda às clientes. Nas férias, em vez de apenas passear, leva o que arrecadou pra Macaparana e distribui a quem tem infinitamente menos do que ela. Leva mais de mil quilos de roupas, sapatos, mochilas, brinquedos e muito mais. Ela não deixa de visitar Chã do Relógio.

(Nada a ver com a carne da perna do boi, chã-de-dentro ou chã-de-fora – inclusive porque, em Chã do Relógio, carne é miragem. O chã que dá nome ao lugar é parente do chã sinônimo de raso, área plana. Ou seja: um lááááá longe, onde o relógio dá a última volta.)

Com o pinga-pinga das doações em dinheiro das freguesas, Marinilda ainda compra e distribui algumas dezenas de cestas. Mas a comida acaba logo. E ela sabe o que é passar fome.

– Quando conseguia um dinheirinho, minha mãe comprava 1 quilo de feijão e 2 quilos de farinha. Cozinhava o feijão em 10 litros d'água e misturava com a farinha. Era a nossa comida por alguns dias.

Nós, que não conhecemos a fome, nós, que fazemos parte da micro minoria dos máxi privilegiados – que compramos e lemos livros, por exemplo –, nós somos, realmente, estrangeiros nos territórios habitados pelos famintos. O desafio de conseguir algum alimento, o mínimo de dinheiro... digamos, a opulência da unidade da moeda: 1 real.

PIPOQUINHA JAPONESA... conhece? No Rio, chamam até de cocô de rato. Pela textura, é parente da pipoca comum. Mas a cor lembra papelão, consistência de isopor. Pipoca japonesa é muito baratinha, confeito pra quem cuida muito bem dos centavos. Portanto, aquela sacola cheia de saquinhos de pipoca japonesa, ao lado da mala do motorista, enquanto viajamos por Alagoas...
— Esta sacola é sua?
— É.
— Você vai comer tudo isso?
— Não, claro que não. Ah, hoje, até que eu comi. Como caímos na estrada cedo, meu café foi três saquinhos e um copo de leite.
— E tudo isso aqui? Pro resto da viagem?
— Não, é que eu vendo.
Motorista, trabalha numa firma estável, carteira assinada e, como a maioria dos brasileiros, é soldado na missão impossível: esticar o orçamento até o fim de cada mês.
— Por quanto você vende cada saquinho? Dez centavos?
— Quinze. Não dá mais pra vender por 10. A fábrica aumentou o preço. E eu tenho de pagar à vista.
— Dá pra lucrar um pouquinho?
— Eu compro o pacote com vinte saquinhos e vendo na porta de uma escola, em Maceió. Depois que eu vendo os vinte, lucro 1 real.

— Quanto tempo demora pra vender os vinte saquinhos, mais ou menos?

— Uma semana. O complicado é que nem todo mundo paga na hora. Tem muita criança que manda anotar e só paga no fim do mês.

Uma semana para conseguir 1 real. E financiando dívidas de 15 centavos. Ao contrário dos bancos milionários, sem juros nem taxas.

E 1 REAL PODE FAZER DIFERENÇA no cheiro também. Um desconforto... A maior viagem de ônibus que existe no Brasil sai de Rio Grande, a penúltima cidade no sul da terra gaúcha, antes de Chuí, e segue até Fortaleza, no Ceará. O ônibus começa a rodar ao meio-dia de sexta e segue rodando direto até a manhã de terça. Duas vezes por dia, nas paradas para almoço e jantar, a chance de tomar um banho. Num posto ou restaurante na estrada, banheiros, sem boxes, pra mulheres e homens. E não é grátis, banho tem preço. Da Bahia pra cima, quase sempre custa... 1 real. À medida que o ônibus sobe, o dinheiro dos passageiros vai descendo. Nos últimos dias, os trocadinhos que sobram são para um lanche. E aquele calorão fermentando todas as coisas, as roupas sujas, os restos de comida e bebida e, principalmente, os corpos. E 1 realzinho já daria um alívio... Corpo sujo é tão desconfortável, inclusive pra quem está ao lado. Só 1 real resolveria, mas 1 real não tem.

E custa ganhar, mais ainda no calor. No calor do Nordeste então...Em Oeiras, Piauí, os dois homens podam árvores, 1 hora da tarde, nuvem nenhuma pra ajudar. Enquanto o almoço não chega na pequena pousada, a visão – através da janela do refeitório – daqueles dois no sol chicote...

— Nossa! Esses dois aí, brava gente brasileira: trabalhando neste solão.

O garçom serve uma porção de realismo:

— Pelo menos, arranjaram um serviço. Emprego é a coisa mais difícil.

— E quanto será que eles ganham pra trabalhar nesse calorão?

Como não acredito na resposta, saio e o sol me recebe com uma pancada. Caminho até a árvore onde um dos homens serra galhos. Falo do calor, da dureza de trabalhar naquele horário, a parte mais quente do dia. E pergunto quanto ganha pelo dia de serviço.

— Um real.

MAS O TIME DOS ESPERTINHOS consegue 1 real sem virar fritura na frigideira do sol. Campina Grande, na Paraíba, se ufana de promover "o maior São João do Mundo". O título — que pisca em néon no alto do enorme galpão da festa — deve ser mais pra implicar com Caruaru, que fica logo ali, do outro lado da divisa com Pernambuco, a 160 quilômetros, onde também se faz uma festa junina arretada.

(*Por exemplo: na noite de São João, uma fogueirinha brilha na frente de cada casa. Do pequeno morro que existe ali, a visão de todos aqueles fogos — além do encanto que só a beleza manufaturada tem — explica todos os montinhos de tocos de madeira que são oferecidos em toda a região — item de primeiríssima, pode até ser vendido por 1 real. Já pensou se só diante de sua casa o fogo não brilha?*)

Em Campina Grande, então, durante a gravação de uma reportagem, a todo momento aparece um fotógrafo, acompanhado de algumas pessoas. Querem uma lembrancinha, uma foto ao lado do repórter, pra guardar no binóculo pequenino e olhar contra a luz. É o serviço que o fotógrafo oferece e nem pergunto quanto cobra. Passa um tempinho, e lá vem o mesmo fotógrafo com outro grupo, quatro, cinco pessoas. Pose, sorrisos, fotos, abraços, obrigados, e o trabalho segue. Até que, depois de outra rodada de fotos, um casal se aproxima.

— Moço... será que não dava pra fazer a foto de graça?

— Isso é lá com o fotógrafo. E ele tem de cobrar, né? É o trabalho dele.

Os dois se olham, vacilam um instante. Decidem continuar.

— Mas ele disse que tem a taxa, além do preço da foto.

— Taxa? Como assim?

— Ele disse que o senhor cobra 1 real por cada foto...

O fotógrafo gosta de levar vantagem, infelizmente. Passaram a vida fazendo isso com ele, de cima pra baixo. Agora, ele repete a maldade. E morde pra baixo, belisca o mais fraco. Não importa que seja gente que não pode pagar. Não é à toa que o filho de Maria Cida chora toda vez que vê gente.

30

SALA DOS PROFESSORES

— **Eu tenho mais necessidade** de companhia desse tipo do que ela.

Ele é trinta anos mais velho do que a mulher.

— Mas é tão gostoso e tão barato, que não é da gente jogar fora.

Seu Melo, mais de 70, transborda energia, inclusive quando está apenas falando. Olhinho brilha sempre, riso não falha.

— Por ele é todo dia, eu que breco.

— Se quer uma cervejinha, tem de pagar por ela. Isso não paga nada!

Os dois e o mundaréu de filhos moram no meio do mato, de verdade, pertinho de Aquidauana, Mato Grosso do Sul. A casa, construída sob o comando de Seu Melo, parece instalada na copa das árvores. A caixa d'água, uma invenção do Seu Melo com resto de material usado na construção de uma usina hidroelétrica, montada pelo mesmo Seu Melo, que também faz rádios, conserta tratores e carros, instalações elétricas e hidráulicas...

Seu Melo e Elza, prazer todo dia

— E onde o senhor aprendeu tudo isso?

Sorri, surpreso com a bobeira da pergunta. Faz um gesto, indica a enorme estante empoleirada nas árvores.

— Nos livros. Onde mais poderia ser?

Claro que escreve livros, já publicou vários, sobre tantos assuntos, todos escritos em computador — mãos grossas de operário & agricultor & faz-tudo na delicadeza do teclado. Óbvio que já escreveu sobre outra especialidade dele: sexo. Viúvo, aos 42 anos se encantou com uma amiga de sua caçula, na verdade, com a mesma idade da filha: 15 aninhos. Quando ele fala da paixão por Elza, do início até agora, estamos diante de um pré-adolescente no instante em que descobre o arrebatamento do primeiro namoro.

– Como o senhor faz pra manter toda essa energia?

(Atenção: receita do Seu Melo!)

– Primeiro, usar a cabeça com muita intensidade. Depois, fazer exercício físico intenso, pesado, carpir, caminhar, não dar descanso pro corpo. Tudo isso mostra a ele que você ainda está em atividade. Não pode dar moleza pro corpo, não. Terceira coisa: não ter preocupação de ordem emocional.

Dá uma gargalhada. Afinal, enunciar é fácil... Mas ele e sua Elza parecem que não têm mesmo qualquer preocupação. Andam de mãos dadas, se beijam na boca, nem aí pra bagunça da filharada, netos, bisnetos.

A receita inclui também geléia real – abelha faz zum zum e mel... e dá uma ajudinha extra, pelo menos pros dois.

– Quando ele acha geléia real no mato, peço pra dividir ao meio, metade pra cada um. Senão... como é que eu vou agüentar esse homem?

Os dois riem e se encantam um com o outro. Mesmo quando surgiu um problema estranho, Seu Melo não alterou sua rotina. A mulher revelou sua frustração por não ter um filho, depois de três filhas. Outro desafio pro marido. E ele, que não é ginecologista, repetiu seu comportamento diante de qualquer pergunta sem resposta: foi aos livros.

– Descobri que o espermatozóide que contém o cromossomo X, que gera menina, é mais resistente. Só que ele é mais lento do que aquele que contém o cromossomo Y, que gera um menino. Só que ele é mais frágil que o outro. Mas...

Outra vez, uma risada, garoto que vai contar uma vantagem.

– Ele é mais frágil, porém... é mais rápido. Portanto, é preciso

SEU MELO

– Não tenho nada,
nada a ver com
a velhice
do meu corpo.

ter a relação no momento preciso da ovulação, que aumenta a chance de o cromossomo Y ganhar na velocidade, mesmo sendo mais frágil.

Agora, uma gargalhada. O filho caçula está por ali, nem precisa esperar o fim da história.

— O único problema foi o seguinte: na época da ovulação, tinha de ficar dez dias em jejum.

— Coitadinho... E logo o senhor, que adora comer.

— Não é nada disso. Era jejum sexual!

Todos riem, até o caçula... filho da curiosidade infinita do pai.

— Com mais de 70 anos, o senhor não se considera velho?

— Meu corpo é, mas eu não tenho nada a ver com isso.

Outra risada.

— Meu corpo é minha condução. Não é porque estou usando um carro de 1929 que não vou admirar a paisagem, admirar mulher bonita. Eu não tenho nada a ver com minha condução.

Seu Melo, professor de vida.

O CAIXÃO É LEVADO ATÉ O CENTRO do palco. E colocado de pé. Luzes coloridíssimas, fumacinha de gelo seco, duas mulheres-shorts rebolando, som estridente. Na frente do palco, um padre, isto é, um homem de batina preta e estola roxa até o joelho, fala com a platéia.

— E agora, irmãos, com vocês, o primeiro, o único, o exclusivo, o extraordinário... ANORMAL DO BREGA!

O caixão é aberto. A parte interna, toda branca, é contornada por um néon vermelho-rosa. E de lá emerge um homem de peruca enorme e colorida, todo de branco, com enormes asas de anjo, um ser baixo, barrigudinho, óculos com dezenas de cores, lentes de se abrem em leque, ele... O Anormal. Começa o show!

A cena acontece sábado, na capital do brega, lá, onde ser brega é do bem...Belém do Pará. Na segunda-feira, meio da manhã, Faculdade de Direito, um professor entra pra começar sua aula. É o dr. Rubens Mota, advogado. Numa outra manhã da mesma semana, o Anormal reaparece num programa de TV, em animadíssima lição de culinária. Na quinta, no Tribunal de Justiça, com a beca negra, botinha cintilando, fone e microfone presos à orelha, sem fios, o advogado Rubens Mota defende um cliente. A veemência, a dramaticidade das pausas, a maneira como anda pra lá e pra cá diante do juiz... tudo lembra o Anormal.

Rubens Mota é tudo isso, além de ser atencioso e discreto quando está fora dos palcos. Nos fundos de sua casa, entre a piscina vazia e os patos do quintal – no varal, as asas e a túnica do anjo secam, à espera do próximo vôo noturno –, ali, ele nem lembra o maluquete que sai do caixão com néon. Mas é o estapafúrdio, o magnífico Anormal do Brega que, com seus exageros, nos pergunta: por que viver uma vida só, normaiszinhos?

Professor, advogado, Anormal

(No encarte do CD, ele explica que a sua obra musical "se ergue através do leque formado por dez estilos musicais, como pop, xote, forró, pagode, axé, merengue, cúmbia, bolero, heppe e samba de enredo, contudo predominando, na nossa caminhada, o romantismo, que, indubitavelmente, deve ser o estilo que seguiremos unicamente no futuro".)

— **Eu sei o nome de Deus** em mais de duzentas línguas.
— Bom... e daí?

Melhor não fazer esta pergunta ao Paulino, o agricultor filósofo. Porque ele pode começar uma aula daquelas, recheadinha de citações lá da Grécia clássica que ele ama.

— Sou agricultor, vivo do que planto.

A casinha dele é a dos mais pobres, de taipa: pau trançado e barro. Sem assoalho, nada de energia elétrica. Logo ele, coitado, um leitor faminto.

— Eu sou uma máquina de ler, posso ler mil páginas sem problema algum, nunca soube o que é cansaço visual. Então, eu nasci pra ler. Um livro sobre a vida de Fidel Castro, oitocentas páginas, li em um dia e meio.

Agricultor pré-socrático

As mãos dele são grossas, muito mais pra cabo de enxada do que pra livro e caneta. Na salinha da casa, dois baús embaixo da mesa. O maior tesouro de Paulino, que vive na roça, perto de Itapipoca, Ceará. São centenas de fichas, anotações sobre suas leituras, feitas com letra ilegível de tão pequena.

— Míope tem essa vantagem, lê letra bem miúda. Tenho material aqui pra escrever quinze livros.

Ele tem uma plantação de caju. Mas não quis se limitar ao horror da vida de míni lavrador e decidiu estudar.

— Em 94, não tinha o primeiro grau. Em 95, já fiz o supletivo e o segundo grau. No mesmo ano, fiz o vestibular pra pedagogia e passei em primeiro lugar. Sofri o que o diabo enjeitou.

— Por quê?
— Era o único agricultor na classe. Faculdade é coisa de rico. Agora, piorou: fui convidado pra ser professor na faculdade, quando me formar.
— E quantos anos o senhor tem?
— Deixemos o supérfluo de lado e vamos ao que realmente importa.

Não é qualquer plantador de caju que colhe um supérfluo no meio de uma frase. Mas este é determinado, único. Os olhos de Paulino parecem estar sempre arregalados. Ele anda rápido, corpo duro, pisa forte. Não é do riso, vem daquela vida sinônimo de sacrifício, onde quase nada já é luxo.

— Se sua paixão é a filosofia, de quem gosta mais?
— Dos pré-socráticos. Eu sou bom nos pré-socráticos.

O plantador de caju não gosta nem de eleger um só.

— Gosto de todos, era uma plêiade.

Sim, foi isso mesmo que ele disse: plêiade. Como se falasse de um time de futebol.

— Anaximandro, Anaxímenes, Anaxágoras, Pitágoras... Este dá certo com minha alma, o filósofo cientista.

O parceiro cearense de Pitágoras, agricultor, pedagogo, quase professor, filósofo cientista de Itapipoca.

DONA CONCEIÇÃO, COMO MILHÕES de mulheres, foi casada e teve dois filhos. E, ao contrário de milhões de mulheres, um dia, de noite, acordou:

— Não vou mais esperar a morte chegar na frente da televisão, sem sentido, sem nexo, sem nada.

Avisou aos filhos, amigos, parentes sobre a total guinada.

– Vou colocar pra fora um pouco do que todos nós possuímos.

Hoje, quando se refere ao passado, faz questão de ser específica:

– Tive apenas dois filhos biológicos, mas hoje tenho mais de quarenta!

Depois de conhecer o casarão dela, em Pelotas, Rio Grande do Sul, recomenda-se evitar espelhos. Vai dar vergonha. Se ela consegue tocar a sua enorme família sozinha, como aceitamos a nossa imobilidade?

Primeiro, ela adotou um. Depois, o segundo. O terceiro, o décimo, o vigésimo... Hoje, mais de quarenta. Todos, um por um, são legalmente adotados. Todos têm o mesmo sobrenome dela. Teixeira.

– Ninguém nasce marginal, a vida é que faz.

Todos a chamam de mãe e vivem de doações, da comida às roupas, dos remédios aos cadernos.

– Nunca nos deram restos, mas as sobras.

– Qual a diferença?

– No caso da comida, por exemplo: resto é o que ficou no prato, o que você não comeu e largou no prato. Sobra é o que ficou na panela.

Como qualquer mãe de dois filhos, ela sabe o nomes de cada um, sem qualquer vacilo. Todos são Teixeira, apesar de tantas cores de pele diferentes, jeito do cabelo, dos olhos, maneira de falar. Acompanhar a saída da escola emociona: cada mãe sai com seus dois, três filhos. E Dona Conceição, com aquele batalhão. Atravessar a rua exige planejamento, ou nem todos chegam do outro lado. E é claro que ela está sempre bem-humorada, correndo, correndo.

– Viver, todos vivem. Mas saber viver poucos sabem.

As CARRANCAS, MAJESTOSAS, protegem os barcos que navegavam no rio São Francisco.

Do passado pro presente: as carrancas, encolhidas, são apenas lembranças pra turistas. Em Pirapora, Minas, um pequeno galpão, pertinho da margem do rio, oferece os trabalhos de vários artistas. Peças coloridas, vistosas, pequenas, na dimensão daquele canto num apartamento de praia carioca ou varanda de mansão num condomínio paulista. Nada contra, são pecinhas bem-feitas, trabalho de gente que gosta demais do que faz.

Ela, carranca, virou até adjetivo: se a pessoa está sempre zangada, mau humor imutável, ela é... carrancuda.

Mestre Davi é o avesso do carrancudo. Trabalhou como marceneiro por mais de trinta anos, aprendeu sozinho a fazer carrancas. Foi também operário de uma fundição. Depois de se aposentar, recomeçou: aprendeu saxofone. Ainda faz umas carrancas, as mãos sentem falta da madeira. Formou um grupo de músicos. Hoje, é maestro da bandinha de Pirapora. E tá planejando ainda...

– Cabe muita coisa numa vida só.

Lugar cativo aqui, na Sala dos professores.

31

PÉ DE GARRAFA

Você nunca viu o Pé de Garrafa. Na verdade, quase ninguém viu. Mas muita gente tem certeza de que ele existe. Oferecem duas provas. A primeira e mais comum: já ouviram. E tem uma outra confirmação, a visual. Os peões da fazenda Caiman – em Mato Grosso do Sul, perto de Miranda – sabem bem o arrepio que dá quando estão no mato e ouvem o primeiro grito do Pé.

– Uma noite, voltava pra casa e cortei caminho pelo meio do mato. De repente, os cachorros que estavam comigo ficaram nervosos, ariscos. Um minuto depois, o primeiro grito do Pé de Garrafa, aquela coisa fininha, que demora. A cachorrada disparou na direção do grito. E eu corri atrás. Sempre tive medo que ele fizesse mal a algum cachorro. Contam cada história...

Geraldo da Silva é tratorista, está na fazenda há muito tempo. O Idelfonso Bento é veterano também e, igualmente, gosta demais de seus cachorros. Ele é mais conhecido por causa de uma especialidade que a Isabel, sua mulher, prepara na cozinha: a sopa paraguaia. Uma sopa que não é sopa.

– Não se toma de colher. Esta sopa se come com garfo e faca.

É uma espécie de torta salgada, à base de fubá. Uma torta que se chama sopa. Até os cachorros do Idelfonso gostam muito da sopa que se mastiga.

– Mas ele era louco mesmo pelo Piloto, sofreu de dar dó.

Isabel nem deveria ter lembrado. O marido fecha os olhos e fica quietinho. Piloto era um buldogue, o mais querido entre todos os que a família já teve.

– Sempre me acompanhou pra todo lado, me salvou de muito susto. Quando já era mais velhinho, ficou cego por causa do coice de um cavalo. Mas me acompanhava assim mesmo. Se eu saía de casa pra resolver alguma coisa no galpão, dava um tempinho e ia atrás de mim. Quando o galpão estava cheio, os amigos lá tomando o tereré junto do fogo, ele entrava e ia direto até o lugar onde eu estava, pelo cheiro. Quando ficava muito tarde, dali um tempo, mandava o Piloto pra casa. E ele voltava direitinho, mesmo cego. Dentro de casa, ninguém diria que não enxergava, não esbarrava em nada.

Piloto não acompanhava mais o dono nas andanças pelos pastos. Mas de tardinha, quando escutava o barulho do cavalo, ainda bem longe, ia até a porteira esperar Idelfonso. Do lado de dentro.

– Por isso, estranhei muito naquele dia. Quando ia chegando, o Piloto saía por baixo da porteira. Ele estava meio duro, andando esquisito, derrubado. Não vinha na minha direção, caminhava assim, enviesado. Desci do cavalo e corri pra junto dele. Mas ele caiu e ficou lá. Abaixei, peguei no colo e caminhei até uma sombra. Coloquei o Piloto no chão. Ele já estava meio duro. Começou a espumar.

Idelfonso montou e galopou até a casa. Entrou nervoso, a mulher se assustou. Pegou um remédio e saiu correndo, cavalo em disparada.

– Ele já entrou aqui chorando.

Quando chegou à árvore, Piloto já estava morto.

– Ele estava saindo de casa pra ir morrer longe. Cachorro bom não morre perto do dono. Acho que é pra não ver o dono sofrer.

Mas dor não escolhe lugar, não tem como esconder.

– Enterrei ao pé de uma outra árvore, bonitona, copada. Cavei um buraco bem fundo, pra bicho nenhum comer.

Tudo isso ele fez chorando, conta com os olhos vermelhos, hoje, tantos anos depois.

– O que este homem chorou... A noite inteirinha, ali, deitado do meu lado, soluçando. Até o amanhecer.

– Matula também não gosta de morrer, foge logo que percebe.

Matula é a vaca escolhida para ser levada pro matadouro. Todo peão confirma que ela adivinha. E foge. Uma trabalheira cercar e laçar a matula.

— Só sai da fazenda amarrada. Nunca entendi como o bicho adivinha. Porco também percebe, na hora. Grita muito, larga todo o peso no chão, dá muito trabalho. E grita, grita. Se escuta de longe. Uma agonia.

Mas o pior, sempre, é o cachorro querido. Também por isso todo peão se arrepia quando escuta o grito do Pé de Garrafa. Corre atrás da cachorrada, pra proteger. E pra tentar ver o bicho esquisito, claro.

Quando chega lá, todos estão latindo, latindo, cheirando o chão, fuçando. Uma porção de galhos quebrados indicam por onde o misterioso escapou quando os cachorros chegaram. E a confirmação de que o Pé de Garrafa passou por ali: no chão, as pegadas redondinhas. A mesma marca que deixa o fundo de uma garrafa.

32

O GANHADOR

– Mas que história é essa?

– Que história?
– Ligação a cobrar?

O amigo pode se assustar à vontade, mas Adelson nem mexe no tom da voz. Ele não improvisa, não arrisca, já chega com razão minuciosa pra tudo que faz.

– Hoje não é o seu aniversário?
– Lógico que é. E daí?
– Então, liguei pra dar os parabéns.
– Mas fez um ligação a cobrar.
– Claro.
– Ligação a cobrar pra dar parabéns?!

– Se já estou dando os parabéns... Então, é justo que você pague a ligação.

Perto do Ganhador, qualquer sovina vira mão-aberta.

Lembra do dia em que foi convidado pra jogar peteca.

– De jeito nenhum. Esse jogo não serve pra mim: é de mão aberta.

Nem sorri quando conta. Não é piada, ele é rigoroso ao decidir abrir a mão, mesmo que seja pra lavar.

– Corrida de bicicleta poder ser, porque é com mão fechada. Campeonato de tirar leite de vaca. Mas o meu preferido é boxe.

(Ele gostou muito, quando viu, por acaso, a nova saudação da moçada, particularmente do instante em que os dois, de mãos fechadas, se dão um soquinho, mão contra mão. Isso, sim, que é cumprimento!)

Mas ele não menciona a bicicleta por acaso. Quando não está a pé, Adelson Alves pedala uma bicicleta famosa em Caicó, Rio Grande do Norte. É vermelha e, no triângulo do quadro, existe uma placa que diz: Adelson, o Ganhador. O apelido nasceu quando ele ainda era pequeno e aceitava qualquer serviço.

– Nunca perdi nada de ganhar. Quer ganhar dez centavos? Eu dizia: vou! Vinte centavos? Vou! Quer ganhar mil? Vou!

Virou o Ganhador e pedala sua bicicleta. Claro que tem dinheiro pra comprar o melhor carro do ano.

– O petróleo sobe muito, ninguém tem controle, o preço da gasolina dispara. E ainda tem a manutenção do carro. A pessoa deve fazer tudo pra economizar, porque hoje se vive do que se economiza, não do que se ganha.

Quem estranhar a teoria do Ganhador deve visitar a casa dele. Se abrir o armário, só vai encontrar camisetas com propaganda. Faz muito tempo que ele não compra, só usa o que dão de graça. Época de eleição é hora do Ganhador ampliar o guarda-roupa – faz um estoque pra vários anos. Tem mais: as paredes que dividem

GANHADOR

– Nunca perdi nada de ganhar. Quer ganhar dez centavos? Eu dizia: vou! Vinte centavos? Vou! Quer ganhar mil? Vou!

os cômodos não encostam no teto. Assim, ele pode instalar uma luz no teto alinhada com esta parede interrompida. Resultado: uma única lâmpada ilumina dois cômodos. Mas existe outro truque pra economizar mais do que aquilo que se deixa de gastar com a lâmpada que vale pra dois quartos.

– À noite, quando duas pessoas conversam na sala, por exemplo, podem apagar a luz. O que interessa mesmo é o som que sai da boca. E se a gente estiver com os olhos fechados, durante a conversa, ainda economiza muito as vistas, né?

Nada disso é brincadeira. Ele segue todas as suas receitas de economizar. É solteiro, mora com a mãe, aluna dedicadíssima da cartilha mão-fechada do filho. Não é que eles não recebam visita, às vezes, até pra dormir – amigo ou parente que vem de outra cidade.

– É simples: coloco uma esteira no chão, deixo a rede pra visita e durmo do mesmo jeito. Agora, a visita paga o aluguel da rede, né? Se achar que a minha tá meio velha, não tem problema: tenho rede novinha guardada, só pra esses casos. Só que de rede nova o aluguel é mais caro.

– Cobra mesmo de parente, de amigo?

– Lógico. Parente ou não parente, usa a rede do mesmo jeito. Então, tem de pagar o aluguel.

Ele é craque na cobrança do aluguel das muitas casas e salas que tem pela cidade. Nada de cobrar por mês, sinônimo de perder dinheiro. E isso não rima com o nome-senha: Ganhador.

– Cobro por semana, porque tem mês que tem cinco semanas.

Pra ganhar mais um pouquinho, inventou o cartório doméstico: anota nome, informações e datas a respeito de cada pessoa que morre em Caicó. Às vezes, por causa de uma dívida, uma herança, qualquer dúvida, a família ou um credor precisa de uma informação sobre o falecido. Cartório é muito demorado. Pode consultar o Ganhador.

– Cobro pela informação, claro.

Até dormindo ganha dinheiro: no começo, passou muitas noites na rua, cochilando numa cadeira, pra guardar lugar em alguma fila de serviço público. A demanda aumentou e ele convocou crianças pobres pra guardar mais lugares. De manhã, vendia a vaga. Agora, suas manhãs são diferentes: acorda às 5 e vai checar as duas barracas que tem na feira. Confere se foram montadas no horário e corretamente, se os produtos foram colocados como iscas de freguesia. Volta pra dormir mais um pouco... ou segue pra um velório. Carpideiro de Caicó, sim senhor.

– Hoje, não preciso mais fazer isso. Antigamente, fiz parte daquilo que eu chamava Clube dos Choristas. Pois é, ganhei dinheiro chorando em velórios. Se era pessoa importante, eu contratava várias pessoas pra chorar também. Lembrava uma coisa ruim que tinha me acontecido, me emocionava um pouco, colocava colírio e pronto. Na verdade, não chorava pelo morto, eu chorava pelo ganho.

Quando era jovem, conseguiu um extra do patrão por causa da sua obsessão por economizar. Foi a multiplicação dos fósforos.

– Falei com ele que seria possível usar cada fósforo duas vezes e, assim, a caixinha iria custar a metade.

O patrão duvidou, claro. O Ganhador explicou que bastaria dividir cada fósforo ao meio.

– Ele me desafiou e eu, que já tinha experimentado com uma gilete, rachei o palito de fósforo na frente dele. Aí, virou lei naquela casa. Mas eu pedi um extra pelo novo trabalho.

– Que trabalho novo?

– Dividir os fósforos.

Ele ri, vitorioso, depois de cada caso que lembra. Óbvio que existe o risco de, no fim da conversa, aparecer uma continha – taxa de contador de histórias. Pra ler jornal, por exemplo, o Ganhador tem uma tabela. Pessoas analfabetas ou mais idosas convocam o serviço do leitor.

— Vou naquela casa pra ler o jornal todinho... custa 5 reais. Leio direito, fazendo a pontuação, vírgula, ponto e vírgula, tudo certinho. Mas é só a leitura. Agora, posso ler cantando ou interpretando. Cada leitura tem um preço. Cantando é a mais cara, porque exige mais esforço, entonação.

Difícil de imaginar, pois a voz do Adelson não é rica em modulações. É agudinha e sem muito brilho. E cantar um jornal... só mesmo ele, aquele que, muito antes das teles, já oferecia serviço de despertador... à prova de calotes.

— Chamo até o cabra acordar direito, ligo várias vezes, se necessário. Comigo, ninguém perde a hora. Mas tem de pagar adiantado. Que nem ingresso de cinema. Já pensou se fossem cobrar na saída? Quem não gostou do filme não ia querer pagar.

Lê e escreve cartas pra analfabetos. Mais uma vez, vários preços: se o cliente traz a caneta, é um preço; se usa a caneta dele, é mais caro. Se, em vez de escrever o que o freguês dita, ele próprio é que tem de inventar toda a carta... mais caro um pouquinho.

Ele jura não ter desejos secretos, o tal projeto pra quando se considerar suficientemente rico – como tanto riquinho que coloca sua felicidade sempre no futuro, à espera que o patrimônio se torne, enfim, suficiente. Nunca será.

Mas Adelson já é um dos ricaços de Caicó. Pela aparência, na sua bicicletinha vermelha, parece um entregador, desses que vive das gorjetas que recebe. Se fosse entregar uma encomenda pro verdadeiro Ganhador, em vez da caixinha, possivelmente ia ter de pagar alguma taxa. Ou deixar de receber.

— Peço uma pizza e, se ela não estiver bem quentinha, vou pagar 10 por cento menos, pois vou gastar gás pra esquentar. E a luz da cozinha também.

33

MUNDO ESTRANHO

A SENHORA SOBE COM ESFORÇO, sacola pesada num braço e, no outro, o guarda-chuva. Maior sol! Calor que tritura. É a rotina de Oeiras, Piauí. Assim como é rotina ela colocar a sacola no chão e procurar alguma coisa no meio das plantinhas baixas. Acha, pega a pedra e se aproxima da pilha enorme que existe sobre o chão também de pedra. Joga a pedra com força na pilha e grita:

– Cão da peste!

Volta, serena, pro lugar onde deixou a sacola pesada e recomeça a subir a ladeirinha. E logo aparecem dois meninos, quase correndo, ladeira abaixo. Rapidinho, acham duas pedras, jogam na pilhona quando passam. E, claro, xingam:

– Cão safado!

Quem se aproximar com calma da montoeira de pedras que todos jogam vai descobrir a marca no chão, logo ali do lado. No chão não, na pedra. Ali, a pedra do morrinho não oferece aberturas nem poros pra qualquer planta. Na rocha ao lado do alvo de todos existe algo que parece uma pegada, a marca de um pé descalço. Não é muito precisa, mas dizem que não é a original. Tanta gente já pisou com força ali, querendo porque querendo que o pé coubesse justinho. Mas ou menos como o príncipe da Gata Borralheira, que percorre o reino com o sapatinho de cristal, em busca do pezinho que se ajuste perfeitamente, revelando aquela que fugiu do baile pouquinho antes da meia-noite.

Mas aqui todos querem ter o pé igual ao pé de Deus.

Porque, na cidade, a maioria acredita que, há milhares de anos, Deus esteve aqui – possivelmente, também penando com o calor que estala. Mas logo apareceu alguém que até gosta muito de calor. Sim, ele, o Demo em pessoa. E deixou sua pegada arredondada, marca de quem tem pé de cabra.

As marcas eram bem nítidas, um pé humano e santo, e outro,

de bicho e amaldiçoado... numa mesma pedra no Piauí. Isso, bem antigamente, lembravam os avós dos avós. E nasceu a crença de que era preciso apedrejar o pé do Satã.

— Se não jogar a pedra e amaldiçoar, alguma coisa vai dar errado no dia.

— E se a pessoa passar por aqui várias vezes no mesmo dia?

— Só precisa jogar da primeira vez que passar, jogar e xingar.

— E você acredita?

— Sei não... Mas, na dúvida, sempre jogo. E você, já jogou?

Quando a pilha do ódio fica muito grande, a prefeitura envia um trator e remove tudo. Mas distribui as pedras por ali mesmo, na tal ladeira. Sabe que, logo, logo, a pilha começa a subir de novo.

— Cão dos infernos!

O Pé de Deus e o Pé do Cão... que certamente ainda não estão nos dicionários do Brasil que tem um pé na África e parece que também finca o pé na sua paixão pé-quente. Pois dá o maior pé, parece sem pé nem cabeça, troca os pés pelas mãos, foge do pé-d´água e se escora no pé de apoio, anda pé ante pé ou mete o pé na porta, põe o pé na estrada pra uma viagenzinha pé-de-chinelo, fica com o pé atrás ou mesmo em pé de guerra, evita o pé-de-vento e pega no pé do pé-rapado, mas mergulha com pé-de-pato, é um pé no saco ou dá o maior pé, pé-de-anjo, pé-quente ou pé-frio, que faz pé-de-meia, pé de goiaba ou de limão, e a sala do arrasta-pé tem pé-direito alto, onde o pé-de-chumbo cochicha ao pé da orelha e deixa todo mundo de orelha em pé.. E o mais traiçoeiro é o pé-de-veludo — aquele que divide a traição com ela e nunca é surpreendido pelo maridão, nem na chegada nem na saída, por causa do seu pisar levíssimo, silencioso e sem pegadas. Bem mais discreto do que o pé de cabra do Pé do Cão.

316 MUNDO ESTRANHO

QUANDO ELE ABRE A JANELA DA SALA de sua casinha, já sabe: a cabeçorra continua lá. É quase mais alta do que sua casa e vai bem além da metade da ruazinha. Na verdade, ele mora numa rua meio bloqueada por uma cabeça de gigante. Pra tirar dali, só mesmo um guindaste poderoso. Quando a prefeitura de Caridade vai ter verba pra isso?

Afinal, é uma cidade pequena do Ceará, menos de 16 mil habitantes. Como as romarias pro Canindé, que fica logo adiante de Caridade, atraem milhares de pessoas – os romeiros que vêm a pé de Fortaleza, muitos vestindo a batina dos franciscanos, passam diante da cidade e raramente entram –, um prefeito decidiu construir um monumento exagerado.

– Ele queria fazer a terceira maior estátua do mundo, no entender lá dele. A maior seria a da Liberdade, nos Estados Unidos. A segunda, o Corcovado, no Rio. E aqui seria a terceira.

A idéia do político era tornar Caridade conhecida, ímã pra todos os que passam pela rodovia. No alto do Serrote, morro que marca o fim da cidade, o corpo da imagem está pronto, ereto, enorme. A cabeça foi montada numa rua, seria levada pro morro já pronta e fixada nos ombros do corpo. Terminou o mandato e a obra não foi concluída. O prefeito seguinte era da oposição. Nem pensou em terminar o monumento. Assim, no alto do Serrote está um corpo sem cabeça, e no meio da rua uma cabeça sem corpo, coberta por números que orientaram a sua montagem. Toda a cidade sabe que por aquela rua a coisa é meio atravancada. Pelo menos as crianças sobem pra brincar em cima da cabeçona. E o dono da casa que encosta no cocuruto da cabeça nem liga.

– Mudou sua vida, essa cabeça de gigante?

– Mudou não. De qualquer maneira, a gente sempre tem boa intenção, porque a gente sabe que é a cabeça de uma estauta*.

Mas pertinho de Silveiras, em São Paulo, a cabeça é pequena

demais. Logo que a gente sai da Via Dutra, aparece a placa verde e branca, oficial: Santa Cabeça. E assim como Caridade fica antes de Canindé, Cachoeira está bem perto de Aparecida, outra cidade de romaria. Na basílica suntuosa está a imagem da santa negra, padroeira do país, encontrada num rio. Na capelinha de nada – com o pomposo nome de Santuário Nacional Santa Cabeça – está apenas a cabecinha, igualmente encontrada num rio. Assim: tropeiros que passavam por ali, entre 1829 e 1830, pediram pousada numa casa e mostraram a pequena cabeça que tinham achado no rio Tietê. Iam levar pra capital da província de São Paulo, mas as pessoas de lá pediram que a cabeça ficasse por ali mesmo. E nasceram as romarias, a devoção.

Só que parece mesmo uma cabeça de boneca. Como só encontraram a cabeça, no centro do altar dois anjinhos seguram aquela míni cabeça. Durante a missa oficiada pelo padre Antônio Romero, uma oração é feita de um jeito esquisito: todo mundo com a mão na cabeça. E todos cantam uma canção de Renato Teixeira, no meio da missa: "Sou caipira Pirapora Nossa Senhora de Aparecida. Ilumina..."

E ainda tem a bênção da Santa Cabeça: no final da missa, os fiéis formam fila até o altar e o padre coloca a mão na cabeça de cada um. Na sala dos milagres, ao lado, ex-votos, cartas, fotos e desenhos atestam o poder da santinha sem corpo.

Do lado de fora, é possível provar um dos sabores da Sorveteria Santa Cabeça. Comprar alguma lembrança na lojinha – imagens, adesivos, camisetas, relógios, bonés e muito mais. E uma estranhíssima vela com dois pavios. Na base, a imagem da cabecinha milagreira. O vendedor explica:

As transformações da língua seguem aquela lei de que a gente mais gosta: a do menor esforço. Em vez de não é, preferimos né, por exemplo. Mas, às vezes, parece que adotamos a lei do esforço máximo: as pessoas mais simples quase sempre dizem estáuta em vez de estátua. Quando o U pula pra frente do T... complica, né?

– Vela Santa Cabeça... Cada pavio representa um anjinho que segura a Cabeça de Maria. O fogo significa a Cabeça de Maria. É uma vela na intenção de ser reacendida. A pessoa acende, faz sua oração e depois apaga. Dessa maneira, a vela dura mais de uma novena.

– Mas padre: não tem problema louvar só uma cabecinha, sem corpo, sem nome?

– Não, não tem. Não precisa de nome.

Cabecinha santa.

PROVIDENCIE UM COPO DE PLÁSTICO, desses de bebedouro, branco e quase tão fino como papel. Depois, uma folha pequena, uma ponta de grama. Furinho miúdo no fundo do copo. Dedo no furo, encha o copo com água. Coloque a folhinha pra boiar. Agora, tire o dedo de baixo. A água começa a escorrer, né? Forma-se um micro rodamoinho e a folhinha começa a girar no sentido do relógio. Então, atravesse a rua e repita tudo: dedo no buraquinho, encha o copo, coloque a folha e tire do dedo. A água começa a escorrer e a folhinha – surpresa! – gira no sentido anti-horário. Terceira e mais impressionante: vá até o meio da rua, nem lá nem cá. Copo cheio, folhinha, tire o dedo... e a água desce sem girar, a folha flutua tranqüila, acabou a tonteira.

(Depois, algum astrônomo vem nos ensinar que as aparências enganam mesmo, que isso não é o que parece, etc. e tal. Mas, enquanto o tal não chega, vamos em frente.)

Existe um lugarzinho no Brasil onde isso acontece direto. É até uma das atrações turísticas de Macapá, capital do Amapá. Afinal, o estádio de futebol de lá se chama Zerão. E não é porque ninguém consegue marcar e todos os jogos terminam no zero a zero.

É porque a linha que divide o gramado está perfeitamente alinhada com a linha do Equador, que divide a Terra em dois hemisférios, sul e norte. Noventa por cento do Brasil está no hemisfério sul e apenas dez por cento, no norte. Ninguém por ali lembra disso, mas, quando o pedacinho de cima (norte) entra no outono, a maioria aqui debaixo (sul) saúda a chegada da primavera. Como se fosse possível uma cidade viver, nas mesmas 24 horas, duas estações opostas, outono e primavera. Basta atravessar a rua. Quem tá com calor passa pro lado de cima; e a maioria brasileira permanece do lado de baixo, na primavera. Mas claro que a estação em Macapá é uma só.

A linha do meio de campo do estádio está no grau zero. E ela se alinha, ao sair do estádio, com a Avenida Equatorial. E divide ao meio um monumento ao marco zero. Ponto pras crianças, que podem saltar de um lado pra outro, norte ou sul, sul ou norte. E logo aparece alguém que grita:

– Estou no meio do mundo, estou no meio do mundo!

Mas a turma do planetário do Rio avisa que o resultado do teste com o copo d'água e a folhinha é totalmente aleatório, passa muito longe de qualquer fiapo de rigor científico. Só que repetimos diversas vezes e os resultados nunca se alteraram. E era bem engraçado correr de um lado pro outro da rua do meio do mundo, na tentativa de deixar a folhinha tonta: começa a rodar pra um lado, tapa o buraco no fundo do copo, corre pro outro lado da rua, abre o buraco, água e folha rodam ao contrário. Às vezes, só pra folhinha descansar, e superar a tontura, paramos bem no meio a rua. E a água desceu plana, sem rodar nem pra cá nem pra lá.

320 MUNDO ESTRANHO

VOCÊ PODE OPTAR: BOCA OU MÃOS? Melhor decidir rápido, pois só é bom se comer quentinha. Mãos, tem de mastigar as duas de uma vez, não dá pra separar. Mas também pode provar um pedacinho do ombro ou da orelha. Olho, quem sabe um olho... Quem diria, né?, mastigar a Monalisa.

Mais uma noitada de paladares incomuns no restaurante La Locanda Della Tortorella, comandado pela bela Marisa em Pomerode, Santa Catarina. Com os óculos deslizando nariz abaixo, ela prepara pincéis e tintas, enquanto o time da cozinha termina de montar a mesa do indescritível bufê. Lá fora, os carros sobem a pequena estrada, iluminada por tochas. Apenas três noites por semana, poucas mesas, sempre lotadas. Os comedores de quadros se multiplicaram, boca a boca, reservas com antecedência cada vez maior.

E Marisa ajeita uma reprodução do quadro mais famoso do mundo ao lado de sua mesa. Trazem a tela de massa.

– A lasanha mesmo já está pré-cozida. Depois, acrescentamos por cima a camada com a Gioconda.

Começa a pintar, com anilina comestível. Em pouco tempo, a réplica perfeita já pode ir pro forno. Claro que, quando não comanda seu restaurante, Marisa pinta em outros suportes, não comestíveis. É do ramo. A sala na qual pinta tem uma enorme estante de livros. Nada de lombadas douradas, compradas a metro. Foi ali que ela aprendeu, por exemplo, que Leonardo da Vinci foi garçom durante algum tempo. E chegou a redigir um manual de boas maneiras, tentativa de reduzir a selvageria na hora do jantar.

– Por exemplo: não pegue comida do prato do vizinho... sem antes pedir licença. Ou: não limpe a faca na roupa do vizinho. Mais uma: não pegue comida da mesa e esconda no bolso ou na bota pra comer mais tarde. Outra: não bata em nenhum empregado... a não ser pra se defender de um ataque.

Na hora de servir, a disputa se repete, a cada noite: todos querem provar pelo menos um pedacinho da Monalisa. E a fatia mais disputada, claro, é o tal sorriso. Que pode provocar confusão até na cueca. Mas o Zé vacilou e a mulher garantiu que o marido gosta mais da Gioconda do que dela – que ainda oferece a vantagem de estar viva, em três dimensões, quentinha. O Zé tropeçou na quina da frase e a mulher marcou em cima. Como pode o marido falar a respeito da Monalisa como se fosse a pessoa que ele mais admira? Mas, na verdade, ela já desconfiava.

E os filhos riram. Quer dizer: Gioconda, Monalisa e Leonardo riram do pai.

– Eu queria que ele se chamasse Leonardo da Vinci. Só que, na hora de registrar, o cartório começou a pôr empecilho, que não podia, aquela coisa toda, que tinha de conseguir ordem do juiz, e eu falei: Quer saber de uma coisa? Registra como Leonardo Davi.

Tudo começou na inauguração de uma grande loja em Mogi das Cruzes, São Paulo, onde a família mora.

– Lembro bem da data: 28 de outubro de 1968. Tinha ido comprar uma geladeira pra minha mãe.

De repente, o olho dele bate numa reprodução simples da obra de Leonardo da Vinci. Pergunta o nome da tela e decide comprar na hora. Assim começa a maior coleção de Monalisas do Brasil. Em rótulos de bebidas – champanha Monalisa & champanha Gioconda – marmelada, batata e doce de batata, massa corrida, porta-moedas, banco – sim, ele senta em cima – pratos, xícaras, chaveiros, canetas, camisetas, mesa, relógio... E o colecionador espera conseguir muito mais.

– Eu achei muito bonito quando o homem da loja me falou. Achei mais interessante o nome do que o próprio quadro.

A cueca é uma das preciosidades e quando ele... não, melhor não repetir a confusão. (*E desfazer outra: a mulher que Leonardo da*

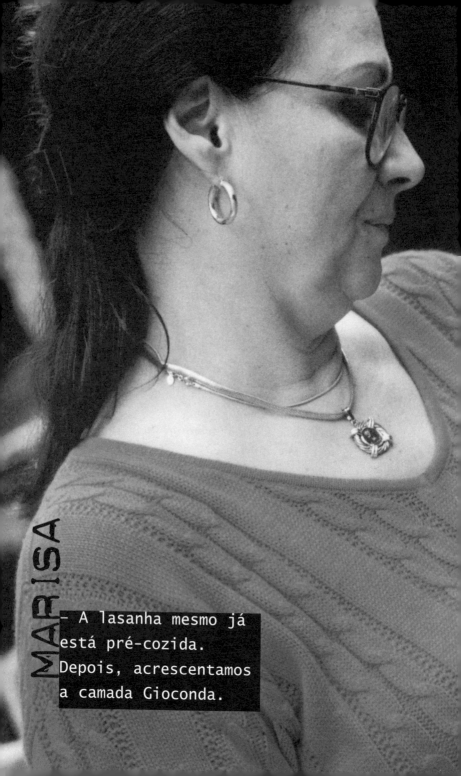

Vinci pintou chamava-se Lisa di Antonio Maria di Noldo Gherardini. Vivia em Florença e se tornou a terceira esposa do rico comerciante Francesco di Bartolommeo di Zanobi del Giocondo. Tempos depois, o quadro foi chamado de Monalisa. E, em 1625, aparece a primeira referência como La Gioconda, mencionando o sobrenome do marido. Não é uma tela, pois Leonardo pintou sobre madeira, maior do que vemos hoje, pois ela foi cortada nas laterais. Da Vinci começou a pintar o quadro em 1503 e trabalhou nele ao longo de quatro anos. E no final não entregou pro comprador. Mas esta é apenas uma das interpretações de toda a história. Há quem garanta que o quadro é um... auto-retrato de Leonardo. Na Itália, é conhecido como La Gioconda. E no resto do mundo como Monalisa. Em 1911 foi roubado do Museu do Louvre, em Paris. Foi recuperado e, em 1956, um louco jogou ácido na tela. Coitadinha da Monalisa... e ainda virou estampa até de cueca.)

Na sua paixão pelo nome, José juntou mais de 20 mil tampinhas de garrafa e monta um painel com elas, uma imagem da Gioconda num painel de mais de 4 metros.

– Se fosse uma vaquinha chamada Monalisa ou Gioconda, você ia gostar também?

– Acho que também gostaria. Gosto muito do nome, não importa como seja usado.

E o papagaio do José grita "Leonardo!... currupaco paco!..." Um sacode gostosinho nos carrancudos que estudam a percepção, a relação entre o público que visita museus e as obras expostas. Ou será que eles captam o encanto íntimo da cueca Monalisa?

(Ah!... em Pomerode, no La Locanda Della Tortorella, amanhã a confusão será porque só existe uma orelha no auto-retrato de Van Gogh. Adivinha qual pedaço todo mundo vai querer mastigar?)

— QUEM DESCOBRIU o Brasil... foi Pedro Álvares Cabral?

— Nãããão!

A classe responde rápido, em uníssono. Uma escola, pública e brasileira, no Brasil.

— Então... quem descobriu o Brasil?

— Francisco Yanez Pinzon.

O nome não engana: um navegador espanhol. Ali, como o Brasil foi descoberto por alguém que veio da Espanha e não de Portugal, o currículo inclui aulas de espanhol. Existe a avenida Francisco Yanez Pinzon, lanchonete e loja Pinzon. O herói tem estátua na pracinha do centro e monumento ao descobrimento do Brasil pela Espanha. Pode perguntar na rua, pra qualquer um, a resposta se repete:

— Pinzon.

Em Cabo de Santo Agostinho, bem perto de Recife, Pernambuco, Brasil... aqui é assim. Que Cabral que nada. O espanhol chegou antes do português, no dia 26 de janeiro de 1500 – portanto, três meses antes das caravelas de Cabral. Como os dois países tinham assinado, em 1494, o Tratado de Tordesilhas, dividindo entre eles as terras a leste e a oeste de um meridiano que passava a 370 graus da ilha de Cabo Verde – siiim, essa história de países que se consideram donos do mundo é bem antiga... –, e como o Brasil está na parte leste, era claro que pertencia a Portugal.

Nada disso impede a circulação do *Pinzon*, um jornal mensal. E as crianças recebem, em 23 escolas públicas, uma revista com a história em quadrinhos do outro descobrimento do Brasil. Aqui, o Tratado de Tordesilhas não pegou, assim como muitas leis no Brasil que Pinzon descobriu.

SOBRE A PORTA DE ENTRADA, existem quatro plaquinhas de cores diferentes, escritas à mão. Quem passa na calçada, depois que se cansa do avião pousado no telhado, não resiste e lê:

QUERO QUE FALEM BEM DE MIM OU MAL MAS QUE FALEM
O SONHO NÃO TEM PREÇO
O NINHO NÃO INTERESSA O QUE ADIANTA É QUE O OVO SEJA DE ÁGUIA
EU NÃO TENHO VOZ (DEUS) E VOCÊS FALEM POR MIM

Todas em maiúsculas, sem pontuação. Cícero José de Oliveira tem mesmo algo de messiânico, com o seu macacão emporcalhado pela obra, o sapato que se abre como boca de jacaré, dedões no lugar dos dentes. Não liga pra essas coisas, sem vaidades. O objetivo é terminar o avião. Vale tudo pra economizar, até na comida. Quando chega a época de manga, por exemplo, ele colhe tudo o que consegue nas árvores da vizinhança e tem alimento garantido. É isso mesmo que você entendeu: ele passa dias comendo apenas manga.

Cícero decola no Concorde de cimento

— A carne tá cara, o galeto tá caro, como manga que é de graça.
Não estranhe o regime antes de conhecer a causa: ele está construindo um Concorde no telhado de sua casa. Sim, aquele super-

sônico francês que já foi aposentado, avião bicudo e magrelinho. O sonho do Cícero era voar no grande avião. Como o luxo de ontem virou ferro-velho de hoje, ele faz um de alvenaria, muito conhecido em Boa Vista, Roraima. Já está quase pronto, falta a pintura e pouco mais. Ele tem 77 anos, vive de biscates, e sempre semeou asas pelo Norte e Nordeste.

— Tinha começado um no Acre, eu tirei cinco anos lá. Em João Pessoa, tenho uma asa-delta.

— O senhor é casado?

— Era.

— Ela... gostava do seu Concorde?

— Me ajudava em tudo. Era formada em três faculdades, 21 cursos. Nós fomos pro Acre, e foi desandando. É assim, vai esfriando aos poucos. Quando chegamos no Acre, ela arranjou um namorado e eu fui obrigado a largar, porque não tinha outra decisão.

Afinal, mulher não falta. Concorde só tem um.

BUSH SABE QUE, em qualquer emergência, a pia é o caminho pra salvação. Ou melhor, o túnel que vai dar no avesso da pia. A parte visível está na garagem. Se acontecer algum pânico no quintal, o enfermeiro destrava a pia, que se abre como se fosse uma porta, e revela o túnel que desemboca diante da casinha de Bush. Ele se enfia ali, sai pela porta-pia e, da garagem, foge pra rua... se todas as travas estiveram abertas, claro. E ó que isso demora um tantão.

— Só entro na minha casa depois de usar catorze chaves.

José Félix não tem um chaveiro, tem um cacho de chaves, de tamanhos e formatos impensáveis. Às vezes, se atrapalha com a floresta de cadeados e trancas e segredos de sua casa-fortaleza, em Porto Velho, Rondônia. Da rua, já se percebe que não é normal:

328 MUNDO ESTRANHO

duas enormes correntes, presas com ganchos em pequenos totens, no meio da calçada, devem impedir que... alguém lance um carro-bomba contra a entrada da garagem, talvez. Pra entrar a pé é necessário esperar – afastado! – que o portão seja aberto. O que exige acertar o código do gordo cadeado e escapar ao movimento da tranca, um ferro com uma ponta de flecha que se projeta em direção ao visitante. Bobeou, furou. A porta da garagem, mesma coisa: Félix aperta o botão pra abrir e corre. Porque a porta de metal pula pra cima com fúria, como uma raquete gigante de pingue-pongue. Se bobear, o dono é lançado, como bolinha, por cima do muro e se estatela nas correntes da calçada.

– Eu não tenho nada de valor, não tenho ouro, não tenho drogas, nada. Apenas um ventilador, como na casa de todo mundo. Mas, se me roubarem, vai fazer falta, porque vou sentir calor.

Félix e sua família são mesmo pessoas simples – as roupas, o jeito de falar. E tudo na casa confirma isso... apesar da esquisitice geral. O ventilador, por exemplo, é preso num trilho de ferro – se movimenta, mas não sai dali. As cadeiras da sala parecem aquelas de salão de barbeiro. A base é uma enorme roda de caminhão e cada uma pesa 145 quilos. A mesa da sala, presa no chão. A cama do casal, de madeira maciça, impossível arrastar.

– O ladrão que entrar aqui não vai conseguir levar nada.

Pra limpar embaixo da cama, só mesmo alguém ágil e magro. Na verdade, ninguém na família é gordo. Se fosse, entalava nos túneis de segurança. E não daria pra mergulhar por baixo da casa, as medalhas nos quartos dos filhos não estariam penduradas e...

A idéia do enfermeiro, em busca da segurança absoluta, inclui um fosso – como nas fortalezas de verdade – por baixo da casa. São 2 metros de água. Quando todas as trancas, grades, correntes, travas e cadeados falharem, quando os inimigos invadirem a casa, a família afasta um movelzinho no quarto do casal, abre o alçapão, se enfia por ali e mergulha. Nada por baixo da casa e aparece numa das saídas secretas, de onde pode escapar. Mas é necessário conhecer o labirinto aquático, cheio até o teto. Quem precisar procurar o caminho morre afogado...

Pra evitar afogamentos domésticos, Félix mergulhou os filhos numa escola de natação. Eles se tornaram campeões, medalhas na parede do quarto e a tranqüilidade dos pais: se acontecer a emergência, braçadas seguras no laguinho secreto.

(Ah! Será que o Bush também conhece o plano de fuga submersa? Como qualquer cachorro, Bush sabe nadar. Fugir pela falsa pia, também. Mas... e descer pelo alçapão, naquela escada totalmente vertical? Talvez seja melhor Bush evitar o calabouço doméstico.)

– O sistema de segurança público nem sempre está disponível. Então, nós devemos ajudar, fazendo o nosso próprio esquema. Como todo brasileiro só fecha a porta depois que foi roubado, eu resolvi fechar antes. Na verdade, nunca dormi de porta aberta.

O enfermeiro gastou cinco anos armando sua fortaleza, que tem enormes cacos de vidro cobrindo o telhado. Complica até pros gatos e passarinhos. A saída pela porta da cozinha lembra as galerias de um presídio. A tranca do portão da frente... levantamento de peso. Existem cadeados que pesam mais de 20 quilos. Tudo invenção do Félix. Que montou um almoxarifado no quintal, pra guardar, em dezenas de caixas e vidros, ferramentas e peças de reposição.

E como os gatunos não perdoam nem os cemitérios... o enfermeiro mostra uma enorme porta, onde está pintada uma imagem de Padim Padre Cícero. E bem na costura da frente da batina dele as portas se abrem. Em cima, a placa "Jazigo Família Félix".

Sim, a família do enfermeiro poderá descansar em paz e segura... depois que resolver o problema legal do sepultamento fora dos cemitérios convencionais. Mas eles têm uma relação especial com os relógios, estão acostumados com o tempo extra que a segurança cobra.

– Pra sair de casa, eu levo mais ou menos duas horas.

34

DESAFIOS
DA LÍNGUA

"QUE ALAÚZA QUER DINHEIRO

Quem não der é pirangueiro"
É um refrão bem animado, sotaque nordestino.

TESTE NÚMERO 1: Entendeu tudo?
(Se você é de Recife, não vale.)

A cena é assim: quando o fim de ano se aproxima, nos bairros da periferia da capital de Pernambuco, um bando de crianças faz um barulhão batendo em latas catadas no lixo. Na frente do grupo, a criança maior tem o rosto coberto por um saco de estopa, com três buracos – dois pros olhos e um pra boca. E uma corda ao redor do pescoço, que é puxada por outro guri. O grupo, que promove o maior tumulto, vai de porta em porta, de boteco em boteco, pedindo um trocado. Se alguém nega, a zona é geral. (É verdade que, na porção colônia do Brasil, o chique é macaquear o Halloween, Dia das Bruxas – *faz de conta que estamos na terra de Tio Sam. Ô dó, como dizem os mineiros.*)

Vital e o Ipani de Serecocon

Então, em Recife, mesmo quem não é de lá percebe que a figura puxada é a tal alaúza. (Mas alaúza, ou laúza, significa bagunça, barulho, desordem.)

Saltando pra Bahia, Chapada Diamantina, Lençóis... cidade que nasceu do garimpo do ouro. Quase tudo o que ganhavam nas minas os garimpeiros gastavam em três ruas da cidade: Rua de Cima, Rua do Meio e Rua das Pedras. Na primeira, as raparigas mais jovens, mais bonitas e, obviamente, mais caras. Na do Meio, a média. Na terceira, pedras em terra de pepitas. (*Engraçado: ainda hoje, tanto tempo depois, algumas senhoras de Lençóis evitam a Rua das Pedras, não querem ser vistas ali – herança maldita.*) Mas um dos garimpeiros, mesmo cheio do ouro, preferia sempre a Rua das Pedras. Por quê?

— Gostava mais da alaúza.

— O que é alaúza?

— Alaúza tem muita gente ruim no meio, me sentia mais à vontade.

E ri muito. Depois, atolado na saudade, fala, mais uma vez, da Tum Tum e, principalmente, da Laurinha.

— Ah... a Laurinha, de cor morena... era um postal!

(*Não é nenhum poeta, com muita leitura, não. É um garimpeiro, com a sabedoria de quem conversa com as pedras. Ele é que define uma linda mulher como... um postal.*)

Pula pra alaúza de Pernambuco, onde quem não dá um trocado é um pirangueiro, isto é: pão-duro, sovina, mão-de-vaca. (*Só que mão-de-vaca, no Nordeste, é também um prato preparado com mocotó, a pata do boi, o tal ossobuco.*)

Troca Recife por Goiás, que fica a quase 150 quilômetros da capital, Goiânia. Chegue em Goiás e pergunte pelo filho do Zé Prego. O nome dele de cartório era José Gomes de Moraes de Souza. O filho repetiu a profissão e se tornou sineiro da Igreja de São Francisco. Aprendeu com o pai. O calorão que faz lá cansa mais do que o trabalho.

Então... TESTE NÚMERO 2: Como se chama o filho de Zé Prego?

(Se você é de Goiás, não vale.)

Claaaaaro: o filho de Zé prego se chama Zé Tachinha.

(E como se chamará o filho de Zé Tachinha, neto do Zé Prego? Zé Grampo? Zé Clips? Zé Alfinete?)

TESTE NÚMERO 3: o que significa... Ipani de Serecocon... Nem tente. Você jamais sequer suspeitará o que vem a ser Ipani de Serecocon. Tão impossível que nem merece teste. E não é dialeto de uma tribo esquecida, numa Amazônia inexplorada. A localização, ao contrário, é urbana: Joinville, Santa Catarina. É ali que vive o professor Vital Poffo, também diretor de uma escola. Em 1995 ele ficou desempregado. Naquele ócio indesejado, foi possuído por estranhíssimo, inédito desejo: decorar a Constituição do Brasil. São mais de 38 mil palavras. A mulher dele – são casados há mais quarenta anos – não pode sequer ouvir a palavra Constituição, não se arrisque a mencioná-la na frente daquela senhora. A filha, formada em direito, brinca com a missão do pai, até debocha um pouco, mas apóia.

– Temos muito orgulho dele.

Vital tem um pacote de edições da Constituição, todas rabiscadas com cores diferentes, códigos, emaranhado de sinais. No mundo da informática, ele segue com lápis e canetas coloridas.

– Mais do que dar um show de memória, o que não é o meu caso, o que desejo é poder passar pras pessoas algumas coisas sobre seus direitos e deveres.

Pode não ser o caso dele, o tal show de memória, mas Vital declama *Navio negreiro*, de Castro Alves, do primeiro ao derradeiro verso. Se a mulher implica demais com algum capítulo com o qual o marido duela pela sala, ele declama o *Soneto da fidelidade*, de Vinícius de Moraes.

– Se você perguntar a alguém "O que você sabe da Constituição?", ele vai responder nada, zero.

Ele inventou um método de sintetizar cada artigo, apenas com

336 DESAFIOS DA LÍNGUA

algumas sílabas básicas de várias palavras. Com elas, se sente capaz de lembrar a íntegra.

– Ipani de Serecocon, por exemplo: I de independência, P de prevalência...

E segue o professor, espremendo mais de 38 mil palavras pela goela de seus neurônios.

TESTE NÚMERO 4: O que é... cachete?
(Mais uma vez, pernambucano é barrado neste baile.)
Enquanto você pensa, vamos falar de comida:

TESTE NÚMERO 5: Como se pede carne moída em Florianópolis, Santa Catarina?

Intervalo, antes do retorno ao quarto (teste). Aproveite pra descobrir o que é cachete. Tá difícil? Então, uma cena que funciona como uma cola:

O menino entra na sala, a avó olha pro neto e pergunta, falando alto:

– Vendendo cachete sem selo, menino?!

Ficou mais fácil agora?

Toda essa encantadora diversidade de costumes e usos da língua portuguesa – nossa pátria! – é outro luxo exclusivo de cada brasileiro. Pena que a tal da globalização (perdoe o palavrão) faz campanha contra. Quer uniformizar todos os falantes, isto é: consumidores. Afinal, linha de montagem não pode fabricar um produto pra cada sotaque do país Macunaíma. Mas os guerrilheiros não desistem. Na Paraíba, na baía da Traição, Eduardo Navarro, professor da Universidade de São Paulo, ensina aos índios potiguares a língua que os antepassados deles falavam. Em 1758, o marquês de Pombal proibiu (censura!) o tupi geral (idioma dos índios misturado com alguma coisa do português de Portugal). A proibição valia pra todo o Brasil. Ou seja: proibiu o país de falar a língua que o país falava. Idioma é união, língua é identidade, mete medo no inimigo. Eduardo faz isso porque deseja continuar vivo.

– Se não fizermos coisas assim, o mundo do futuro vai falar inglês. E eu não quero viver num mundo assim.

Cai no Brasil do *delivery* e das *sales* – que, nos Estados Unidos, qualquer americano reconhece como entrega e liquidação. Ah, esse vício bobinho de se sentir mais importante por usar palavras *made in* USA. Mas já transformamos *football* em futebol e mestre Jackson do Pandeiro ensinou como misturar chiclete com banana. Agora, é lembrar Fernando Pessoa: "Minha pátria é minha língua".

Retorno ao TESTE NÚMERO 4, à vovó que reclama:
– Vendendo cachete sem selo, menino?!
Cachete é... comprimido, remedinho. Se está sem o invólucro, cachete sem selo. Se o netinho foi ao banheiro e esqueceu de fechar a calça... olha lá o pequenininho, oferecido... vendendo cachete sem selo.

Pra terminar, o TESTE NÚMERO 5:
Em Florianópolis, carne moída é... boi ralado. Nome bem mais explícito, realista. Por exemplo: arroz e feijão com boi ralado... huuum! Melhor ainda quando regado com um punhado de farinha de mandioca, de aipim, de macaxeira, dependendo a região do Brasil onde você está.

Viva a diversidade, sinônimo explícito de vida.

35

COBRA QUE MAMA

— **Obrigado por sua colaboração.** Para doar 100 reais, tecle 1. Para doar...

É assim que começa o recado na caixa postal do celular do Piti. Ele não chefia uma ONG, não comanda um asilo pra vovôs desamparados, nem uma creche pra passarinhos que caíram dos ninhos. Ele trabalha na prefeitura de Itapema, Santa Catarina, e o recado está no celular dele. Portanto, é uma pegadinha mesmo. Agora que você já sabe, vamos ligar de novo pro celular do Piti:

– Obrigado por sua colaboração. Para doar 100 reais, tecle 1. Para doar 200, tecle 2. Para doar 500, tecle 3. Se você desligar, estará doando 1.000 reais. Seja qual for a quantia escolhida, ela será debitada em sua próxima conta de telefone. Mais uma vez, muito obrigado.

A aflição de quem ligou, e caiu na arapuca, fica gravada na caixa postal.

– Ô Piti, você tá maluco! Eu não posso doar coisa nenhuma!! Como é que eu faço agora, Piti?!

Às vezes, uma vítima ainda mais desesperada:

– Você esqueceu, cara? Ontem eu fui pedir dinheiro emprestado pra você pra poder pagar a prestação da geladeira. Minha conta tá negativa, Piti! Você não pode fazer isso comigo! Vou passar agora, direto, no banco e avisar o gerente. Eu vou ter de desligar e vai aparecer um débito de 1.000 reais na minha conta... Você ficou maluco?

O Piti ouve o recado e não pára de rir. Na verdade, o Piti não pára de rir mesmo quando não existe recado de qualquer vítima na caixa postal de seu celular. Muitas vezes, é o seu humor que inventa solução para problemas de verdade. Quando era secretário da Saúde, foi vítima da moda do ultra-som.

– Ninguém aparecia mais no hospital querendo fazer raio X. O negócio era... ultra-som. Uma dorzinha do lado... quero fazer ultra-som. Unha encravada? Ultra-som. Sempre, ultra-som. Não tínhamos a menor condição de atender. Então, coloquei uma mesa com tampo de vidro fosco numa salinha, umas luzes por baixo do tal vidro. Chegava alguém pedindo ultra-som, mandava deitar na mesa, acendia aquelas luzes e pronto.

Claro que, na seqüência, encaminhava a pessoa pro tipo de exame que a prefeitura podia realizar. Explicava que o procedimento era esse mesmo, dois exames de cada caso. Só que, quando amainou a febre do ultra-som, surgiu outra moda: ressonância magnética. Uma martelada no dedo e lá ia o pedreiro solicitar uma ressonância.

O animado Piti, que ganhou um prêmio nacional por seu trabalho, logo, logo deve receber gente interessada em... clonagem. Ou então nas tais das células-tronco. E, certamente, ele vai desatar mais esse nó, assim como irmanou evangélicos e católicos no terreno de sua casa. Fica num morro e tem uma pequena imagem de Cristo no alto. E mais uma capelinha com a imagem de uma santa, e também uma gruta onde os evangélicos meditam. Para chegar até a gruta, os evangélicos passam pela imagem da santinha. Proibido chutar ou xingar. E todos passam também por uma estátua de um sapo preto, com uma gravata de lacinho e um escudo do Vasco no peito. Piti ecumênico, um exemplo.

E foi ali, no sobe-e-desce pelo terreno, que ele revelou uma tradição local: a cobra rateira – aquela que mama no peito da mãe do recém-nascido enquanto o bebezinho dorme ao lado.

Na seqüência das praias de Itapema, Bombinhas e Porto Belo, um mar de histórias. Como se a beleza do lugar fosse pouco. Pra não mencionar a praia do Pinho, onde roupa não entra. E os seguranças, pelados, garantem a decência. Não tem onde pendurar arma nem cassetete. Não carece.

O prefeito de Bombinhas, o Kanô, por exemplo: desce do carro de bermuda. E descalço. Sim, o senhor prefeito... descalço! O primeiro que aparece assim, depois de viajarmos, há mais de seis anos, por todos os estados do Brasil, centenas de cidades. Sim, o Brasil tem a honra de possuir um prefeito descalço.

– É que eu sou pescador.

Filho de pescador, neto de pescador, bisneto de pescador, tataraneto de pescador. O terreno que a família comprou, de um ricaço da época da maior vergonha (escravidão), foi pago assim: uma corrente de ouro, um escravo velho e uma escrava jovem. E o Kanô foi santinho, bom menino. Só até os 7 anos, claro.

– Quando ia chegando a época da Semana Santa, eu já começava a chorar.

Criança que nasce na Sexta-Feira Santa pode fazer milagres, curas. Não todas, mas apenas aquelas que esmagam o grilo. É assim: logo que a criança nasce, o pai coloca um pedacinho de gaze na mão do bebê e, sobre a gaze, um grilo. Vivo. A criança fecha a mão. Se matar o grilo... Santinho!

Na região é assim: caso a Semana Santa se aproxime e a hora do parto também, a família trata de caçar alguns grilos.Guarda num vidro, pra fazer o teste, caso a criança nasça na data certa. Se esmagar o grilo, no ano seguinte, precisamente na Sexta-Feira Santa, tem fila na porta. O pequeno Kanô, apenas um aninho, já vai receber quem vem em busca da graça. Só mulheres, claro. Se fosse uma menina, só iria atender homens. É assim. A pessoa entra na casa do Kanozinho, diz onde dói, e ele coloca a mão.

– Eu detestava tudo isso, ficava chorando. Felizmente, é só até fazer 7 anos.

– Por quê?

– Depois dos 7 anos, perde a inocência. Aí, não funciona mais.

Depois da sétima Semana Santa, Kanô ficou livre. Podia, no máximo, colecionar os ovos que galinha põe na Sexta-Feira Santa.

– Ovo de Sexta-Feira Santa nunca apodrece. Pode guardar por dez anos e continua perfeito.

O prefeito descalço, quando mergulha, troca de identidade duas vezes: era prefeito, vira pescador e, depois, vira peixe. Só com a máscara, procura ouriço por baixo das pedras. Vida boa. Não vai mesmo se candidatar à reeleição.

– Quatro anos tá de bom tamanho. Vou voltar pra pesca.

E, certamente, vai passar pela ilha do Arvoredo, que fica entre Bombinhas e Florianópolis. Foi ali que apareceu o Santo Monge.

– Ninguém sabe de onde veio. Apareceu lá e ficou vivendo na ilha, numa cabaninha.

– Usava hábito de monge? Assim, roupa de padre de antigamente?

Kanô vacila.

– Acho que não.

Mas também curava, milagreiro. Muitos iam na ilha pedir ajuda. Chegavam lá, só cinza no fogão. O Santo Monge soprava e aparecia uma labareda na hora. Sentava com a panelinha de barro e oferecia comida pra todo mundo. Nunca acabava. Era como se tivesse um caldeirão nas mãos.

Era uma época em que muitas mulheres morriam no parto. Na hora do desespero, os maridos mandavam buscar o Santo Monge. Garantem que salvou muitas. Cada história... Uma: depois que o parto dá certo, o marido envia quatro galinhas de presente. Quando a canoa se aproxima da ilha, uma delas pula no mar. O garoto que leva as encomendas salta na água e recupera a fujona. Quando ele está ajeitando o barco na areia, ela foge de novo. Quando escapa pela terceira vez, ele grita:

– Ah! Vá pro diabo que a carregue!

Arrependido, corre atrás. Afinal, o serviço era entregar quatro galinhas e não três. Sobe até a cabaninha do Santo Monge. Ele agradece e olha bem as quatro. Depois, indica:

– Eu vou ficar com esta, esta e mais esta. Obrigado.

Só não quer a fujona. O menino pergunta:

– E esta aqui?

– Não quero não. Ela já tem dono.

Um dia, alguém foi no Arvoredo e o Santo Monge não estava mais lá. Nunca voltou. Até há pouco, uma cruz marcava o lugar onde ele morou. Só que as pessoas foram raspando lascas da madeira da cruz pra fazer chá. Diz que sanava muitos males.

Mas de insolação, pelo menos, ninguém morre por ali. Tem uma senhora que cura. Praia, sol forte, trabalho embarcado (como eles sempre dizem), de vez em quando alguém começa a tremer de frio, suor gelado, desmaio... insolação! Corre com o coitado pra casa da tia. Ela coloca um potinho com água na cabeça do infeliz. Reza. A água começa a ferver no potinho. Fumaça, evapora rápido, o pote fica vazio. E a pessoa, curada. Levanta normalmente e volta pro trabalho no sol.

– E ainda tem o tio que cura verruga.

Na família do prefeito descalço, todos recorrem ao tal tio. Os amigos e conhecidos também. Mostram a verruga pra ele, só isso. Ele olha firme, uma vez só, e diz:

– Esquece.

Dias depois, a verruga cai.

– E se a pessoa tem várias, tem de mostrar a mais antiga.

– Por quê, prefeito?

– Se mata a mais velha, as outras caem em seguida.

E ainda tem a cobra rateira, que mama no peito da mulher enquanto ela está dormindo, com o bebê ao lado. Casa de madeira, direto na terra do chão, pode contar que a cobra entra. Vai pelo cheiro do leite. Espera todo mundo dormir – pode ser no meio da tarde também –, o quarto aquieta e ela se esgueira pelo lençol, sobe devagarzinho e... mama um pouco no peito da mãe. Nada de mordida, lingüinha recolhida. Tem tanta gente que confirma que nem compensa duvidar. Qualquer São Tomé, é só procurar casa com bebezinho, se fingir de morto perto do berço e esquecer o relógio. Ela vem.

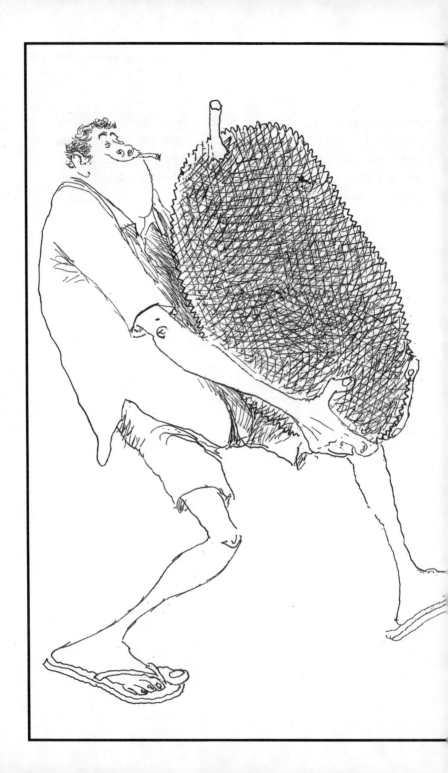

36

TESTE DE VIRGINDADE

— **DE JEITO NENHUM.** Já tem um comentário que ele gosta dessa moça, mas não pode ser.

Seu Josa olha pra tia, apreensivo, mas não bole, na certeza de que a paixão pela prima vai desembocar em casório. Ele é conhecido como O Vaqueiro do Sertão e comandou um programa de rádio por quase quarenta anos. Cantor, sanfoneiro, compositor, apresentou-se até ao lado de Luiz Gonzaga. Agora, tem uma terrinha em Areia Branca, Sergipe. Só que ele é casado, isto é, separado. E a tia não quer saber de homem casado perto da filha de 17 anos. Seu Josa tem 30 e está derretidinho pela menina. Deu até de escrever cartas pra ela. Afinal, único jeito de falar com a moça, pois a tia despachou a filha pro Rio de Janeiro logo que o tal comentário começou. No começo, Seu Josa ouviu um não da prima.

Seu Josa, inventor do teste da jaca

— Assim não dá certo não. Você é casado.

— Tem problema não. Eu acho que casamento é papel. O que vale é o acasalamento, é o amor.

Ele fala bem, envolve, uma delícia ouvir a prosa dele, um homem que sabe, minuciosamente, como começou a paixão pela filha da tia:

— O amor nasce do olhar. Você olha pra mulher, pisca o olho assim devagarinho. Aí, nota que o olhar dela tá ficando meio penoso. Quando o olhar começa a ficar comprido, correndo aquela lagrimazinha do canto do olho... aí ela apresenta o sinal, aquele sinalzinho do quengo da mulher, sabe?

Você pode não saber, mas Seu Josa sabe. Tanto que nem vacilou quando a menina quis saber:

– Você tem amor pra me dar?

– Vou lhe dar amor pro resto de minha vida.

Ele, agora viúvo, pára de lembrar. Quieto um pouquinho. Saudade sem remédio é dor fininha, espeta pelo avesso. Depois, sorri e diz:

– Que gostoso...

Só que a menina permanecia no exílio carioca. Telefone não era essa coisica sem fio que fala de qualquer lugar, não. De Sergipe pro Rio chamava interurbano e dependia de telefonista. Na casinha de Seu Josa não tinha. O jeito era o correio.

– Então, eu fiz uma carta bonita pra ela, lá no Rio. Eu, pra escrever pra ela, deitei embaixo de umas mangueiras...

Difícil imaginar um homem como Seu Josa, com seu chapéu de couro – nunca tira, "em respeito a Deus que está acima de todos os homens" –, sua botas e cinturão, sua pose... esparramado no chão, papel e lápis, como um adolescente – na época, ele tinha 30 anos –, cuidando do mel da vida: uma paixão.

– Preparei uma carta bonita pra ela, lá no Rio. Fiz uma letra bem miudinha. Eu amiudei bem a letra que era pro papel crescer.

A cena da carta embaixo das mangueiras lembra a Seu Josa uma outra, embaixo de uma jaqueira. Um amigo tinha um namoro escondido com uma menina e os encontros aconteciam sempre ali, precisamente naquela jaqueira.

– Ele tinha tomado uma queda de um cavalo, levou uma torção na coluna e não podia fazer aquela história deitado. A jaqueira tinha um galho baixo e ele botava ela sentada no galho da jaqueira, a jaqueira toda arrodeada de cafezeiro, eles ficavam bem protegidos. Ele se chegava, encostava e namorava um pouquinho com ela ali, né?

Mas um dia Seu Josa teve de visitar o amigo no hospital. E ele, muito machucado, contou:

350 TESTE DE VIRGINDADE

— Pois é... Fui ali num sítio que eu tenho, numa jaqueira lá embaixo. É que eu tenho um caso com um diacho, os pais dela pensam que ela é moça. Passei a tarde todinha e ela não chegou.

Chegaram os irmãos dela. Desconfiaram, seguiram a caçula e decidiram aplicar um corretivo no amigo de Seu Josa. Que talvez não consiga se ajeitar mais nem no galho baixo da jaqueira. Paixão não mede riscos. Tanto que Seu Josa enfrentou a tia quando a menina voltou do Rio. Os três na sala da casa dela.

— Essa história não pode ser, de jeito nenhum.

Seu Josa olha direto nos olhos da menina e ela, dura, encara a mãe. Que continua:

— Não pode mesmo. A não ser que a gente vá no médico... fazer uma vistoria.

— Mamãe, eu não vou.

Seu Josa se encanta com a determinação da menina.

— A senhora tá desconfiada que eu não sou virgem?

A mãe não responde.

— Então, se a senhora tá mesmo desconfiada, eu e a senhora vamos agora ali no quarto. A senhora foi moça, foi virgem, venha então a senhora me examinar.

A mãe permanece calada, imóvel.

— Venha, mãe. Tô esperando.

Até hoje, o viúvo se orgulha da firmeza da moça.

— Minha tia ficou dura, sem mexer. Aí, disse: não quero mais conversa com ninguém. E foi embora.

Os dois se casaram — noiva virgem, sim senhor.

Até hoje Seu Josa usa aliança no quarto dedo da mão esquerda. Tira e mostra o nome dela gravado no ouro. Tem uma foto dela em cima da cama que foi do casal.

— Nunca mais na minha vida hei de colocar outra mulher no lugar dela. Não, de jeito nenhum.

Pára e roda a aliança no dedo. Depois, sorri... safado.

– Agora... tem um caso. Uma mulher, um dia desses, telefonou pra mim, gente da alta...

O riso abre mais ainda.

– Vamos simbora!

A vida segue. Seu Josa, além dos 70, nem imaginava que o mundo se tornaria viagrado. Ele se divertia como sempre e transformava suas histórias em canções ouvidas no programa O Vaqueiro do Sertão.

Depois da gravação da encantadora história de Seu Josa, cadê vontade de ir embora? Sim, havia outra entrevista marcada, numa cidade meio longe, mas... difícil sair daqueles bancos na sombra da mangueira e, principalmente, da prosa. Que acaba, óbvio, resvalando pro caso recente de Seu Josa com a tal "mulher da alta". Afinal, um homem de mais de 70, ainda não existia nenhuma pílula mágica, tudo por conta apenas do desejo...

– Comigo não tem erro: ele tá sempre pronto, levanta até uma jaca.

O cinegrafista, bem-humorado como sempre, só falta socar o peito e gritar como Tarzã. Conversa de homem, quando gira ao redor da mulher, escorrega pra esse ufanismo, quase sempre. A época da vida nas cavernas nunca termina.

Pouco depois, Seu Josa levanta, vai até a casa, volta e avisa que chegará um suco de acerola e mais umas coisinhas pra mastigar. Bate a culpa, porque o relógio não pára, infelizmente. Nem a conversa. Dá vontade de pegar a câmera no carro e continuar a gravar tudo o que seu Josa conta. Nada melhor do que gente que tem história pra contar.

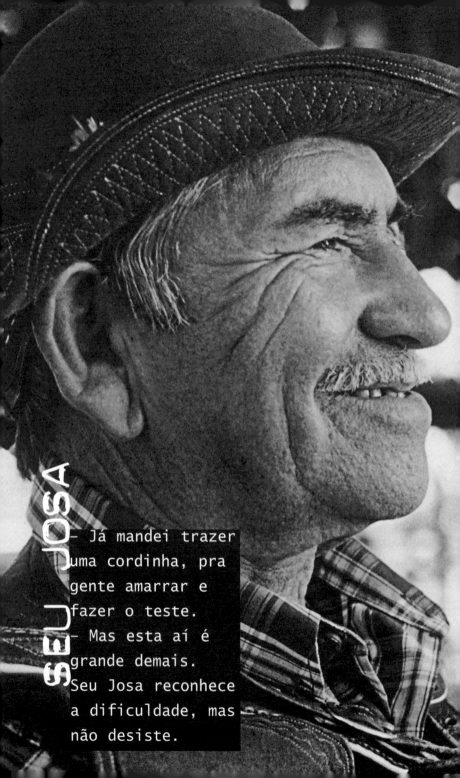

Mas, de repente, vindo por trás da cocheira, aparece um empregado da fazenda com uma jaca. E das grandes, gorda, tão pesada que os espinhos machucam os dois braços do Cirino. Dá pra perceber pela careta do homem.

O cinegrafista pula do banco, um nadinha aflito. Todos rimos muito. A jaca se aproxima e seu Josa avisa:

– Já mandei trazer uma cordinha, pra gente amarrar e fazer o teste.

– Mas esta aí é grande demais.

Seu Josa reconhece a dificuldade, mas não desiste.

– Traga uma menor, Cirino.

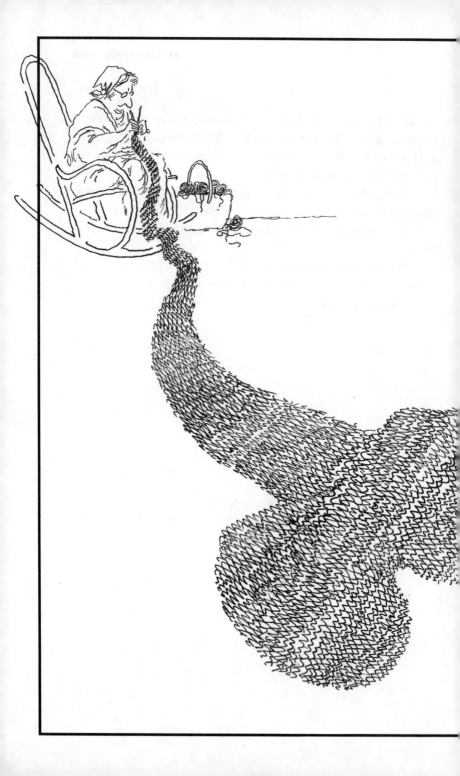

37

JOÃO MINHOCA
E
CASIMIRO COCO

DOIS MOTÉIS DE RECIFE DESCOBREM e logo encomendam o bonecão com pinto. E a mulherona também, com todos as reentrâncias que fazem parte. Portanto, os dois não mais ficarão somente nas ruas de Olinda. Só que, nos carnavais pelo Brasil, é muito raro encontrar figuras de mulheres e homens como ambos são de verdade. Bichos, mesma coisa.

– Achei engraçado. E acredito que vem mais encomenda por aí.

(Em S. Paulo, como em Pernambuco, existem alguns – poucos – que não sentem vergonha de partes dos corpos que todos temos. E, igualmente, não omitem as partes dos animais. Lucas Pinto, carnavalesco da Escola de Samba X9 Paulistana, durante vários anos colocou em seus carros figuras completas, de pessoas ou bichos. Uma vez, na correria do trabalho no barracão, ele exigiu que o touro, em tamanho natural, não fosse castrado. Afinal, era um touro. E o escultor que modelava o bicho avisou:

– Ah... inteiro, completo, é mais caro.

– Eu pago.

E o bichão desfilou como é de verdade..)

Fernando Augusto, que rima invenção com tradição 24 horas por dia, dirige a Fábrica do Carnaval em Olinda. E comanda também o Museu do Mamulengo Só-Riso. A Fábrica parece um barracão de escola de samba em quase carnaval. E lá, igualmente, a maior atividade acontece quando a folia se aproxima.

– Aqui, só trabalham pessoas que moram nas favelas ao redor. Emprego temporário pra pessoas que vivem de biscates.

A Fábrica é uma mistura de alegria com entusiasmo. É dali que sai a decoração das ruas de Olinda. Nesse ano, o tema é a obra de Eckhout, o pintor importado por Maurício de Nassau durante a invasão holandesa.

– Foi a primeira vez que a realidade do Brasil foi retratada de forma direta. Antes, era sempre na base de ouvi dizer, através de relatos. Eckhout pintou o que viu: as pessoas, as plantas, os bichos.

Fernando leva pras ruas de Olinda alguns bonecos enormes, réplicas das pessoas pintadas por Eckhout. E, se estavam nus nas telas, permaneceram sem roupas nas ruas. Só que, ao contrário de muitos bonecos que aparecem em carros alegóricos do carnaval carioca ou paulista, não falta nada nos bonecões que saem da Fábrica. Seja mulher ou homem, tá tudo lá.

— Nem sei como os motéis descobriram. Eu é que ainda não descobri o que eles pretendem fazer com esses bonecos de quase 3 metros de altura. Colocar dentro da maior suíte, pra inspirar a freguesia? Ou na porta do motel?

Depois da Quarta-Feira de Cinzas, a Fábrica do Carnaval não trabalha apenas pra entregar as encomendas dos motéis. Faz trabalhos pra teatro, festas, exposições. E dá cursos de quase tudo que faz parte da magia das artes cênicas. Não esquecendo do mamulengo, maior paixão de Fernando. Fala aí, Mário de Andrade:

"Mamulengo é teatro com bonecos, característico de Pernambuco e Alagoas. Pessoas vestem seus braços com o boneco; o dedo indicador movimenta a cabeça e os dedos polegar e médio, os braços; a roupa do boneco cobre o braço, que não aparece em cena" (no *Dicionário musical brasileiro*).

Mamulengo não existe apenas em dois estados, lembra Fernando.

— Só que muda de nome. Na Paraíba é Babau. No Rio Grande do Norte, João Redondo. No Ceará e Maranhão, Casimiro Coco. Em Minas e parte de São Paulo, Briguela. E na Bahia, João Minhoca.

No Convento de São Francisco, no século 18, montaram um enorme presépio. E nele havia bonecos manipulados. Bonecos que se mexiam... maior sucesso.

— Aos poucos, os bonecos foram pra porta da igreja. O presépio se tornou profano e trocou o convento pela rua.

O mamulengo é debochado, crítico, irreverente, adora safadeza. Sempre provoca bastante a platéia. E desagrada aos poderosos.

– O nome vem de mão molenga. Pois é preciso ter a mão bem molenguinha mesmo pra dar vida ao boneco.

Nei Lopes, sambista e historiador, recua mais um pouco. E revela, mais uma vez, belezuras que recebemos da África. Mamulengo poderia vir de *mi-lengo*, que significa maravilha, milagre, no idioma quicongo. Ou um cruzamento de mole com *ualenga*, que quer dizer fraco, em quimbundo. Ou talvez seja parente de lenga, que significa mole em quicongo. (Lembra de molenga? E de... lengalenga?). As três palavras fazem parte das línguas bantas, de Angola.

O mamulengueiro Fernando explica que a madeira usada pra fazer a cabeça do boneco é o mulungu.

– Tem de cortar em noite sem lua, senão dá bicho.

– Mas dá bicho... como?

– Dá bicho. Ô meu pai!: a madeira fica toda furadinha.

– Só porque foi cortada na noite de lua, o bicho aparece?

– Isso mesmo.

Com a cabeça bichada, não tem mão molenga que dê conta do boneco. Porque, às vezes, a dureza é indispensável. Pergunte pras crocheteiras de Campo Grande, Mato Grosso do Sul. (*Se estiver no estado, sempre diga Mato Grosso do Sul. E quando chegar a Mato Grosso esqueça o do Sul. Nos dois estados, eles detestam a idéia dos estrangeiros que acham que "é tudo Mato Grosso". Não é, não.*)

– Cobra não pode ser molenga desse jeito!

Maria Ester comanda um grupo de dezenas de mulheres que vivem do crochê. Elas usam a trama das linhas pra fazer reproduções pequeninas dos bichos do Pantanal: tucano, ema, colhereiro, tatu, onça, piranha, jacaré, papagaio, capivara e outros mais. Antes, elas seguiam o óbvio e crochetavam jogos americanos, toalhas, caminhos-de-mesa. Até que receberam a visita de Renato Imbroisi, artista que percorre o Brasil sugerindo idéias pra artesãos de todas as técnicas, artistas populares que nunca estudaram nem aparecem nos museus ou galerias chiques. A (ótima) idéia é escancarar o leque a partir das referências locais, nada de macaquear modas e manias importadas. Agora, a turma da Maria Ester se especializou na bicharada do Pantanal.

Que também pode nascer de um nabo torto. A proeza acontece em Várzea Grande, cidade vizinha a Cuiabá, Mato Grosso (sem do Sul). É ali que Valdeci esculpe seus legumes e frutas.

— A idéia me veio quando peguei aquele nabo torto, muito torto. Achei que tinha um jeitão de garça, que é branca como nabo cortado.

Depois da garça, vieram a ararinha azul, o jacaré, o tuiuiú, a tartaruga, a cobra...

Mas a de crochê — de novo em Mato Grosso do Sul —, ao contrário daquela esculpida na abóbora, a de crochê às vezes fica igual luva sem mão.

— Quando a cobra está mole assim, ela fica feia, não serve pra nada.

E Maria Ester tropeça na risada. Algumas colegas, com a agulha espetada no crochê e a linha enrolada no dedo, nem levantam os olhos. Encabuladas. Isso é coisa que se diga na frente do visitante, único homem naquela varanda bonita?

— Quando tá durinha, aí sim! Dá mais... aparência, né mesmo? Cobra só vale a pena assim.

PS: O que será que o motel fez com o casal gigante e peladão?

38

SEU LUNGA

Austrália, do outro lado do planeta. Olimpíadas 2000, gente de todos os cantos da Terra misturada numa zoeira de idiomas, dezenas de línguas que o brasileiro nunca ouve. No gigantesco pavilhão reservado para os jornalistas, a deliciosa mistureba de todos os sotaques. Mas, de repente, um grito:

— Seu Lunga!

Ceará e Juazeiro do Norte só tem um de cada na Terra toda. Seu Lunga também. Será que o tal Homem Mais Mal-Humorado do Mundo participa dos Jogos Olímpicos?

— Onde se enfiou o Seu Lunga?

O remédio é entrar na sala de onde partem os gritos.

Antes mesmo de confirmar o óbvio, vale imaginar qual seria a reação do verdadeiro Seu Lunga se estivesse naquele galpão, em Sydney, Austrália.

— Não vê logo que é um apelido, abestado?

Seu Lunga, campeão do mau humor

Porque Seu Lunga usa a cartilha do óbvio. E nós, que nos achamos todos tão espertos, mas nem sempre percebemos o óbvio, consideramos Seu Lunga o homem mais zangado do planeta. E ele logo perceberia que alguém de péssimo humor, de alguma equipe de jornalistas brasileiros, ganhou o seu nome como apelido. Certamente, um entre as dezenas de falsos Seus Lungas que existem pelo Brasil. E o verdadeiro, lá na boa terra do Padim Padre Cícero, o magnífico Seu Lunga, tem sempre razão. Ou quase sempre.

— Quanto custa as manga, Seu Lunga?

Quando nos aproximamos da loja dele, com a câmera ligada,

Me Leva Brasil **363**

e disfarçada, a moça acaba de fazer a pergunta. Seu Lunga se aproxima, uma vassoura de cabeça pra baixo na mão. E com seu jeito de professor muito bravo, daqueles que ainda usam a palmatória, começa:

– A pergunta tá errada. Se você pergunta "quanto custa as manga", você quer saber o preço de todas as mangas. E você quer levar todas as mangas?

– Não, Seu Lunga.

(A pequena loja dele não é uma quitanda – se alguém ainda lembra o que era quitanda. É uma espécie de ferro-velho, tudo de segunda mão. Ou de terceira, quarta ou mais. Mas tem umas bacias com frutas ou legumes na divisa entre a loja e a calçada.)

– Então... Você tinha de perguntar qual é o preço de *uma* manga.

Frisa bem o *uma* e segura a fruta bem diante do rosto da moça, a vassoura invertida na outra mão, aquela cara feroz, como se fosse usar a vassoura, ou a manga, pra dar um corretivo na vítima da vez. Na rua, e na calçada do outro lado, já está a platéia de sempre. Faz parte do calendário turístico da cidade, 365 dias por ano. E muitos, depois, vão contar o que viram, apimentando bem. E logo, em Santa Catarina ou Roraima, alguém dirá que, quando a moça fez a pergunta, Seu Lunga avançou atrás dela com uma vassoura e pisoteou todas as mangas. E ainda manchou a saia da mocinha com o caldo que espirrou das mangas trituradas.

A ferocidade de Seu Lunga é desmentida por suas filhas, que falam de um ótimo pai, se orgulham dele, garantem que o povo inventa a maioria das histórias. Como aquela do carro dele que ficou preso na garagem, só porque Seu Lunga não quis tirar, ao contrário de todos os vizinhos, quando a prefeitura realizou uma obra que alterou a altura do piso da praça onde ele mora.

Por tudo isso, ele é também a alegria (e o lucro) dos cordelistas. Afinal, são muitos os cordéis – o canal de informação e alegria

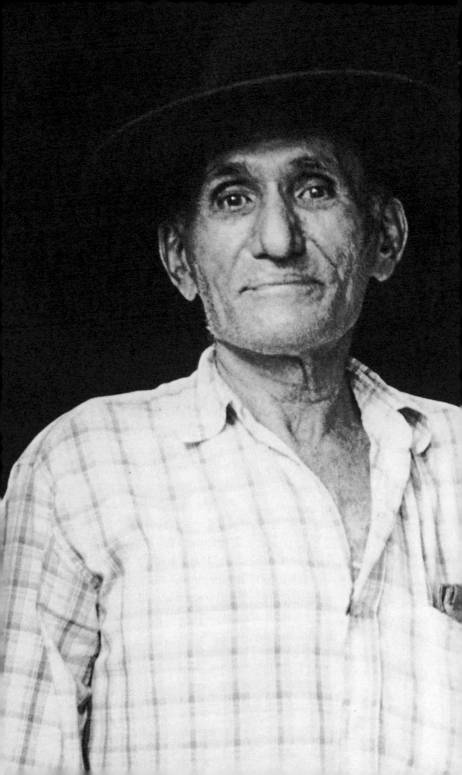

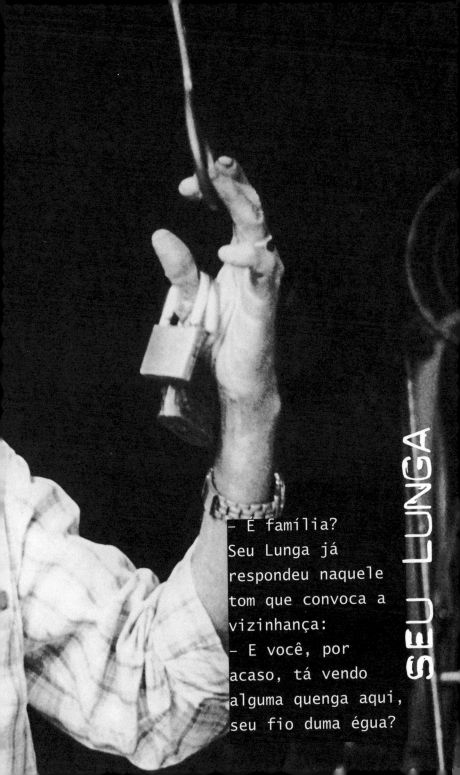

— É família? Seu Lunga já respondeu naquele tom que convoca a vizinhança:
— E você, por acaso, tá vendo alguma quenga aqui, seu fio duma égua?

SEU LUNGA

SEU LUNGA

que o Nordeste e o Norte criaram para transmitir um boca a boca rimado e brincalhão – só com causos de Seu Lunga. Muitas vezes, um mesmo lance aparece em mais de um cordel e nunca é repetido da mesma maneira. Ou seja: a imaginação do autor sempre acrescenta mais do que um ponto quando conta o conto. E um cordel aconselha, logo na abertura:

Se você é um bestão
E não sabe formular
Uma pergunta decente
Não precisa perguntar
É melhor ficar calado
Pois se perguntar errado
Seu Lunga vai se zangar

Zanga mesmo e com razão. Seu Lunga é craque em passar rasteira no sentido literal. Exemplo: ele foi contratado pra instalar o sistema de som num arraial e colocou vários alto-falantes em mastros de madeira que fincou ao redor da área da dança. Ligou pra testar e achou que estava perfeito. Mas a dona disse que queria o som "um pouco mais alto". Seu Lunga pegou a escada e começou a reinstalar cada alto-falante um pouco mais pra cima do poste. E por mais que a dona repetisse que queria apenas o volume mais alto, Seu Lunga reinstalou todos e foi embora.

Outra: Seu Lunga foi com a família a um restaurante e, além dos pratos escolhidos, pediu um refrigerante. E o garçom:

– É família?

Seu Lunga já respondeu naquele tom que convoca a vizinhança:

– E você, por acaso, tá vendo alguma quenga aqui, seu fio duma égua?

Ele com a vara, na beira do rio, e alguém o saúda.

– E aí, Seu Lunga... pescando?

– Não está vendo que tô só ensinando a minha a nadar?

Seu Lunga encontra um conhecido e avisa que segue pro enterro do Chico Pedreiro. O outro, surpreso, pergunta:

– Mas... o Chico Pedreiro morreu?

– Não! A família é que resolveu enterrar o Chico vivo.

Sempre um jogo com o sentido literal de cada frase. Como Seu Lunga tem cara de bravo o tempo todo...

– Eu não faço cara feia pra ninguém. Se eu tô com cara feia é proque eu sou feio.

Mas Seu Lunga, o precioso, de feio nada tem. E o personagem que criou tem, na verdade, o poder. Nem 3 minutos no ar, na noite de 6 de agosto de 2000, e Seu Lunga se transformou no herói mais querido entre as centenas já apresentadas nos cinco primeiros anos do Me Leva Brasil. Um mês depois, seu nome já estava na capital da Austrália. E todo mundo lembra dele com alegria. Tem coisa melhor?

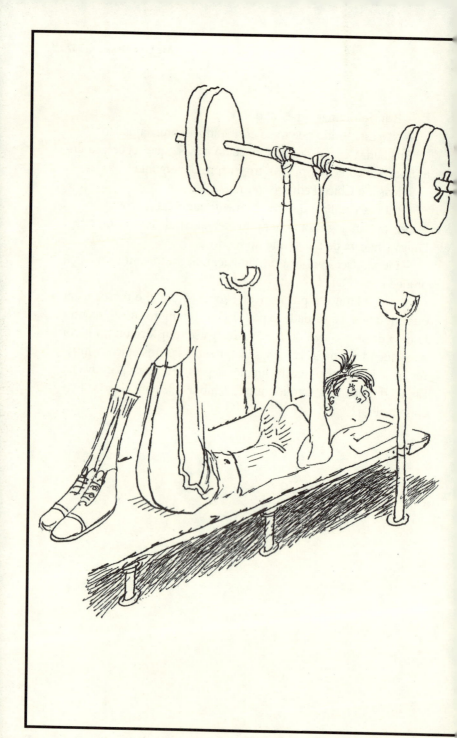

39

TEMPOS MODERNOS

Elas confirmam: a pelanca não balança

AQUI NÃO TEM PELANCA de abano. E ó que as duas, seguríssimas, na mesa da cozinha, perto do fogão, ainda desafiam:

— Não é qualquer menina nova que faz o serviço que eu faço. E eu que já tô bem com os meus 70.

Elas nunca colocaram os pezinhos numa academia. Moram numa fazenda, em São Chico, o jeito bonito que os moradores chamam São Francisco de Paula, serra gaúcha, mais pra cima do que as famosas Gramado e Canela. Elas acompanham tudo desde o princípio do dia. Que começa, claro!, com o camargo – café bem forte com o leite bem gordo, morno, da vaca.

— Antigamente, pela dificuldade de conseguir açúcar, se tomava café puro, leite tirado da vaca, sem açúcar. Era o café amargo.

Que ficou camargo. Tem gente que diz café camargo. Mas não é assim. É só camargo.

Quem não é do ramo toma e logo corre pro banheiro... e fica por lá um tempo.

– Faz uma limpeza por dentro.

Da tosquia das ovelhas à lavagem da lã no riozinho, as duas conhecem tudo. E, na cozinha, também pegam no pesado, a mão de pilão. Cortam fatias do charque, no sentido das fibras, e socam, socam, socam até que a carne desfie toda. É assim que começa a paçoca de pinhão... delícia. Nada de moedor de carne.

– Se moer, perde a textura, vira farinha de carne.

Tem de ser no braço: coloca as fatias no fundo do pilão e começa a pilonear, isto é: socar a carne com a mão de pilão. Enquanto isso, no fogão, o pinhão, diretamente da araucária, cozinha por 4 horas, fogo alto. Tira a casca e – aí, sim! – passa no moedor de carne... manual, dos antigos. Nada ligado na tomada. Pra terminar, mistura o pinhão moído com a carne piloneada. E a mão de pilão de um pedaço de madeira bem grande, pesadão. Não tem musculação que se compare. Puxar ferro nas academias?

– Quero ver pegar no pilão todo dia.

– Essas meninas que vivem malhando... a maioria já tem pelanca de abano.

As duas, muito prosas, caem na risada. São duas senhoras que não se preocupam com regimes, daietis e laitis, balanças. Fazenda tem disso não. A gordura amarelinha que bóia no camargo, logo de manhã... Manteiguinha líquida.

– Quer conferir?

Arregaçam bem as mangas, como se fossem tomar injeção no braço. E acenam, do mesmo jeito que se despendem de alguém que se afasta.

– Tá vendo? Nada de pelanca de abano.

Aquela carne molenga que fica na parte de trás do braço, entre o ombro e o cotovelo, aquele molenguice que balança é a tal pelanca de abano.

– Essas meninas de academia... a pelanquinha já tá lá. Com a idade, aumenta.

– Quero ver se elas agüentavam o pilão.

São mulheres bem-humoradas, decididas. Com o maridão de uma delas ao lado – vestido a caráter, bota, bombachas, chapéu, chimarrão –, as duas brincam.

– E ele que manda na fazenda, ele é o patrão. Agora... Quem manda nos dois, eu não sei.

E aponta pra amiga:

– Seis meses ela manda. E seis meses ele obedece. Então, assim o ano tá equilibrado.

Todos riem, inclusive o marido. E a outra completa:

– A última palavra é sempre do patrão: "Sim, senhora".

OS TURISTAS OLHAM PRO ALTO da porta do casarão antigo, na praça onde está a igreja e o pelourinho – restos do lugar onde os escravos eram amarrados e açoitados.

Depois, entram na casa, que agora é um bar, fecham todas as portas. Um tempinho depois, saem. Olham de novo pra parte acima das portas, fazem muitas fotos e continuam o passeio pela bela Alcântara, que fica do lado de lá de São Luís, capital do Maranhão.

Acima da tal porta existe um buraquinho redondo. Seria o tataravô das atuais câmeras de segurança, o olho do grande irmão que nos espiona por todo lado. Quando as portas estão fechadas, e faz sol lá fora, o que acontece diante das portas é projetado (de cabeça pra baixo) no teto claro do lado de dentro. Seria uma maneira dos portugueses, donos do Brasil na época em que o casarão foi construído, espionarem o que acontecia diante de casa.

Quando você tiver a sorte de passear em Alcântara, não deixe de ver o tal buraquinho. Mas não converse com os empregados do bar. Apenas peça licença pra fechar as quatro portas e olhe pro teto. Se conversar...

— Não tem a ver, essa história dos portugueses. Foi a antiga dona do casarão que fez o buraquinho pra passar um fio. Só isso.

Não conte pra ninguém, tá?

CULPA DO CAMELO NEGÃO. Onde já se viu um bicho do deserto perdido no interior de Sergipe? E ainda por cima, preto. A milionária, dona de muitas terras por lá, importou das arábias o tal camelo. Que ganhou o apelido de Crioulo. E o lugar onde ele viveu, e onde levava a dona pra passear, ficou sendo Campo do Crioulo. E é ali que vive aquele que é um dos últimos tocadores do berimbau de boca, vovô do berimbau que todo mundo conhece. Como o mais popular, tem ascendência africana. Mais precisamente de Angola.

— Lá, se chama cipó timbó.

O que todo mundo conhece, símbolo da Bahia e da capoeira, tem a madeira, que forma o arco do instrumento. O arame, quase sempre retirado de um pneu, a cabaça contra a barriga, a caixa de ressonância do instrumento, a moeda, a vareta e o caxixi enfiado no dedo, um pequeno chocalho. O berimbau de boca, ao invés de um fio de metal, usa o cipó timbó. Que é colhido meio verde. Bate nele com uma pedra, pra romper e tirar a casca. O que sobra é amarrado nas duas extremidades do pau que faz o arco. E tá pronto. Nada de cabaça. A caixa de ressonância é... a boca do tocador.

A ponta de cima do arco fica enfiada na boca do músico, que deixa a corda vibrar dentro da própria boca. Ele percute a corda com uma varinha. E, com a lâmina de uma faca – de lado, não com a parte que corta –, ele marca a altura da nota desejada. Do mesmo jeito que os violinistas pressionam a corda pra conseguir a nota precisa.

O som é surpreendente. Claro que não tem volume, é pra ouvir bem de pertinho. E rápido. Porque o vovô do berimbau vai mesmo desaparecer. Só ele toca em Campo do Crioulo. Quase ninguém mais toca em lugar nenhum desse planeta plugado na tomada.

MAS NA FAZENDA dos Bosquetes não tem tomada não. Nem trator. Bomba pra puxar água, televisão, rádio, máquina de moer cana, ar condicionado no calorão, caminhão, trator... nada disso. Em Ibiporanga, em São Paulo, menos de 2 mil habitantes, todos os vizinhos têm tudo aquilo e bem mais. Eles não têm nada de propósito. Seu Antônio avisa que ali boi não come ração. E boi é tudo, energia pra todo o serviço. São chamados pelos nomes e cumprem todas as ordens que recebem – ordens faladas, como se fossem pra pessoa. Se convidarem pra um cafezinho, aceite, mas nem olhe pro relógio. Seu Antônio despacha o filho, que vai pegar uma concha de café no galpão. Depois, coloca na panela de torrar e atiça a brasa no chão. Na seqüência, mói o grão torrado. Só então leva pra mãe, na cozinha. Que já pegou água no poço, puxou o balde com a manivela. O fogão a lenha ferve a água num instante, coador de pano já em cima do bule... Eles preferem viver como no tempo em que chegaram lá, em 1935, século passado. São calmos, risonhos, felizes. Nunca sequer ouviram a palavra istressi. E Seu Antônio estranha a barba tão aparada do visitante:

– Mas assim tá curta demais.

Ele próprio, barbinha mais crescida, não pára de coçar.

– Curtinha assim nem dá pra criar piolho. Porque quando tem piolho dá um coceirinha gostooosa...

E vem aquele risinho manso.

NA BALADA, É LASER, é DJ & VJ, banho de espuma, jogos virtuais, *lan house* e muito mais. Isso, nas grandes cidades. Em Porto Vitória, Paraná, quase divisa com Santa Catarina, menos de 5 mil habitantes, o barato tá na mola. Mola poderosa, grossa, de vagão de trem. É ela que amacia e detona, no retorno, o embalo da moçada. Do lado de cima, um enorme salão, com assoalho de ripas enormes. Ali, as prendas com roupas típicas, saias de muitas anáguas, e as botas e coletes dos parceiros, as festa acontecem. E toca a bater com o salto dos sapatos e das botas no chão. Quem participa nem estranha que o chão mexe um pouquinho. É que... do lado de baixo do assoalho existe uma estrutura surpreendente! Enormes ripas de madeira, largas e grossas, correm de lado a lado, sustentando o assoalho. Mas elas não têm um apoio fixo. Todas estão apoiadas em poderosas molas de trem. E estas se escoram em pequenas colunas que saem do chão. Enquanto a dança acontece lá em cima, as molas descem e sobem sem parar. Quando a turma bate o pé ou pula, a mola desce e retorna rapidinho, um empuxo pro próximo passo ou pulo.

Não tem computador, nem "tecnologia de ponta", "sistema de última geração" e todos os chavões que fazem com que o comprador se acredite antecipando o futuro, muito além do presente de verdade. Lá não tem mentirinha, não. E a dança segue no empuxo da mola.

SEU JOÃO ACORDA UM POUQUINHO antes do sol nascer e dorme quase no horário dos passarinhos. Cuida do pequeno Sítio Três Porteiras, vizinho de Ouro Preto, Minas, bem quietinho. Está aqui há mais de quarenta anos, vive do que planta e cuida. Se quiser fazer um bambá de couve, por exemplo, tá tudo lá: milho pra fazer o fubá, porco pra dar a carne, couve pra rasgar (nada de cortar fininho com faca afiada), alho, cebola... Só mesmo o sal que tem de pegar na cidade. Panela de barro, fogão a lenha, que nunca se apaga, nem depois que o sol se põe. E nas terrinhas dele o sol desliza até o horizonte e se põe de verdade mesmo.

— Aqui, o sol nasce de que lado, seu João?

— Nasce lá, sobe, passa bem rápido aqui em cima, e cai pra lá, pro lado do Rio Grande do Sul.

— Na verdade, não é bem o sol que nasce, né? É a Terra girando ao redor do sol.

Ele olha pro outro lado, rosto sério, um aparente sorriso. Na verdade, não gosta dessa conversa, não. Lá vem mais um desafiar suas certezas.

— Como a Terra gira ao redor do sol...

— A Terra não mexe, não senhor.

A viagem no tempo levou Seu João até o século 17, Galileu Galilei... Ou, Nicolau Copérnico, o sistema heliocêntrico, o sol no centro de um sistema de planetas que gravitam ao seu redor, aquela coisa que as crianças aprendem cedinho. Seu João ouve, lábios colados, seriíssimo, e olha pro outro lado. Quando o discurso termina, ele resmunga, na contra-mão do Galileu, que foi obrigado a desmentir a sua certeza.

— Não se mexe.

— Mas seu João...

— O sol e a lua, cada um deles com uma velocidade. E a Terra continua parada.

— Só que...

— Existe muita conversa que a Terra se mexe, mas eu não acredito.

Mais uma avalanche de argumentos, fatos, exemplos. Seu João olha as árvores, espera, sossegado, o palavrório se esgotar.

— Terra paradinha. Falar muita mentira num dianta. Falar sempre a verdade. E falar pouco.

40

CAMA DE CASAL

SE NÃO FOR NA QUINA, os dois decretam jejum. Em festa, então, maior constrangimento – todos comendo e só os dois, lado a lado, com os pratos limpinhos. Nem adianta servir, colocar pratos com comida diante dos dois... eles não comem. Estão juntos há 58 anos e, desde a primeira refeição em casa, dia seguinte da festa de casamento, é assim: só na quina. Os filhos – uma dúzia! – nem ligam. É a rotina. Quando algum colega ou amigo aparece em casa, estranha muito. Aí é que os filhos se lembram que os pais só comem no mesmo prato.

Um prato só e quatro talheres

A esquisitice entre os dois principiou na adolescência, época do namoro. O jovem Abrahão doidinho pra ver Firmina. Mas, pra encontrar, só mesmo no baile que acontecia no Clube da Figueira, em Imbituba, Santa Catarina. Pra evitar muita intimidade, a lei do clube determina: não pode repetir o par. Acabou a música, meninos pra um lado, meninas pro outro. Quando começa a outra, troca-troca de todos os pares. E tem o fiscal, olho vivo pra impedir repetições. Mas o Abrãozinho tem um irmão gêmeo. O fiscal bem que vai reclamar, mas o esperto argumenta:

– Mas quem dançou a outra com a Firmina foi meu irmão. Pode perguntar pra ele.

Mas são iguaizinhos. Pior: sempre aparecem no baile com roupas idênticas. O Abrãozinho leva vantagem e apressa o namoro.

Quando chega em casa pra almoçar, depois do primeiro dia de trabalho no porto, a mulher faz o prato, coloca na mesa, perto da quina. E senta. O marido começa a comer, ela se levanta pra fazer o outro prato... pára, eles conversam. E resolvem que é mais prático comerem os dois no mesmo prato. Quatro talheres e um prato apenas.

— Já sei: era pra ter menos louça pra lavar?
— Imagina! Nunca tive problema de lavar louça.

Nas casas dos parentes, quando os dois são convidados, o prato único já está na quina da mesa. No restaurante do hotel que fica diante da praia, aquela beleza, mesma coisa: um prato e quatro talheres. Só que seu Abrahão come bem mais rápido do que ela.

— Se a gente fizer a conta, ao longo de todos esses quase sessenta anos, vai descobrir que o senhor comeu quase duas vezes mais que ela, né?

Ele sorri e confirma.

— É verdade mesmo.

Mas ela, sempre falando baixinho, entre dentes, voz agudíssima... nem te ligo:

— Nunca passei fome, não.

OS BARQUEIROS DE SANTA LEOPOLDINA tinham uma maçã no peito, mas eram meio mágicos: na ida, deixavam no meio do caminho um caldeirãozinho com uma porção de comida crua e, na volta, comiam duas porções quentinhas. Mais uma maneira de compensar o esforço de descer o rio Santa Maria Vitória com aquela canoa pesadíssima, enorme — 9 metros de comprimento, 1 metro e meio de largura. E nela estavam cem sacos de café, 60 quilos cada um. No retorno, quase sempre a canoa volta-

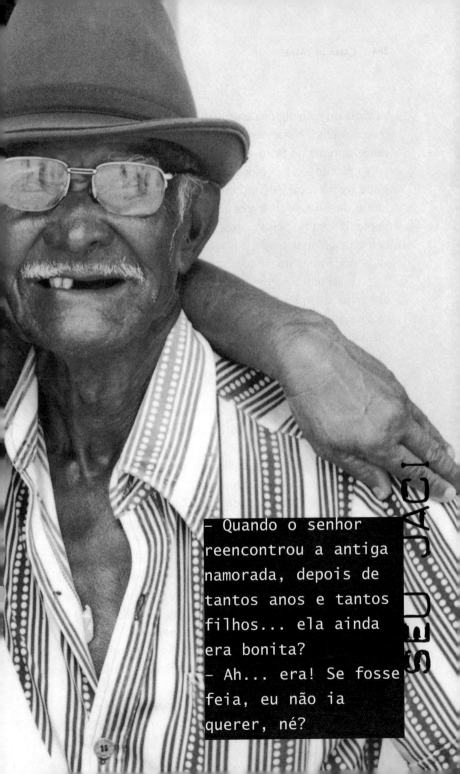

384 CAMA DE CASAL

va vazia ou com alguma encomenda, coisa pouca, mas subia contra a corrente. Nesse desce-e-sobe é que nascia a maçã que todo canoeiro tinha no peito.

– Quando a canoa estava carregada de café, pesava demais. E a gente tocava a canoa com uma vara. O jeito era firmar a vara no fundo do rio e jogar o peso do corpo em cima dela. Apoiava a ponta da vara no peito e forçava. No começo, doía bastante. Mas ia formando aquele calo, a maçã, e aos poucos a gente acostumava. A maçã no peito ainda tá aqui.

Seu Jaci tem 87 anos, mas ainda empurra canoa no rio que vai desembocar em Vitória, no Espírito Santo. Mas agora é só de brincadeira, passeio. No passado, canoeiro era a profissão de mais status naquela que chegou a ser a terceira colônia mais populosa do império. Tanto que Dom Pedro visitou a cidade em 1860, e o nome da mulher do imperador batizou o lugar. Outra dica sobre a importância da cidade: o telefone desembarcou lá apenas quatro anos depois da estréia no Rio de Janeiro.

A enorme produção de café de toda a região, razão do progresso, chegava ao porto de Vitória pelo rio. Quando a primeira estrada do estado foi construída, ligando Santa Leopoldina à capital, o reino dos canoeiros naufragou.

Mas Seu Jaci já tinha se divertido bastante no rio. Foram quase trinta anos, não apenas empurrando a vara com a maçã do peito.

– Ele era um homem muito bonito.

Dona Vanda, ao lado do marido, sabe a maravilha que foi reencontrar o namorado. Eles se conheceram bem jovens, ela com 17 e ele com 20. Mas as famílias proibiram o namoro. (*Sim, houve um tempo em que os pais escolhiam os namorados dos filhos.*) Os dois se afastaram, se casaram, tiveram muitos filhos.

– Ele casou primeiro. Mas aí aconteceu que a mulher dele deixou ele com a filharada e foi embora com outro. Depois de uns tempos, meu marido também me deixou. Aí eu lembrei dos tempos passados...

Os dois sorriem... tantos anos. Agora, são 10 filhos, 37 netos, 16 bisnetos.

— Quando o senhor reencontrou a antiga namorada, depois de tantos anos e tantos filhos... ela ainda era bonita?

— Ah... era! Se fosse feia, eu não ia querer, né?

— E ele, ainda era o barqueiro bonito que as moças todas ficavam olhando na beira do rio?

— Claro que era, um bonitão.

Seu Jaci corrige:

— Bonito é dinheiro.

Mas ele fez sucesso, sim, com sua canoa enorme, pra baixo e pra cima no rio – como os carros importados nas cidades mais ricas do Brasil, pra cima e pra baixo pescando mulheres. Seu Jaci, como todo canoeiro, leva o cacaio: saco com roupa e comida. O tal caldeirãozinho... Carne, toucinho, feijão e farinha, tudo cru. Na ida, escolhe um porto e entrega a determinada mulher, a que vai preparar tudo. E segue pra Vitória.

Na volta, toca a buzina, já na curva do rio. E todas as mocinhas correm pra margem, pra ver chegar o barqueiro bonito. Só uma não se apressa. Às vezes, nem desce até a margem – põe atenção nos temperos. Todas as outras já sabem quem vai servir ao barqueiro daquela vez. Primeiro, o caldeirãozinho quente.

NO LIVRÃO DO CARTÓRIO, duas impressões digitais, uma em cima da outra, dele e dela, em tinta azul. Pronto: os papéis já estão em ordem. Dona Raimunda – 84 anos, a noiva mais idosa de todo aquele bando de casais – vive com o marido há qua-

– Quando a gente arruma esposa, assim, noiva, tem esperança de um dia realizar o maior sonho, que é o casamento, né?

388 CAMA DE CASAL

se trinta anos. Mas queria casar de verdade. Só que ainda terá de esperar um pouco por aquela tal frase:

— Eu vos declaro casados, marido e mulher.

E o que é que muda depois disso? Nem aliança eles vão usar. Cadê dinheiro pra comprar? No meio dos mais de vinte casais, apenas duas noivas de branco, com um veuzinho de nada. E daminhas de honra com aquela caixa de plástico transparente com as duas alianças. Mas todos, claro, com a roupa de domingo. Não podem perder a visita do barco *Almirante Brasil*. Ele apitou antes da curva do rio e já foi aquela nervosia em Abacate do Pedreira, que fica a 35 quilômetros da capital do Amapá, Macapá.

A tripulação do *Almirante Brasil*, cerca de trinta pessoas, é esquisita: juizes, promotores, defensores públicos, serventuários, policiais, cozinheiro... Ah, e o comandante do barco, claro. A faixa fixada na lateral do barco anuncia a "Jornada do Juizado Itinerante Fluvial". O fórum que bóia sobe o rio a cada dois meses mais ou menos. Cédula de identidade, título de eleitor, nascimento e morte, escrituras, contratos, procurações, processos, denúncias, casamentos — tudo tem de ser resolvido nas poucas horas em que o *Almirante Brasil* está ancorado em Abacate do Pedreira. Casamento é o melhor pedaço. Tem festa, não. Todos eles, além do dinheiro medido, são bem tímidos. Todos já vivem juntos. E só depois que os casais assinam todos os papéis — às vezes, com as digitais — o juiz anuncia, uma vez só, valendo pra todos os pares:

— Eu vos declaro casados.

Alguns, embaraçadíssimos, tiram fotos com o *Almirante Brasil* ao fundo. As mulheres, sempre com os olhos baixos. Patula, o noivo mais jovem, 21 anos, que já vive com a mulher há mais de cinco, está feliz de verdade.

— Quando a gente arruma esposa, assim, noiva, tem esperança de um dia realizar o maior sonho, que é o casamento, né?

Já Seu Toninho, um senhor, nem vacila sobre a razão do casamento no papel:

– Eu amo ela e ela também me ama.

Mas ali não tem aquele beijo dos noivos diante do altar e do padre, a padrinhada ao redor. Todos estão muito embaraçados, ainda mais com aquelas roupas. Agora, é pegar a estrada e caminhar de volta. As duas noivas brancas, erguendo muito os vestidos, pra sujar menos – uma roupa pra guardar pra filha, neta, pras filhas das amigas. Enquanto, dentro do barco, as audiências continuam, abençoadas pela luz esquisita das telas dos computadores.

– Aí, é tudo briga de vizinho.

Graciano é um veterano de Abacate do Pedreira. Acompanha esse movimento faz tempo.

– Um comeu da galinha do outro, levou o porco, o pato passou pro cercado do outro, o cachorro mordeu o filho do vizinho, essas coisas. É só o que a gente vê por aqui.

AH, OS HOMENS NÃO PRESTAM mesmo... E ainda se aproveitam de duas realidades, mó covardia com as mulheres. Primeira: existem mais mulheres do que homens no Brasil. Segunda: o dom-juan conquistador é figura comum, aceita, meio herói até, mas não se escuta falar de dona-juana, aquela que colecionaria homens. Vai daí... viúvas de maridos vivos. Ou o veterano "um amor em cada porto".

Tudo em Minas. Primeiro, Araçuaí, perto da Rio–Bahia. A uns 20 quilômetros da cidade fica o povoado Baixa Quente. Aí estão muitas viúvas de maridos vivos.

– Seis meses já foi. Agora, são sete meses que ele viajou.

Como quase todos, pro interior de São Paulo, colher cana. Na re-

390 CAMA DE CASAL

gião onde está a família, nada de trabalho. Então, pelas ruas, apenas as mulheres e toda aquela filharada. Um lugar sem muita alegria.

– Sabe como é a vida dele lá?

– Ele sempre escreve dizendo que é do serviço pro alojamento. Mas eu não sei, ninguém sabe.

Muitas vezes, várias viúvas se juntam numa casa só com os filhos. Facilita. Casas sem cama de casal.

– Diz que trabalha o dia todo na roça, volta pro alojamento, fica por ali, lava as roupas do trabalho, ele mesmo que fala.

– O alojamento deve ser só de homem, né?

– Eu acho que sim. Tem de ser só homem. Senão, tá danado!

Em Pirapora, margem direita do São Francisco, o comandante Barroso confirmava a frase do povo embarcado: um amor em cada porto. E uma filharada.

Lourdes, baiana de Serrinha, era cantora e, de show em show, aportou em Pirapora. A fã de Ângela Maria fugia da repressão do golpe militar de 1964 e embarcou num gaiola, aqueles barcos enormes que tudo transportavam na região. O comandante, trinta anos mais velho que ela, logo se derreteu pela cantora.

– Eu caí nas águas dele. Mas ele era liiiiindo!

Também por isso, a fama não continha exagero: ele tinha mesmo um amor em cada porto. E mais uma bem longe do rio, em Belo Horizonte.

– Afinal, quantas mulheres ele tinha?

Ela levanta os dedos e principia a contagem:

– Duas... três... cinco... seis comigo.

Lourdes é uma exceção: ela faz carrancas, esculpe na madeira. Se veste de branco, luvas e, na calçada de sua casa, começa a esculpir o tronco. Aprendeu nos anos em que esteve no vapor do comandante Barroso.

Mas hoje as carrancas já não estão nas proas dos barcos, se tor-

392 Cama de casal

naram objetos pra decoração de casas e apartamentos em São Paulo ou Rio. Não há mais barcos. Em Pirapora, um gaiola permanece ancorado, talvez pra visitas e fotos dos turistas. E existe um pequeno monumento por ali, homenagem a Mestre Davi Miranda, que criou dezenas de carrancas.

– Antigamente, era figura de barca ou cara de proa. Você tendo a madeira, você tendo a ferramenta, você tendo a criatividade, você faz com a madeira o que bem quer.

Uma cara de meter medo... carranca carrancuda, pra assustar os perigos do rio, aqueles que a gente não vê, mas estão lá. Mas isso nunca assustou o comandante Barroso, aquele do mulherio espalhado pelos portos. Ah!, dessa vez o placar foi uma surpresa absoluta. Porque Lourdes ancorou o coração do comandante direitinho.

– Tinha a Carmem, a Judith 1, a Edna, a Judith 2, Guiana, Erendina... Mas foram todas morrendo. A finada Judith 1, de parto. A finada Edna, de leucemia.

Lourdes, vitoriosa, pronuncia cada nome como se fosse um bombom girando na boca.

– A finada Erendina, de tuberculose. Enfim, elas foram morrendo e eu fui ficando.

Depois desse boliche, uma garrafinha derrubada em cada porto – e mais a de Belo Horizonte –, o comandante Barroso se rendeu mesmo a um único amor.

Eles, então, se casaram em Patos de Minas.

– A cerimônia foi celebrada por um padre clandestino. Afinal, o noivo já tinha onze filhos.

Onze oficiais, aqueles contabilizados pela cantora e carranqueira do Velho Chico.

A MELHOR MANEIRA DE COMEMORAR bodas de prata é comer uma fatia do bolo do casamento. Ou seja: fazer, ao mesmo tempo, a festa do 25º aniversário do bolo. E é precisamente isso que Seu Alberico e Dona Carmem farão. E ai de quem duvide. Ele abre o frizer, tira um embrulho de papel metálico, que está dentro de um saco plástico, e coloca em cima da mesa da cozinha. Ali está uma parte do enorme bolo do casamento dos dois. Só quem não mora em Recife estranha. Afinal, as filhas de Dona Leoni preservam a tradição – e escondem a alquimia da receita. Os ingredientes, o modo de preparo, até que elas contam. Mas não adianta: não fica igual. Se comer logo depois que os noivos cortam o bolo, é aquela delícia, tenra, úmida... de estalar a língua. Caso a prova aconteça 365 dias depois – o mais comum, na festa do primeiro ano da união –, parece que o bolo acaba de chegar do forno das filhas de Dona Leoni. Mas Seu Alberico e Dona Carmem exageraram...

– Eu não sabia que o bolo era assim. Só depois que todos os convidados foram embora é que ela me contou.

– A surpresa deu certinho.

Depois dela, os dois decidiram dividir o pedação que tinha sobrado em 25 fatias. E comeram uma por ano, junto com os poucos amigos bem íntimos. Cada um ficou com uma provinha. Garantem que estavam todas ótimas. O mais estranho é que nem precisa esperar descongelar: tira do saco plástico, abre o embrulho do papel prateado... corta um pedacinho e come. Macio, cheiroso, úmido, aquele sabor que não se confunde. Um bolo feito no século passado, exatamente em 1978.

(E é gostoso mesmo, ninguém me contou. Provei ali mesmo, na mesa da cozinha. E algumas fatias de outro, de 2003, estão congeladinhas lá em casa, pra daqui a muitos anos.)

41

CAPA MOTEL

"Esta é a última vez que eu te bato
Se acontecer outra vez, mulher, eu te mato"

É com este recado assim... meigo, que Jurandir Vieira principia um dos sucessos do brega do Norte. Lá, ao contrário do que acontece no Sul, brega não é sinônimo de algo inferior, cafona, ridículo. Em Belém, por exemplo, se usa camisetas Sou Pará Sou Brega. Brega também significa bailão popular.

— Vamos no brega hoje?

Se receber o convite, não vacile: vá! Brega é bom demais. E não esqueça da origem nobre do brega, uma história, sempre a mesma, repetida pelo Brasil. No começo, o nome de um sacerdote: existia, em Salvador, a Rua Padre Manoel da Nóbrega. Ali funcionava uma casa onde as meninas — é assim que se diz — atendiam aos homens. O tempo enferrujou, destruiu ou apagou muitas letras do nome que se lia na placa daquela rua. E do padre famoso restou apenas... brega. Pra não dizer que iam na tal casa, a freguesia avisava:

— Vou no brega.

E, por extensão, a música que se ouvia e dançava nesses lugares passou a se chamar igualmente... brega.

"Kenga, ela é uma kenga
Todo mundo sabe disso"

(É assim mesmo, com K, pelo menos no encarte do CD do Jurandir.)

CQSabe poderia ser o nome da maior rede de motéis do Brasil. É rara a cidade que não tenha um motel com este nome. A grafia varia, existe até por extenso: Você que Sabe. Nasceu de uma piada repetida por todo o país: com boa conversa, José convence Maria a dar uma voltinha com ele; quando entram no carro, ele pergunta:

— Aonde você quer ir?
— Você que sabe.
E ele vai direto pro motel com este nome. Em algumas cidades menores, aparece uma variante: Motel Você Decide. Que é outra resposta que a mocinha pode dar à mesma pergunta do novo namorado.

Mas o campeão talvez esteja mesmo em Maceió. Aconteceu assim: Paulo comprou um motel meio caído, fez um reforma que incluía camas vermelhas em formato de coração, lençol que imita pele de onça, luzes cor-de-rosa... a catedral do desejo. Pra dar a saída na fase nova, mudar o nome, claro. Num almoço de domingo, a mãe dele sugeriu:

— Por que não chama chópim?
— Mas isso não é nome de motel, mãe.
— Todo mundo só fala disso: fui no chópim, a gente se encontra no chópim, vou dar uma passadinha no chópim.

Ele aceitou a idéia da mãe quando descobriu que o nome poderia facilitar a vida de parte importantíssima da freguesia no item capital: o álibi. Ao chegar em casa um pouco atrasada, a mulher dá com o maridão nervoso, desconfiado.

— Onde é que a senhora estava?
— No chópim.

Desta vez, ela nem precisou mentir.

NOS MOTÉIS DE BRASÍLIA, ninguém vê ninguém. Na cidade dos poderosos, que dependem demais da aparência, não existe identificação na portaria, nada de documentos. Direto pra suíte. Na hora de pagar, mesma coisa: ninguém vê ninguém. Quita a conta através da portinha que entrega os pedidos, do champanha ao gel. Já nas cidades pequenas, a maioria, motel é barrado no baile, fica fora, afastado alguns quilômetros. Portanto, o contrário do que existe nas maiores capitais, com motéis em qualquer bairro, com letreiros de néon gritando nomes como Delírio ou Fogo & Paixão.

Mas o Brasil não é um país rico, e os motéis das cidadezinhas sabem disso. Pra atender a toda a freguesia, muitos oferecem três tabelas. A mais cara é pra quem chega de carro. A intermediária, pra quem chega de moto. E as duas mais baratas, pros casais que aparecem de bicicleta ou a pé. Quem não está fazendo nada escondido pode levar vantagem... certo? Guarda a moto ou bicicleta nas proximidades e entra a pé mesmo.

O troféu de melhor sacada, óbvio, vai pro Motel Rapidinha, em Recife. Uma hora, 6 reais. Portanto, luxo nem passa na portaria, mas o essencial tá lá: cama & banheiro. O movimento maior acontece entre 18 e 20 horas. O povo sai do trabalho e, antes de chegar em casa... uma rapidinha. O recordista foi o casal que demorou apenas 6 minutos, nem um segundo a mais. Ficou registrado no tíquete entregue na entrada e devolvido no momento de pagar, na saída: exatos 6 minutos. Ainda pediram duas cervejas. E as garrafas estavam vazias quando a arrumadeira entrou no quarto.

E ainda tem marido ciumento ou namorada possessiva que acredita ser possível, via celular, patrulhar cada segundo da vida do outro. Em apenas 6 minutinhos... pá! pum!!

(Já surgiu o avesso do Motel Rapidinha no planeta corre-corre em que vivemos. Está na placa que oferece Lava Lento – Sem Stress. Garantem que o carro é banhado com muuuito mais cuidado. E o Lava Lento já existe em várias cidades do Brasil. Mas... peraí: não era pra ser o contrário? Ou seja: lava rápido o carro pra sobrar mais tempo pro melhor e não ficar só na rapidinha.)

MAS NEM TODO MUNDO conspira a favor da gostosura do rela-rela (seqüência óbvia do rela-bucho arretado do forró nordestino). No bar do Maguila, em Macapá, Amapá (combinação mais sonora entre todos os estados&capitais brasileiros), naquele bar, uma placa enorme determina: *Não é permitido beijo e abraço*. Não insista. E não dá pra alegar que não viu a placa, ela é anormal de grande. A fama da proibição, também. Um bar só com o básico – balcão e mesas de metal com a marca da cerveja –, nadinha de especial. A não ser a proibição, claro. Se um casal finge que não sabe de nada, o Maguila marca em cima, adverte. Se começa uma discussão, ele simplesmente puxa a cadeira dele ou dela e põe pra fora. Não se aconselha qualquer resistência ao desejo do dono, pois o apelido vem da semelhança, de porte e volume, com o Maguila mais famoso.

– No começo, era tudo normal aqui. Podia abraçar, beijar, como em qualquer bar. Até que apareceu aquele casal.

Maguila fica aflito ao recordar o tamanho da encrenca. Calorão do Norte, ele sempre com a toalhinha pra enxugar o rosto, o pescoço enorme.

– Chegou um cidadão e disse: Maguila, esta aqui é minha esposa. Aí, ele sentou lá com essa esposa. Rapaz!, ele abraçava a esposa, e beijava a esposa, e chupava a língua da esposa, e chupava o pescoço da esposa, um negócio que a gente não costuma ver. Aí, começou a alisar a esposa dele. E eu pensei: esse cara deve gostar muito dessa mulher, gostar demais. Foi, foi, foi e ele resolveu botar a esposa dele na perna. Tava sentado, abraçado, achou que tava normal e meteu a perna dele no meio das pernas dela. Isso, dentro do bar! Quando tava dando meia hora de amor, lá na porta chegou a esposa dele de verdade. Olha só o tamanho do 38...

E Maguila afasta as mãos e mostra bem mais que 80 centímetros. O exagero não acompanha apenas os pescadores.

NÃO É PERMITIDO
BEIJO E ABRAÇO
POR FAVOR NÃO INSISTA

PEIXE FRITO   CARNE DE SOL
FILHOTE   BISTECA
DOURADA   PORCO
PESCADA   CALABREZA
CAMARÃO   CAL. TUCUNARÉ
LAGOSTA
CARANGUEJO

SE VOCÊ
AMIGO E
BEM COM
POR FAVOR V

tel:
222-

MAGUILA

– Agora, de vez em
quando tem um cara
que dá um beijo na
testa ou no rosto.
Mas isso é
consideração. Beijo
na boca é amor.

— A dona do 38 virou tudo, fez a maior bagunça. Aos gritos, disse que ia quebrar... Pegou uma mesa, levantou pra jogar, eu fui em cima: "A mesa a senhora não vai quebrar, não. Se a senhora quer bater nele e na outra esposa dele, pode bater à vontade. Agora, quebrar minhas coisas, negativo". E ela: "Anda logo, safado! Paga essa conta e vamos embora". Pegou a chave do carro e ele foi atrás. A outra esposa já tinha saído correndo. Foi até ótimo porque o trocozinho ficou pra mim.

Foi depois do salseiro das duas esposas que Maguila baixou a regra.

— A partir de hoje, nem meu pai e minha mãe namoram aqui. No começo, deu muito problema. Agora, de vez em quando tem um cara que dá um beijo na testa ou no rosto. Mas isso é consideração. Beijo na boca é amor. E cenas de amor não podem acontecer aqui, não. Inclusive, porque quem é namorado já está acostumado a se amar, não precisa ficar se lambendo toda hora na frente de todo mundo, né verdade?

"Tem uma luz vermelha
Na casa onde ela mora
Eu te tirei da sua casa
Mas você não quis ser senhora"

ERA UMA VEZ CINCO IRMÃS que moravam na mesma rua que quatro irmãos. Rua... não, não chegava a ser uma rua, aquela terra batida que existia entre as poucas casas de Salobro, no Paiuí. Ainda não era uma cidade sequer. E os quatro irmãos se casaram com as cinco irmãs.

Calma aí, tudo era muito decente por aqui, ainda mais um pouco antes da metade do século passado. Nada de televisão, cinema então... pudor, decência. Aconteceu assim: o mais velho casou com a mais velha e outros três irmãos se animaram e foram casando, um a um com uma a uma. Sobrou a caçulinha. Até que a primeira a se casar morreu. E irmão mais velho pôs olho mais que gordo na cunhada.

— Quando me casei com a finada, a caçula tinha um ano de nascida. Sou quase 23 anos mais velho que ela.

Naquele muito antigamente, quando juntava mulher e homem tinha placa mantenha distância pra todo lado. Primeiro, o pretendente entregava uma carta pro pai da donzela. Ela e ele jamais tinham sequer conversado. Se o pai desse o consentimento, poderia se pensar em noivado, casório. Mas as placas continuavam mantendo a distância.

— Antes de casar, a gente só dava umas olhadinhas.
— Antes do casamento não rolava mais nada?
— Claro que não. Naquele tempo era sério.
Primeiro beijo só dois dias depois de casado.
— Nem na cerimônia de casamento?
— Não.
— Na primeira noite... nada?
— Naaada. Só depois de dois dias.

Claro que em Salobro não tem motel. Não vai ter tão cedo ou nunca. Mas... o que será que os netos das cinco irmãs que se casaram com quatro irmãos acham do "só dois dias depois"?

— **Esta é a suíte VIP,** capim, água, atendimento cinco estrelas.

— Quanto?
— Trinta reais.

Vale o preço, sem dúvida. Afinal, acomoda bem uma carrada,

ou seja: um caminhão, quarenta cabeças. É assim, quando anoitece em Paraíso dos Tocantins, nas margens da Belém–Brasília. A noite cai e chega um caminhão atrás do outro no Hotel pra Boi Dormir. Não dá pra se perder, pois uma enorme estátua de um boi está juntinho do asfalto, com o nome em cima.

Às vezes, chega caminhão que vem de Passos de Minas e segue pra Altamira, 2.500 quilômetros de chão. O boi precisa sair do sufoco do caminhão, está pra lá de estressado. Se não descer e caminhar um pouco, pode chegar morto. Pro animal, ficar naquele curral uma noite é uma dádiva. Mesmo que seja no quarto simples, chão de terra e nenhum capim pra mastigar, 15 reais. Os motoristas dormem no próprio caminhão ou vão até a cidade se divertir com alguma quenga.

"Você é uma kenga
Todo mundo sabe disso"

VÉSPERA DE TORNEIO de curió, na capital de Santa Catarina, Florianópolis. O melhor é que o passarinho pare de cantar um dia antes, como jogador em véspera de jogo, concentração: 24 horas com o gogó mudo pra brilhar mais na frente da comissão de juízes e dos concorrentes. Só tem um jeito garantido: colocar uma curió ao ladinho dele. Diante da fêmea, o macho se cala. Pra isso existe a seguinte invenção: uma gaiola grudada na outra... mas sem passagem entre as duas. A dupla, ele e ela, passam a noite juntos... com uma grade no meio. Maior silêncio. E, pra garantir o silêncio e repouso absolutos, cobrem o par de gaiolas com uma capa especial... o Capa Motel.

Mó maldade com o curió, louquinho pra pular a cerca, isto é, a grade da gaiola, como tanto craque pula o muro da concentração em véspera de jogo.

42

MEU QUINTAL

– O Ganhador, por favor.

Sem abrir a porta, a senhora olha muito desconfiada pro portão. São 10h35 de uma manhã de muito calor (redundância) em Caicó, Rio Grande do Norte.

– Quem quer falar com ele?

– Somos da TV Globo, do *Fantástico*... Me Leva Brasil.

Ela abre mais a porta, avança um pouquinho e olha pra nós, do outro lado da grade trancada.

– Ele não está, não.

– Mas nós tínhamos marcado com ele, ainda confirmamos ontem à noite.

– Era dez e meia.

– São dez e trinta e cinco.

– Ele esperou até dez e meia, o combinado.

– Nós viemos de São Paulo e ele não esperou nem cinco minutinhos?

(Da capital, Natal, até Caicó, são 300 quilômetros de estrada.)

– Não podia. Compromisso.

O Ganhador é homem muito ocupado, amealha até centavos e isso dá trabalho, 24 horas são pouco pra ficar ciscando dinheiro. Não poderia mesmo perder cinco minutos. A não ser que... pagássemos uma taxa.

O encontro só ocorre no fim de tarde. E a verdade aparece: ele pensou que fosse trote. Por isso, não esperou um minuto sequer. Afinal, por que uma equipe da Globo, do *Fantástico*, iria até Caicó só pra fazer um entrevista com ele? Deveria ser trote de algum devedor.

Super Karina, a produtora faro fino, tinha avisado:

– Você vai adorar o Ganhador.

Adorar é pouco. O Ganhador é pra sentar e esquecer – depois de pagar a taxa de aluguel das cadeiras que ele coloca na calçada, diante da casinha repleta de truques pra economizar tudo. E ele estava certíssimo: tinha cara de trote. Afinal, a gravação com ele aconteceu em setembro de 1999 e a reportagem só apareceu em fevereiro de 2000. Porque, antes que o Me Leva decolasse, foi preciso acumular um estoque de reportagens, inclusive pra montar uma das marcas da série: um caso que começa num estado e continua em outro. Por exemplo: você assiste no *Fantástico* a um Me Leva que conta a história do grande craque Joaquinzinho, de um time de Pelotas, Rio Grande do Sul, que foi trocado por um novato inexperiente do Santos, um tal de Pelé e, depois, descobre que as traves que estavam no Maracanã, no dia em que o Brasil perdeu a Copa do Mundo, foram parar num campo de pelada dentro de uma fazenda, em Muzambinho, Minas. Pra isso, tivemos de viajar até Pelotas e Muzambinho, muito tempo antes da reportagem aparecer na sua TV. Mas, pra maioria, parece que a gente esteve naquele lugar na semana que antecede o domingo em que a reportagem vai ao ar. Então, na segunda-feira, na padaria na esquina...

– Já voltou de Muzambinho?

Entre os entrevistados, mesma coisa: a maioria acredita que, se a gravação foi feita numa terça-feira, no domingo seguinte estará no ar. Claro que explicamos como é a seqüência, fica a promessa de um aviso quando a exibição for programada, é a rotina das reportagens que se transformam em série como o Me Leva. Lá pelo meio de 2000, atraso nenhum espantava ninguém. Todos já sabiam que participar seria especialmente bom, inclusive pra cidade, pra região. Depois da reportagem, visitas e turistas procuravam os lugares, os personagens vistos na TV. E, do lado de cá da telinha, uma outra descoberta: a importância do Me Leva pra quem está muito longe de casa. A reportagem dá existência.

A equação começa com o tanto que os brasileiros viajam, se mudam em busca de trabalho (quase sempre).

408 Meu quintal

Por exemplo: vários rapazes de uma mesma família de Jijoca de Jericoacoara, Ceará, viajam pra São Paulo, em busca de salários, e todos conseguem empregos em bares, restaurantes e casas noturnas. Mas quem, na maior cidade do Brasil, já ouviu falar de Jijoca? Ou então, melhor ainda: o Zé sai de Oeiras, interior do Piauí, vai até São Paulo, onde mora na periferia e trabalha numa oficina. Na sua vizinhança, ninguém jamais ouviu falar de Oeiras, daquele calor que torra, do riozinho que cruza a cidade, da história do Pé de Deus & Pé do Cão. Mas se a história dos dois pés gravados nas pedras aparece no *Fantástico*, a partir da segunda-feira ele comenta com as pessoas próximas, que também assistiram. E o Zé de Oeiras ganha um passado "concreto", um presente com referências. Passa a existir mais na comunidade que é sua casa atualmente.

Este dado é tão importante que foi confirmado por vários episódios, daqueles que provocam um tranco de emoção. Um exemplo: Me Leva gravou algumas histórias em Canindé, Ceará. Depois que as reportagens foram mostradas, um motorista, que nasceu lá e mora em São Paulo, voltou ao Canindé, mais uma vez, pra visitar a família. E tirou fotos com os parentes em cada local onde as gravações do Me Leva foram realizadas. Em todos eles, a partir de cada cena mostrada na série. Anda com o álbum de fotos no carro, em São Paulo. E, numa coincidência de roteiro de filme, embarcamos no carro dele... que mostrou as fotos. Repete isso com amigos, conhecidos, desconhecidos. O que apareceu na telinha é concreto, referência coletiva de milhões de espectadores. E ele e a família aparecem nos lugares que a reportagem mostrou, portanto, mesmo tão longe, eles existem como parte da realidade que apareceu na TV. Canindé em São Paulo.

Também por isso, nos aeroportos de conexão – Brasília, Recife, Manaus, Belém... – é rotina a fila da dica. Pois nesses aeroportos sempre encontramos centenas de brasileiros que estão longe de casa. E eles ficaram encantados ao rever a sua cidade, região ou estado no *Fantástico*. Mas a fila dos pedintes é sempre a maior: aqueles que fazem questão de contar uma história, falar de um personagem, uma comida, um costume, uma paisagem que ainda não foi mostrada. Afinal, a casa de cada um – a sua cidade – é sempre a mais bonita entre todas. O meu quintal...

E também foi na alegria desses encontros rápidos que recebemos histórias inéditas de presente, maravilhas do Brasil. E, felizmente, nossos encontros devem continuar. Pessoas assim é que confirmam o título, pois também querem pegar carona. E acenam:

– Ei!... Me Leva, Brasil.

Copyright © 2005 by Editora Globo S.A. para a presente edição
Copyright © do texto 2005 by Maurício Kubrusly
Copyright © TV Globo Ltda.

Edição e revisão de texto: **Scena Produções**

Projeto gráfico, direção de arte, editoração eletrônica e capa: **A2**

Ilustrações: **Negreiros**

Fotos: **Karina Dorigo**
páginas 1, 2, 14, 27, 36, 42, 56, 68, 74, 96, 113, 168, 178, 184, 199, 228, 288, 290, 308, 322, 334, 352, 362, 364, 382, 386, 391, 400

Foto de Maurício Kubrusly para a capa: **Olga Vlahou**

Foto de capa: **Ed Viggiani**

Coordenador (TV Globo para a Série Fantástico): **Alberto Villas**

Todos os direitos reservados. Nenhuma parte desta edição pode ser utilizada ou reproduzida – por qualquer meio ou forma, seja mecânico ou eletrônico, fotocópia, gravação etc. – nem apropriada ou estocada em sistema de banco de dados, sem a expressa autorização da editora.

EDITORA GLOBO S.A.
Av. Jaguaré, 1485 – São Paulo, SP, Brasil
www.globolivros.com.br

3ª reimpressão

Dados Internacionais de Catalogação na Publicação (CIP)
(Câmara Brasileira do Livro, SP, Brasil)

> Kubrusly, Maurício
> Me Leva Brasil : a fantástica gente de todos os cantos do país [fotos Karina Dorigo ; ilustrações Negreiros] Maurício Kubrusly.
> São Paulo : Globo, 2005.
>
> ISBN 85-250-4034-7
>
> 1. Brasil - Descrição e viagens 2. Brasil - População 3. Literatura popular - Brasil 4. Me Leva Brasil (Programa de televisão) 5. Repórteres e reportagens I. Dorigo, Karina. II. Negreiros. III. Título.

05-4936   CDD-791.4570981

Índices para catálogo sistemático:
1. Me Leva Brasil : Histórias populares reais :
Programas de televisão : Brasil 791.4570981